Met jou en God verbonden

*Voor mijn cliënten en collega's, die me hebben geholpen bij het begrijpen van liefde. Voor mijn partner, John, en mijn kinderen, Tim, Emma en Sarah, die mij voortdurend aan mijn verbinding met God als ultieme bron van licht en liefde hebben herinnerd.*

– SUE JOHNSON

*Voor mijn partner in het leven, de liefde en mijn geloof, Suzette Comer Sanderfer, voor mijn kinderen Kody en Kate, en voor de andere leden van mijn fantastische familie: mijn ouders Sandy en Rosemary, mijn zus Kathy en mijn fantastische kleinkinderen. En voor de twee mensen die mij het meest over intieme relaties en de liefde hebben geleerd: tante Leighla Carter en Marcelle Woods.*

– KENNY SANDERFER

# Met jou en God verbonden

## Zeven gesprekken voor een
## leven lang liefde

*Dr. Sue Johnson & Kenneth Sanderfer*

**KOSM•S**

KOK

**KOSM • S**
www.kosmosuitgevers.nl

**KOK**
www.kokboekencentrum.nl


Oorspronkelijke titel: *Created for Connection: Seven Conversations for a Lifetime of Love*
Oorspronkelijke uitgever Little, Brown and Company
© 2016 by Susan Johnson
This edition published by arrangement with Little, Brown and Company, New York,
New York, USA. All rights reserved.
© 2018 Kosmos Uitgevers & KokBoekencentrum, onderdeel van VBK | media
Vertaling: Jörgen van Drunen
Omslagontwerp: Nico Richter
Vormgeving binnenwerk: 2'D-sign, Amersfoort

Bronverklaring
Eerste couplet van `Dance Me to the End of Love' van *Stranger Music: Selected Poems
and Songs* van Leonard Cohen © 1993. Gepubliceerd door McClelland & Stewart Ltd.
Gebruikt met toestemming van de uitgever. `Late Fragment' uit *A New Path to the
Waterfall* (1989) van Raymond Carver, opnieuw gepubliceerd met toestemming van
Grove Press, een afdeling van Grove/Atlantic, Inc.

Alle Bijbelcitaten zijn afkomstig uit de *Nieuwe Bijbelvertaling* (2004), geraadpleegd
op https://bijbel.eo.nl

Derde druk, 2022

ISBN 978 90 215 6936 9
NUR 770

*Breng me dansend naar je schoonheid*
*met een vurige viool*
*Red me dansend van mijn angsten*
*breng me naar een veilig huis*
*Til me op als een olijftak*
*wees de duif thuis in mijn ark*
*Breng me dansend naar het eind der liefde.*
– LEONARD COHEN


*Ik weet het, HEER,*
*uw voorschriften zijn rechtvaardig (...).*
*Moge uw liefde mij vertroosten,*
*zoals u aan uw dienaar hebt beloofd.*
*Heb mededogen met mij, en ik zal leven,*
*uw wet verheugt mij.*
– PSALM 119:75-77

# INHOUD

# INLEIDING

*SUE JOHNSON*

Dit is een boeiende tijd voor mensen die hun belangrijkste liefdes-relatie willen begrijpen en er bewust vorm aan willen geven. De eerste versie van dit boek was een bestseller waarin de revolutionaire nieuwe wetenschap van volwassen liefde werd beschreven, en daar-naast het relatietherapiemodel Emotionally Focused Therapy (EFT), dat op deze wetenschap is gebaseerd. Het boek beschrijft ook een ge-detailleerde route naar de blijvende liefde, die deze wetenschap ons biedt. Het boek was voor een breed publiek bestemd. Niettemin vroeg een goede christelijke collega van mij, Kenny Sanderfer, mij niet zo lang geleden of ik wilde nadenken over het schrijven van een versie van dit boek die specifiek op christelijke stellen is gericht. Zijn redene-ring was overtuigend: christenen die hulp in hun liefdesrelatie nodig hebben willen niet alleen weten dat wat ze lezen op gedegen onder-zoek is gebaseerd, maar ook dat de hulp in overeenstemming is met hun geloof en de Heilige Schrift die zij als leidraad voor hun leven ge-bruiken. Dat klonk heel logisch. Toen Kenny en ik de wetenschap van EFT naast de wijsheid van de Bijbel legden, ontdekten we duidelijke en consistente parallellen tussen EFT en wat de Bijbel vertelt over godde-lijke liefde en Gods leer over menselijke liefde. Het is niet verrassend dat een systeem voor het begrijpen van volwassen liefde zo sterk over-eenkomt met de wijsheid van dit oude geloofsboek, waarin aan het begin en aan het einde over het huwelijk wordt gesproken (Genesis 2 en Openbaring 22) en waarin liefde van begin tot einde een centrale rol speelt. Wetenschap en spirituele wijsheid leren ons vaak om dingen te zien die, als we ons er eenmaal van bewust zijn, onmiskenbaar lijken te zijn en ons innerlijk waarheidsgevoel lijken te weerspiegelen.

De belangrijkste reden voor het schrijven van een herziene versie van het eerste boek, dat *Houd me vast* als titel had, is de passie die Kenny en ik hebben voor het helpen van stellen, alle stellen. Kenny zei tegen me dat hij als christen een diepgewortelde roeping heeft om liefdespartners die in God geloven te helpen om de liefdevolle verbondenheid met God en elkaar, waarvoor zij zijn geschapen, te vinden en te ervaren. Ik was het met hem eens dat het moeilijk zou zijn om een instelling te vinden die sterker toegewijd is aan de verzoening en het herstel van liefdesrelaties dan de kerk. Kenny wees erop dat de statistieken met betrekking tot scheidingen uitwezen hoezeer gelovige mensen in hun huwelijk worstelen. Het lijkt erop dat de problemen binnen langdurige relaties in westerse maatschappijen nog nooit zo groot zijn geweest als nu. Gedurende vele lange, fascinerende gesprekken hielp Kenny me bij het zien van de natuurlijke verbinding tussen wat EFT te bieden heeft en de urgente noodzaak binnen de kerk om gelovige mensen bij het vormen van positievere en langdurige relaties te helpen. Hij is zeer gedreven om dit krachtige, effectieve systeem voor gelovige stellen in te zetten, en om christelijke lezers te helpen om zich vanuit een Bijbels wereldbeeld te verbinden met de inzichten die EFT te bieden heeft. We hebben ook gesproken over het toepassen van de hechtingstheorie op de relatie tussen de mens en God, de ultieme schepper van een veilige verbinding en liefde. Net als ik geloven christenen dat we zijn geschapen om ons met elkaar te verbinden. De Bijbel leert ons dat we naar Gods beeld zijn geschapen en daardoor lijken op God, die ons in liefde voor liefde heeft geschapen, en die zelf een gemeenschap van liefde vertegenwoordigt: Vader, Zoon en Heilige Geest. Ik werd geraakt en geïnspireerd door het besef dat mijn werk ertoe zou kunnen bijdragen dat lezers de weg terug naar de onbelemmerde liefdesverbinding waarvoor we zijn geschapen en waarnaar de Bijbel keer op keer verwijst terugvinden.

Ik zei tegen Kenny dat mijn obsessie met het drama van hechte relaties voortkwam uit de worsteling die ik als kind doormaakte als gevolg van de dagelijkse chaos van het huwelijk van mijn ouders. Elke keer als ik zag hoe zij met elkaar omgingen, voelde het alsof ik hulpeloos getuige was van een treinongeval. Toch wist ik dat mijn ouders erg veel van elkaar hielden. Gedurende mijn vaders laatste dagen huilde hij om mijn moeder, hoewel ze al meer dan twintig jaar uit elkaar waren. Als volwassene raakte ik geobsedeerd door het willen begrijpen van deze mysterieuze en krachtige emotie die mijn ouders tot verslagenheid dwong, mijn eigen leven heeft bemoeilijkt en voor veel mensen de belangrijkste bron van vreugde maar ook van leed leek te zijn. Diep in mijn hart wist ik dat het doolhof een uitgang moest hebben die ons allen naar een krachtigere en blijvende liefde kon leiden.

Deze fascinatie ontwikkelde zich tot een carrière op het gebied van counseling en psychologie, en tijdens mijn laatste periode als promovendus ging ik met stellen werken. Ik was meteen gefascineerd door de intensiteit van hun problemen, en tegelijkertijd bleef ik me er volledig verloren en verslagen door voelen, net als toen ik nog een kind was. Dus besloot ik om van de stellen met wie ik werkte alles te leren over de emotionele ritmes en patronen in de dans van romantische liefde. Ik begon met het opnemen van mijn sessies en bekeek ze telkens opnieuw. Langzaam maar zeker begon ik de belangrijkste negatieve en positieve emotionele momenten te ontdekken die bepalend waren voor een relatie, en begon ik met het ontwikkelen van een werkwijze die was gebaseerd op het veranderen van deze momenten. Mijn collega's en ik besloten deze werkwijze Emotionally Focused Therapy te noemen, oftewel EFT. Dit was een voor de hand liggende keuze, want het werd steeds duidelijker dat het vooral de emotionele signalen van liefdespartners zijn die hun dans bepalen. Via onze emoties maken we duidelijk wat mensen die dierbaar voor ons zijn met ons doen. Ze zijn de muziek die de dans begeleidt. We ontdekten dat het veranderen van de muziek ook de dans veranderde.

Tijdens de ontwikkeling van EFT werd ons werk voortdurend geïnspireerd en verfijnd door nieuwe wetenschappelijke ontdekkingen op het gebied van hechte relaties tussen volwassenen. Deze ontdekkingen werden door vooraanstaande ontwikkelingspsychologen en sociaal psychologen gedaan. Het onderzoek in mijn laboratorium leidde tot overtuigend bewijs voor de overtuiging dat we worstelende stellen daadwerkelijk konden helpen bij het transformeren van hun relatie. De resultaten van deze onderzoeken waren – en zijn nog steeds – positief, krachtig en overtuigend. Bovendien kregen we met behulp van dit wetenschappelijk onderzoek op het gebied van hechte relaties steeds meer inzicht in de vraag waarom worstelende stellen zulke heftige emoties aan de dag leggen als ze een reactie van hun geliefde proberen te krijgen. Daarnaast zagen we dat de nieuwe gesprekken die we met hen hielden – we noemen ze 'Houd me vast'-gesprekken – voor blijvende veranderingen in hun liefdesrelatie zorgden.

Vele jaren en onderzoeken later is het overduidelijk dat het bij romantische liefde puur om hechting gaat. Emotionele hechting is een soort aangeboren overlevingscode die bedoeld is om geliefden dicht bij ons te houden, zodat ze er zullen zijn als we ze nodig hebben. Om echt goed te kunnen gedijen hebben we allemaal iemand nodig op wie we kunnen terugvallen, een dierbaar persoon met wie we een betrouwbare emotionele verbinding hebben en die ons troost kan bieden. Deze partnerverbinding is de natuurlijke remedie voor de grootste pijn van de mensheid: de onzekerheid die we ervaren als we het leven in ons eentje moeten doorstaan. Ik heb hier nu een geestelijke kijk op en zie in dat hechte relaties weerspiegelen wat in de Bijbel het tot 'één vlees' of 'één lichaam' met een geliefde worden wordt genoemd (Genesis 2:4; Marcus 10:8). God reageert op de pijn van het isolement van de mens door hem een intieme partner te geven die been en vlees met hem deelt (Genesis 2:23). God beschrijft Eva's rol in Adams leven door middel van het Hebreeuwse woord voor 'helper' (Genesis 2:18), dat in de rest van de Bijbel meestal wordt gebruikt als verwijzing naar de kracht en troost die God zelf geeft als Hij in de onvermijdelijke maar angstaanjagende levensstrijd naast de mensheid staat. De liefde tussen volwassen partners is inderdaad oneindig veel meer dan wat doorgaans over haar wordt geschreven, namelijk als een enigszins adolescente mengeling van seksualiteit en gevoel.

Tijdens de gesprekken met Kenny, die de inspiratie voor dit boek vormden, deelde ik de nieuwe wetenschap met betrekking tot de aard van liefde met een van mijn beste vrienden en raadgevers, Anthony Storey, een katholieke priester met wie ik bevriend raakte toen ik aan de Universiteit van Hull in Engeland studeerde. Toen ik in een lange, omslachtige brief aan hem vertelde wat ik als nieuwe en revolutionaire inzichten over liefde zag, schreef hij me een eenvoudig antwoord terug: 'Natuurlijk, christenen hebben dat altijd al geweten.'

Hij vervolgde met een epistel over zijn hechte verbinding met God en vertelde dat zijn intieme relatie met Christus zijn thuis en veilige haven vormde. Hij herinnerde me eraan dat christenen God altijd als hechtingsfiguur hebben gezien, als de 'hemelse Vader'. Vlak voor zijn dood doordrong Anthony me van de noodzaak het christelijke geloof te zien als een speciale band met God, die ons bevrijdt van angst, die vriendelijkheid en compassie bevordert, en die ons boven alles leert om ons met anderen te verbinden en van anderen te houden. Hij sprak niet over morele regels, maar over relaties.

Tijdens mijn gesprekken met Kenny herinnerde ik me deze eerdere discussies over God en hechte relaties, en verbond ik me weer met het gevoel dat mijn relaties met dierbaren voor mij de weg naar het heilige zijn. Vervolgens herlas ik het onderzoek naar de natuurlijke verbindingen tussen de hechtingstheorie en religie, die me jaren eerder zo hadden gefascineerd. Ik ging me ook vanuit een nieuw bewustzijn afstemmen op de christelijke stellen die ik hielp en richtte me vooral op de vraag hoe zij naar relaties keken en welke rol hun toewijding aan hun geloof in hun dans met hun geliefde speelde. Hoewel ik mezelf nog steeds zie als een zoeker in plaats van als iemand die haar spirituele thuis heeft gevonden, heb ik veel geleerd van christelijke geschriften, mijn christelijke cliënten en de samenwerking met mijn collega Kenny als gevolg van het herschrijven van dit boek. Mijn waardering voor wat de Bijbel leert, is ook weer nieuw leven ingeblazen.

Als gevolg van het proces dat ik zojuist heb beschreven was het uiteindelijk een genot om het boek dat je gaat lezen te schrijven. Het kwam haast als vanzelf tot stand.

Wellicht is het handig als ik eerst even wat meer over Emotionally Focused Therapy voor stellen (EFT) vertel. Als een manier om te kijken naar liefdesrelaties en naar de wijze waarop ze worden gevormd, is deze therapie eenvoudig: verdiep je niet meer in het beter leren argumenteren, het analyseren van je vroege kindertijd, indrukwekkende romantische gebaren of het experimenteren met nieuwe seksstandjes. Erken en geef toe dat je emotioneel gehecht bent aan en afhankelijk bent van je partner, zoals een kind met betrekking tot zorg, troost en bescherming van een ouder afhankelijk is. Bij hechtingsrelaties tussen volwassenen is er wellicht meer sprake van tweerichtingsverkeer. Deze relaties zijn doorgaans minder sterk gericht op voortdurend fysiek contact, maar de aard van de emotionele band is hetzelfde. EFT is gericht op het creëren en versterken van deze emotionele band tussen partners door belangrijke momenten en boodschappen die een volwassen liefdesrelatie bevorderen op te sporen en te transformeren: openheid, op elkaar afstemmen en ontvankelijk voor elkaar zijn.

EFT zorgt voor een revolutie binnen de relatietherapie. Gedegen studies hebben de afgelopen 25 jaar aangetoond dat 70 tot 75 procent van alle stellen die deze therapie volgen zich aan hun problemen kunnen ontworstelen en een hechtere en gelukkigere relatie krijgen. En maar liefst 86 procent meldt na een aantal sessies duidelijk tevredener te zijn over de relatie dan voor het begin van de therapie. Talloze studies hebben uitgewezen dat EFT tot positieve resultaten leidt, en dat deze resultaten blijvend blijken te zijn, zelfs voor stellen bij wie de kans op een scheiding zeer groot is. De American Psychological Association erkent al jaren dat dit model aan de criteria voor een beproefde en bewezen vorm van relatietherapie voldoet. In mijn ogen zit de kracht van EFT in het feit dat deze therapie is gestoeld op nieuwe wetenschappelijke inzichten op het gebied van hechting. Dankzij deze inzichten kunnen EFT-therapeuten tot de kern van de zaak doordringen en stellen helpen bij het vormen van de liefdesband waarnaar we allemaal verlangen.

Er zijn inmiddels duizenden EFT-therapeuten en meer dan vijftig EFT-centra en -gemeenschappen, die over de hele wereld trainingen verzorgen voor professionals die werkzaam zijn in de geestelijke gezondheidszorg. Naast de eerste versie van dit boek heb ik recentelijk *Love Sense: The Revolutionary New Science of Romantic Relationships* gepubliceerd om meer uitleg te geven over de exponentiële groei van ons begrip van liefde en liefhebben.

Hoewel ik jarenlang het gevoel heb gehad dat mijn werk en het werk van mijn team echt verschil in de wereld maakten, was ik wel degelijk verrast toen Kenny me schreef over zijn persoonlijke kennismaking met EFT en over de manier waarop hij er als gelovige op reageerde. Hij zei tegen me: 'De eerste keer dat ik met EFT en deze kijk op het vormen van emotionele banden kennismaakte, zei ik tegen mezelf: "Dit is enorm zinvol!" Vervolgens zag ik als therapeut ongelooflijke veranderingen bij de stellen die ik in mijn sessies hielp. Maar wat ik niet had verwacht, was de invloed die EFT op mij persoonlijk zou hebben. Door EFT ging ik anders naar mijn relatie met God en andere mensen kijken. Ik ging anders kijken naar degenen van wie ik het meest hield, dus mijn vrienden, familie en God. Uit de Bijbel wordt duidelijk dat God liefde is en dat Hij het liefst een intieme relatie met ons als individu en als stel wil hebben. Ik geloof niet dat de Bijbel als huwelijksboek geschreven is, maar het is wel degelijk een prachtig liefdesverhaal. Onze relatie met God is van invloed op de manier waarop we ons met anderen verbinden, en deze menselijke verbinding helpt ons ook bij het ontwikkelen van een intieme relatie met God.'

Toen Kenny me vertelde dat hij gelooft dat het Gods intentie is dat we allemaal een goddelijke blik ervaren als we in de ogen van onze partner kijken, een blik die blijk geeft van het wonder dat je echt gekend wordt en dat er diep van je wordt gehouden, begreep ik precies wat hij bedoelde. Ik moest wel meegaan in zijn passie om zijn medechristenen te begeleiden naar de dans van liefde en verbinding die hij en ik duizenden keren tijdens EFT-sessies hebben mogen aanschouwen. We moesten deze nieuwe editie gewoon samen schrijven en, zoals Kenny het zegt, 'christelijke paren naar het huis van liefde begeleiden, zoals de wetenschap het zich ten doel stelt en God het als intentie had'.

Net als de eerste versie bestaat dit boek uit drie delen. In Deel Een wordt antwoord gegeven op de eeuwenoude vraag wat liefde is. Je leest dat we vaak de verbinding met anderen verbreken en onze liefde kwijtraken, ondanks onze inzichten en goede bedoelingen. Daarnaast wordt de enorme explosie van recent onderzoek naar intieme relaties beschreven.

Deel Twee is de gestroomlijnde versie van EFT, die zodanig wordt gepresenteerd dat EFT aan christelijke waarden en overtuigingen en aan Bijbelse wijsheid wordt gekoppeld. In dit deel komen zeven gesprekken aan bod over de meest bepalende momenten in een liefdesrelatie, en lees je hoe jij deze momenten kunt vormgeven om een veilige en blijvende band met je partner te creëren. De beschreven casussen en 'spel-en-oefening'-gedeelten brengen de EFT-lessen in jouw eigen relatie tot leven.

In Deel Drie komt de kracht van de liefde aan de orde. In het hoofdstuk 'Onze band met God' kijken we vanuit de hechtingstheorie naar onze verbinding met God en de manier waarop menselijke liefde ons openstelt voor goddelijke liefde, net zoals Gods liefde ons leert om naar elkaar uit te reiken. Liefde versterkt ook het gevoel van verbinding met de wereld om ons heen. Liefdevolle ontvankelijkheid is het fundament van een mededogende, beschaafde maatschappij.

Om het lezen te vergemakkelijken heb ik aan het eind van het boek een begrippenlijst toegevoegd.

De ontwikkeling van EFT heb ik te danken aan alle stellen die ik door de jaren heen heb leren kennen. Door het hele boek maak ik veelvuldig gebruik van hun verhalen, waarbij ik uit privacyoverwegingen de namen van de betrokkenen en details over hun situatie heb veranderd. Alle verhalen zijn een combinatie van meerdere casussen. Daarnaast zijn ze vereenvoudigd om de algemene waarheden die ik heb geleerd van de duizenden stellen waarmee ik heb gewerkt te weerspiegelen.

In de jaren tachtig van de vorige eeuw begon ik met het werken met stellen. Meer dan dertig jaar later verbaast het me dat ik het nog steeds ontzettend leuk vind. Ik word nog steeds ontzettend blij als partners elkaars diepste boodschappen opeens begrijpen en het risico nemen om naar elkaar uit te reiken. Hun worstelingen en vastbeslotenheid inspireerden me dagelijks om mijn eigen dierbare verbindingen met anderen in stand te houden.

We maken allemaal deel uit van het drama van het creëren en verbreken van verbindingen. Ik hoop dat dit boek voor nieuwe inzichten kan zorgen waarmee je een fantastisch avontuur van je relatie kunt maken, een avontuur dat met je leven en je christelijke geloof resoneert en beide verrijkt. Voor mij is de reis die in dit boek wordt beschreven absoluut een avontuur.

'Liefde is alles wat erover wordt beweerd,' schreef Erica Jong. 'Liefde is zeer de moeite waard om voor te vechten, om moedig voor te zijn, om alles voor te riskeren. En het probleem is dat als je niets riskeert, je nog meer risico loopt.' Daar ben ik het volledig mee eens. Wij weten nu hoe liefde 'werkt' en daarom weten we dat we risico's moeten nemen en hoe we een diepgaande, liefdevolle en blijvende band met onze levenspartner kunnen creëren. Hierover wordt zowel in spirituele leerstellingen als ook binnen de wetenschap van menselijke relaties geschreven.

# Inleiding

KENNY SANDERFER

Zoals Sue al zei, is dit boek tot stand gekomen als gevolg van talloze gesprekken die gedurende een vrij lange periode hebben plaatsgevonden. Het was een flinke uitdaging voor mij om het boek samen met Sue te schrijven. Sue is een wereldvermaarde relatietherapeute en een meester in het stellen van moeilijke vragen en scheppen van duidelijkheid. Toen we aan haar tafel in Ottawa zaten, deed ik mijn best om haar vragen te beantwoorden. Ik werd me direct bewust van mijn eigen tegenstellingen en soms niet al te duidelijke antwoorden. Onze gesprekken zorgden ervoor dat ik mijn overtuigingen op meerdere niveaus onder de loep nam. Ik voel me vereerd omdat ik Sue op deze spirituele reis mag vergezellen en tijdens dit project haar partner mag zijn.

De belangrijkste reden voor deze nieuwe versie van het fantastische boek *Houd me vast* is de passie die Sue en ik hebben voor het helpen van koppels, alle koppels. Als christen voel ik een diepgewortelde roeping om gelovige stellen te helpen bij het vinden van de liefdevolle verbondenheid waarvoor ze zijn geschapen, met God en met elkaar. Het lijkt me moeilijk om een instelling te vinden die sterker toegewijd is aan de verzoening en het herstel van liefdesrelaties dan de kerk. Helaas wijzen scheidingsstatistieken uit dat er binnen geloofsgemeenschappen veel ruimte voor verbetering is. Net als andere stellen worstelen ook christenen met hun huwelijk. Ik denk dat de problemen met betrekking tot langdurige relaties in onze maatschappij nog nooit zo groot zijn geweest als nu.

Toen ik EFT in mijn coachingpraktijk ging gebruiken, zag ik al snel hoe deze therapievorm bij christelijke stellen toegepast kon worden. Ik zag echter ook de noodzaak van een boek waarin de taal van het christelijk geloof werd gesproken, een taal die gelovige mensen gemakkelijk zouden kunnen begrijpen en die de toepassing van de hechtingstheorie zou uitbreiden naar onze relatie met God. Ik zal de eerste keer dat ik met EFT kennismaakte nooit meer vergeten. Ik weet nog dat ik tegen mezelf zei: 'Dit is enorm zinvol!' Ik heb vergelijkbare reacties wel duizend keer gehoord van andere therapeuten en cliënten die EFT voor de eerste keer ervaren. Als therapeut begon ik tijdens sessies ongelooflijke veranderingen bij stellen te zien. Dat is niet zo verrassend, want EFT wordt door wetenschappelijk onderzoek ondersteund. Maar wat ik niet verwachtte, was de invloed die EFT op mij persoonlijk zou hebben. EFT voorzag me van een nieuwe leidraad voor mijn relatie met God en andere mensen.

EFT veranderde de manier waarop ik keek naar degenen van wie ik het meest hield, zoals mijn vrienden, familie en God, en de manier waarop ik met hen omging. Het is een therapievorm waarbij een liefdevolle verbinding wordt gecreëerd en naar de kern van de zaak wordt gekeken. Voor christenen vormt God de kern van liefde. De Bijbel zegt duidelijk dat God liefde is en dat Hij niets liever wil dan een intieme relatie met ons als individu, maar ook met ons als stel. EFT heeft me geholpen om te gaan met de diepere lagen van mijn bestaan, de lagen waar alleen God toegang toe heeft.

Ik geloof niet dat de Bijbel als huwelijksboek is geschreven, maar dat hij een prachtig liefdesverhaal is, een verhaal over God die op zoek is naar zijn bruid. Wij zijn de bruid van Christus. God heeft ons geschapen om een relatie met Hem en anderen te hebben. God heeft een relationele natuur, en dit zien we terug in de relatie van de Drie-eenheid: de Vader, de Zoon en de Heilige Geest. De Vader gaf zichzelf aan zijn Zoon, en de Zoon gaf zichzelf aan de Vader. De Bijbel zegt dat we naar Gods beeld zijn geschapen, als relationele wezens. Onze relatie met God is cruciaal voor de manier waarop we ons met anderen verbinden, en hoe we God zien, wordt beïnvloed door onze interacties met andere mensen.

De persoon die mijn kijk op God het meest heeft beïnvloed was mijn oudtante Auntie, die me altijd heeft verzorgd. Auntie woonde in een aftands garageappartement in de stad en was voor haar bestaan voornamelijk afhankelijk van een groepje pecannotenbomen. Ik heb levendige herinneringen aan de lange zware werkuren in haar groentetuin, en de zwarte gumbobodem in het zuidoosten van Texas, die mijn blote voeten verbrandde. Auntie rustte net lang genoeg om boven een open vuur in de schaduw loogzeep in een zwarte wasketel te maken. Het verbaasde me enorm dat iemand die zo arm was zo gelukkig kon zijn. Ze weigerde hulp van de overheid. Daarvoor had ze te veel Texaanse trots. Ze had haar geloof, waaraan ze zowel in goede als in slechte tijden veel steun had. Mijn relatie met Auntie vormde mijn beeld van God en beïnvloedde mijn relaties met andere mensen.

In Texas draaide alles om football. Als jongen besteedde ik elk moment dat ik wakker was aan de voorbereiding op en het fantaseren over het spelen van football. Ik herinner me een herfstavond, toen ik ongeveer twaalf jaar oud was, waarop ik na een belangrijke wedstrijd die mijn highschool had gewonnen naar huis liep. Ik had blij moeten zijn en samen met de rest van het stadje feest moeten vieren. Auto's claxonneerden, de band speelde en de fans juichten. Maar ik vierde niet mee. Ik werd overvallen door het plotselinge besef dat de kans dat ik ooit football zou spelen niet zo groot was. Ik wilde het wel, maar mijn lichaam had de boodschap niet ontvangen. Ik was zo ongeveer het kleinste kind van de stad.

Later die avond liep ik naar het huis van Auntie en ik was nog nooit zo teleurgesteld geweest. Als ik geen footballster zou zijn, dan was ik niets. Toen ik het huis binnenliep, zag ik Auntie half slapend op de bank met een transistorradio tegen haar gehoortoestel zitten. Ze keek over haar vuile brillenglazen, keek me diep in de ogen aan en zei: 'Het is goed gegaan, hè? Jullie hebben gewonnen.' Ze wist niets over football en het interesseerde haar ook niet, maar ze had geluisterd, omdat ze wist dat de wedstrijd belangrijk voor me was.

Mijn somberheid verdween vrijwel meteen, omdat ik besefte dat het niet om het winnen van de wedstrijd ging. Ik was belangrijk voor haar en ze gaf om wat er in mij omging, en daar ging het om. Ze had de hele avond die radio vastgehouden, wachtend op de einduitslag, omdat ze wist hoe belangrijk de wedstrijd voor mij was! Ik zal nooit meer vergeten hoe ik me voelde toen ze me zo diep in de ogen keek. Die blik ging recht naar mijn hart. Mijn teleurstelling maakte plaats voor een gevoel van kalme verrukking.

Zo zou ik een 'goddelijke blik' van liefde omschrijven. Deze ervaring heeft me voor altijd veranderd. Ze is bepalend voor de manier waarop ik mezelf, mijn God, mijn vrouw, mijn familie en anderen zag. God heeft ons geschapen om ons met elkaar te verbinden, om intieme relaties met elkaar aan te gaan, en ook een speciale en unieke intieme relatie met Hem en met onze levenspartner.

Ik ben ervan overtuigd dat het Gods intentie is dat we allemaal een goddelijke blik ervaren als we in de ogen van onze partner kijken. Ik heb dit tijdens mijn sessies met stellen al duizenden keren mogen meemaken.

Jezus moedigde ons aan om in Hem te blijven, zoals Hij in ons blijft (Johannes 15:4). Ik weet dat dit boek zal helpen om 'in je partner te blijven', en dat jullie allebei de ware liefde en intimiteit die God voor ons heeft geschapen zullen ervaren.

Deel een

# LIEFDE IN EEN ANDER LICHT

# Liefde – Een revolutionaire nieuwe blik

*We leven onder de bescherming van elkander.*
– Keltisch gezegde

*Hoe kostbaar is uw liefde, God! In de schaduw van uw
vleugels schuilen de mensen.*
– David, Psalm 36:8

'Liefde' is misschien wel het meest gebruikte en krachtigste woord
in onze taal. We schrijven er boeken en gedichten over. We zingen
erover en bidden erom. We voeren er oorlog om (getuige Helena van
Troje) en bouwen er monumenten voor (getuige de Taj Mahal). Een
liefdesverklaring ('Ik hou van je!') geeft ons vleugels en het terugnemen ervan ('Ik hou niet meer van je!') zorgt ervoor dat we instor-
ten. We denken eraan en praten erover – eindeloos.

Natuurlijk weten de christenen dat dit woord niet alleen over romantische liefde gaat. Liefde in haar zuiverste vorm is van Genesis
tot Openbaring ook het centrale thema van de Bijbel. De centrale
boodschap van de Bijbel is dat God liefde is. Voor gelovige mensen
maken romantische relaties deel uit van deze hogere werkelijkheid.

Maar wat is liefde nu eigenlijk? En wat zegt de kerk over liefde en
intimiteit?

Geen enkel instituut heeft meer tijd en hulpmiddelen gewijd aan
het helpen van mensen bij het vinden en behouden van liefde als de
kerk. Dat doet de kerk bijvoorbeeld in de vorm van adviezen over
het huwelijk, huwelijksretraites, preken en dogma's. Toch gaat het in

veel huwelijken fout en is het aantal scheidingen binnen de kerk even groot als erbuiten. De boodschappen over liefde en intimiteit zijn binnen de kerk altijd benadrukt, maar net als ieder ander worstelen ook christelijke stellen om erachter te komen hoe liefde in relaties werkt.

Geleerden en ervaringsdeskundigen zijn al eeuwenlang op zoek naar de juiste definitie en een beter begrip van liefde. Voor enkele van de wat minder gevoeligen onder hen is liefde een wederzijdse profijtelijke verbintenis die is gebaseerd op handelsvoordelen; een transactie van geven en nemen. Mensen met een sterker historisch besef zien liefde als een sentimenteel sociaal gebruik dat door de minstrelen in het dertiende-eeuwse Frankrijk in het leven is geroepen. Biologen en antropologen zien liefde als een strategie om je genen door te geven en nakomelingen te verwekken. Christelijke leraren beschouwen het liefhebben van je partner als een morele plicht en leggen de nadruk op de spirituele waarde en aspecten van zo'n relatie.

Voor de meeste mensen is en blijft liefde een geheimzinnige en ongrijpbare emotie die je wel kunt omschrijven, maar niet kunt definiëren. In de achttiende eeuw kwam Benjamin Franklin, een veelzijdige en scherpzinnige onderzoeker, niet veel verder dan een omschrijving van liefde als 'iets wisselends, voorbijgaands en bijkomstigs'. Meer recent moest Marilyn Yalom in haar wetenschappelijke studie over de geschiedenis van de echtgenote haar onmacht erkennen door liefde te omschrijven als 'een bedwelmende mix van seks en gevoel, die door niemand kan worden gedefinieerd'. De omschrijving die de moeder van ons Engelse barmeisje ooit gaf – 'vijf minuten gekheid' – is al net zo treffend, zij het wat cynischer.

Tegenwoordig kunnen we het ons niet meer permitteren om liefde te definiëren als een mysterieuze kracht die we niet kunnen bevatten. Daarvoor is zij te belangrijk geworden. Hoe we het ook wenden of keren, in de eenentwintigste eeuw is een liefdesrelatie de *belangrijkste* emotionele relatie in het leven van de meeste mensen geworden.

Een van de redenen daarvoor is dat we steeds meer in een sociaal isolement leven. Sommige schrijvers, zoals Robert Putnam in zijn boek *Bowling Alone*, wijzen erop dat we aan een ernstig verlies van 'sociaal kapitaal' lijden (een term die in 1916 is bedacht door een pedagoog uit de Amerikaanse staat Virginia om er de hulp, sympathie en broederschap die buren elkaar boden mee aan te duiden). De meeste mensen leven niet meer in een ondersteunende gemeenschap met familie en jeugdvrienden om zich heen. We werken steeds langer, maken meer uren, forenzen over steeds grotere afstanden en hebben dus steeds minder gelegenheid om intieme relaties op te bouwen.

De meeste stellen die ik in mijn praktijk tegenkom, leven in een gemeenschap van twee personen. De meerderheid van de deelnemers aan een onderzoek van de National Science Foundation (2006) gaf aan dat het aantal vertrouwelingen in hun omgeving steeds kleiner werd, en steeds meer mensen zeiden dat ze helemaal niemand hadden in wie ze vertrouwen konden stellen. In de woorden van de Ierse dichter John O'Donohue: 'Een enorme, loodzware eenzaamheid bekruipt veel mensen als een koude winter.'

Het is onvermijdelijk dat we vandaag de dag van onze geliefde de emotionele verbondenheid en het gevoel van geborgenheid vragen, terwijl mijn grootmoeder dergelijke dingen nog van een heel dorp kon verwachten. Deze situatie wordt nog erger gemaakt door het ophemelen van de romantische liefde, zoals dat in onze populaire cultuur gebeurt. Films en soapseries op tv verzadigen ons met beelden van romantische liefde als het ultieme doel, terwijl kranten, tijdschriften en tv-rubrieken gretig aandacht besteden aan de eindeloze zoektocht van acteurs en andere beroemdheden naar romantiek en liefde. Het is dan ook geen verrassing dat mensen in een recent onderzoek in de Verenigde Staten en Canada een bevredigende liefdesrelatie als voornaamste levensdoel noemden, en die belangrijker achtten dan succes en een geslaagde carrière.

Daarom is het absoluut noodzakelijk dat we leren begrijpen wat liefde is, hoe we liefde kunnen bereiken en hoe we haar in stand kunnen houden. Gelovige mensen, die weten dat we in liefde en voor liefde zijn geschapen, voelen deze noodzaak zowel op spiritueel als op pragmatisch niveau. God is liefde (1 Johannes 4:16) en wij zijn naar Gods beeld geschapen (Genesis 1:27). Niet begrijpen wat liefde is en hoe liefde in praktijk gebracht kan worden vormt een bedreiging voor het allerbelangrijkste aspect van onze menselijkheid, namelijk onze verbinding met God en met elkaar. Als we het vermogen om romantische liefde te scheppen en vast te houden verliezen, verliezen we de volmaaktheid waarvoor God ons heeft geschapen als zijn beelddragers (Genesis 2:18-24). Gelukkig heeft zich in de afgelopen twintig jaar een boeiend en revolutionair nieuw begrip van liefde ontwikkeld. Dit begrip van liefde weerspiegelt, is in overeenstemming met en ondersteunt de christelijke zienswijze met betrekking tot de eenheid tussen levenspartners.

We weten nu dat liefde in feite een hoogtepunt van de evolutie is, het meest dringende overlevingsmechanisme van de mens als soort. Niet omdat liefde ons aanzet tot paren en het verwekken van nakomelingen – we kunnen per slot van rekening ook zonder liefde paren! Maar wel omdat liefde ons ertoe aanzet om een emotionele band aan te gaan met enkele dierbaren die ons te midden van de ups en downs van het leven een veilige haven bieden. Mozart zei al: 'Liefde beschermt het hardst tegen de afgrond.' We zijn relationele wezens. God heeft ons geschapen om een relatie met Hem en anderen aan te gaan. We zijn voor verbinding geschapen.

Deze drang naar emotionele hechting – om iemand te vinden tot wie we ons kunnen wenden en tegen wie we 'Hou me vast' kunnen zeggen – zit in onze geest en ziel opgeslagen. Hij is net zo belangrijk voor ons leven, onze gezondheid en ons geluk als voedsel, een veilige plek en seksualiteit. Voor onze lichamelijke en geestelijke gezondheid hebben we een emotionele verbinding met enkele onvervangbare mensen nodig. Alleen dan kunnen we overleven. Hieronder zul je zien dat recent onderzoek de waarheid van de Bijbel onderschrijft en dat 'alle waarheid Gods waarheid is'. Je zult zien dat we er door het gehoorzamen van Gods gebod 'Heb elkaar lief' voor kunnen zorgen dat we niet alleen kunnen overleven, maar ook zeer goed kunnen gedijen, dus dat we volledig tot bloei kunnen komen.

### EEN NIEUWE THEORIE OVER HECHTING

Aanwijzingen voor wat liefde echt betekent zijn er al heel lang. Al in 1760 schreef een Spaanse bisschop aan zijn superieuren in Rome dat kinderen in weeshuizen 'stierven van verdriet', ook al hadden ze onderdak en voedsel. In de jaren 1930-1940 stierven weeskinderen in Amerikaanse ziekenhuizen massaal, om de eenvoudige reden dat het hun ontbrak aan aanraking en emotionele verbondenheid. Psychiaters werden steeds beter in het herkennen van kinderen die een goede fysieke gezondheid hadden, maar onverschillig en ongevoelig leken te zijn en niet in staat bleken zich met anderen te verbinden. David Levy, die in 1937 zijn observaties in de *American Journal of Psychiatry* publiceerde, schreef het gedrag van deze kinderen toe aan 'emotionele uithongering'. In de jaren veertig van de vorige eeuw bedacht de Amerikaanse psychoanalyticus René Spitz de term 'onvermogen om te gedijen' voor kinderen die van hun ouders gescheiden waren en in een slopende toestand van verdriet waren terechtgekomen.

Het was de Britse psychiater John Bowlby die als eerste zag wat er precies aan de hand was. Ik zal eerlijk zijn. Als psycholoog en als mens vind ik dat de prijs voor degene die de beste ideeën ooit heeft ontwikkeld aan John Bowlby mag worden uitgereikt, en dus bijvoorbeeld niet aan Freud of iemand anders die er zijn werk van heeft gemaakt om mensen te begrijpen. Bowlby heeft al die losse draadjes van observaties en onderzoeksverslagen bij elkaar genomen en er een samenhangend en meesterlijk geheel van geweven: zijn hechtingstheorie.

Bowlby werd in 1907 geboren als zoon van een baronet en werd, zoals gebruikelijk in hogere kringen, vooral opgevoed door kindermeisjes en gouvernantes. Toen hij twaalf werd, mocht hij zich tijdens het avondeten bij zijn ouders voegen, maar dan alleen voor het dessert. Hij werd naar een kostschool gestuurd en vervolgens naar Trinity College in Cambridge. Zijn leven begon af te wijken van het traditionele pad toen hij als vrijwilliger in de vernieuwende kostscholen voor emotioneel onaangepaste kinderen ging werken. Deze scholen werden toen gesticht door idealisten zoals A.S. Neill en waren erop gericht kinderen emotionele steun te bieden in plaats van de gebruikelijke strenge discipline.

Omdat de ervaringen die hij opdeed hem zeer boeiden, ging Bowlby medicijnen studeren en specialiseerde hij zich in de psychiatrie, waarvoor hij onder andere gedurende zeven jaar psycho-analyse moest ondergaan. Zijn analyticus vond hem kennelijk een lastige patiënt. Bowlby werd beïnvloed door mentoren zoals Ronald Fairbairn, die stelde dat Freud de menselijke behoefte aan contact met andere mensen had onderschat. Hij kwam in opstand tegen de leer dat de sleutel tot de problemen van een patiënt in zijn interne conflicten en zijn onbewuste fantasieën lag. Bowlby hield vol dat de moeilijkheden meestal extern van aard waren en hun oorsprong in echte relaties met echte mensen hadden.

Uit zijn werk met emotioneel gestoorde kinderen in de Child Guidance Clinics in Londen concludeerde hij dat een verstoorde relatie met hun ouders de kinderen had opgezadeld met beperkte, negatieve manieren om met hun kerngevoelens en -behoeften om te gaan. Later, in 1938, toen hij als beginnend clinicus onder supervisie van de bekende psychoanalytica Melanie Klein begon te werken, kreeg Bowlby een hyperactieve jongen toegewezen wiens moeder overmatig bezorgd was. Hij mocht echter niet met de moeder spreken, omdat alleen de projecties en fantasieën van het kind van belang werden geacht. Hier wond Bowlby zich enorm over op. Op grond van zijn ervaring had hij hier zo zijn eigen opvattingen over, namelijk dat de kwaliteit van de band met dierbaren en emotionele deprivatie – een gebrek aan bevestiging en emotionele steun – op jonge leeftijd een cruciale rol spelen bij de ontwikkeling van de persoonlijkheid en bij de manier waarop iemand doorgaans een verbinding met andere mensen aangaat.

In 1944 publiceerde Bowlby het allereerste artikel over gezinstherapie, *Forty-Four Juvenile Thieves* (44 jonge diefjes), waarin hij schreef dat 'achter het masker van onverschilligheid een bodemloze ellende schuilgaat, en wanhoop achter harteloosheid'. De kinderen die Bowlby onder zijn hoede had, zaten vast in een houding van 'ik laat het niet meer toe dat anderen mij pijn doen', en ze waren verlamd door wanhoop en woede.

Na de Tweede Wereldoorlog vroeg de Wereldgezondheidsorganisatie Bowlby onderzoek te doen naar Europese weeskinderen die door het oorlogsconflict geen thuis meer hadden. Zijn bevindingen sterkten hem in zijn overtuiging dat emotionele uithongering een reëel verschijnsel was en dat liefdevolle verbondenheid even belangrijk is als fysieke voeding. Hij was ervan overtuigd dat het dicht bij je houden van dierbaren een briljante, ingebouwde overlevingscode is.

Bowlby's theorie was radicaal en werd luidruchtig weggehoond en werd zelfs bijna door de British Psychoanalytic Society verworpen. De heersende zienswijze was dat geknuffel door moeders en andere familieleden leidde tot bovenmatig afhankelijke en onzelfstandige kinderen die zich tot incompetente volwassenen zouden ontwikkelen. De juiste manier van opvoeden bestond uit het bewaren van een steriele rationele afstand tot kinderen. Die afstandelijke houding gold zelfs wanneer kinderen ongelukkig en ziek waren. In Bowlby's tijd mochten ouders niet bij hun kinderen in het ziekenhuis blijven. Ze moesten ze aan de deur afleveren.

In 1951 maakten Bowlby en de jonge maatschappelijk werker James Robertson een film, getiteld *A Two-Year-Old Goes to Hospital* (Een kind van twee gaat naar het ziekenhuis), waarin duidelijk het boze protest van een meisje werd getoond, en daarnaast haar doodsangst en wanhoop toen ze alleen in het ziekenhuis werd achtergelaten. Robertson vertoonde de film voor de Royal Society of Medicine in Londen, in de hoop dat de artsen begrip zouden krijgen voor de stress die een kind ervaart als het van zijn dierbaren wordt gescheiden, en voor de behoefte van kinderen aan verbondenheid en troost. De film werd afgedaan als bedrog en werd bijna verboden. Nog tot ver in de jaren zestig kregen ouders in Groot-Brittannië en de Verenigde Staten meestal slechts toestemming voor een bezoek van één uur per week aan hun kinderen die in het ziekenhuis lagen.

Bowlby moest een andere manier zien te vinden om aan de wereld te laten zien wat hij ontdekt had. De Canadese onderzoekster Mary Ainsworth werd zijn assistente en liet hem zien hoe hij dat moest aanpakken. Ze zette een zeer eenvoudig experiment op om de vier gedragspatronen die volgens haar en Bowlby kenmerkend waren voor hechting te bestuderen: dat we in de gaten houden of een dierbare er emotioneel en fysiek voor ons is en dit in stand houden; dat we verbinding met deze persoon zoeken als we onzeker, in de war of neerslachtig zijn; dat we die persoon missen als we van hem of haar gescheiden worden; en dat we erop rekenen dat die persoon er voor ons is als we de wereld gaan verkennen.

Het experiment heette de 'onbekende situatie' (*Strange Situation*) en heeft letterlijk een stroom van duizenden wetenschappelijke onderzoeken voortgebracht en een revolutie binnen de ontwikkelingspsychologie ontketend. Het experiment gaat als volgt: een onderzoeker ontvangt een moeder met haar kind in een ruimte die ze niet kennen. Na een paar minuten laat de moeder het kind alleen met de onderzoeker, die het zo nodig probeert te troosten. Drie minuten later komt de moeder weer terug. De scheiding en hereniging worden vervolgens herhaald.

De meeste kinderen raken van streek als hun moeder de kamer verlaat. Ze gaan zitten schommelen, ze huilen of smijten met hun speelgoed. Maar sommige kinderen blijken emotioneel veerkrachtiger te zijn. Ze worden al snel weer rustig en maken gemakkelijk verbinding met hun moeder als die weer terugkomt. Ze gaan weer verder met spelen terwijl ze er tegelijkertijd op letten dat hun moeder in de buurt blijft. Ze lijken erop te vertrouwen dat hun moeder er zal zijn als ze haar nodig hebben. De minder veerkrachtige kinderen daarentegen zijn bang en agressief of juist onverschillig en afstandelijk als hun moeder weer terugkomt. De kinderen die zichzelf kunnen kalmeren hebben meestal een warmere en ontvankelijkere moeder, terwijl de moeders van de boze kinderen onvoorspelbaar gedrag vertonen, en de moeders van de onverschillige kinderen zijn koeler en afwijzender. In dit eenvoudige onderzoek naar het verbreken en herstellen van verbindingen zag Bowlby hoe liefde in de praktijk werkt; de patronen die hij ontdekte, legde hij schriftelijk vast.

Bowlby's theorie won enkele jaren later nog meer terrein toen hij zijn beroemde trilogie over hechting, scheiding en verlies publiceerde. Zijn collega Harry Harlow, die als psycholoog aan de Universiteit van Wisconsin verbonden was, vestigde ook de aandacht op de kracht van wat hij 'contacttroost' noemde toen hij verslag uitbracht van zijn opzienbarende onderzoek naar jonge aapjes die vlak na hun geboorte van hun moeder werden gescheiden. Deze babyaapjes hunkerden zo sterk naar verbondenheid dat ze, toen ze de keus kregen tussen een 'moeder' van ijzerdraad die voedsel verstrekte en een moeder van zachte lappen zonder voedsel, vrijwel altijd voor de met een vacht overtrokken kunstmoeder kozen. Meer in het algemeen toonden de experimenten van Harlow aan hoe schadelijk zo'n vroeg isolement is: fysiek gezonde babyaapjes die in hun eerste levensjaar van hun moeder werden gescheiden, groeiden op tot sociaal verminkte volwassen dieren. Ze misten het vermogen om problemen op te lossen of om de sociale hints van andere apen te begrijpen. Ze werden depressief, brachten zichzelf letsel toe en waren niet in staat tot paren.

De hechtingstheorie (in het Engels vaak aangeduid met de term *attachment theory*), die aanvankelijk belachelijk werd gemaakt en veracht, heeft in Noord-Amerika uiteindelijk tot andere opvoedingsmethoden geleid. (Als ik nu naast het bed van mijn zoon slaap terwijl hij herstellende is van een blindedarmoperatie, ben ik John Bowlby zeer dankbaar.) Tegenwoordig is het algemeen geaccepteerd dat kinderen absoluut behoefte hebben aan veilige, langdurige, fysieke en emotionele intimiteit en dat het ons lelijk zal opbreken als we dat ontkennen.

In deze context is het interessant om in de Bijbel te lezen hoe vaak Jezus aanraking gebruikt als Hij voor mensen zorgt of hen geneest. In Marcus 10:13-16 lezen we: 'De mensen probeerden kinderen bij hem te brengen om ze door hem te laten aanraken, maar de leerlingen berispten hen. Toen Jezus dat zag, wond hij zich erover op en zei tegen hen: "Laat de kinderen bij me komen, houd ze niet tegen, want het koninkrijk van God behoort toe aan wie is zoals zij. Ik verzeker jullie: wie niet als een kind openstaat voor het koninkrijk van God, zal er zeker niet binnengaan." Hij nam de kinderen in zijn armen en zegende hen door hun de handen op te leggen.' Door uit te reiken naar mensen die kwetsbaar zijn, hun kwetsbaarheid te respecteren en hun een diepgaande verbinding aan te bieden, geeft Jezus ons een duidelijk voorbeeld van de manier waarop we met onze medemensen moeten omgaan.

## LIEFDE EN VOLWASSENEN

Bowlby is in 1990 overleden. Hij heeft de tweede revolutie die zijn werk heeft ontketend niet meer mogen meemaken: de toepassing van de hechtingstheorie op liefde tussen volwassenen. Bowlby had zelf al gezegd dat volwassenen dezelfde behoefte aan hechting hebben als kinderen. Hij had onderzoek verricht onder oorlogsweduwen van de Tweede Wereldoorlog en ontdekte dat zij gedragspatronen vertoonden die leken op die van thuisloze jongeren. Deze behoefte aan hechting is de kracht die vorm geeft aan volwassen relaties. Maar opnieuw werden zijn ideeën verworpen. Niemand verwachtte dat een afstandelijke, conservatieve Engelsman uit de betere kringen het raadsel van de romantische liefde zou oplossen! Trouwens, men dacht alles al te weten wat er over liefde te weten viel. Liefde werd afgeschilderd als een kortstondige, vermomde seksuele bevlieging: Freuds seksuele instinct in een nieuw jasje, iets waar we in terechtkomen en vervolgens weer uit geraken. Of een soort onvolwassen behoefte om op anderen te leunen. Alleen in religieuze kringen stelt men bij deze populaire kijk op liefde doorgaans vraagtekens. In dergelijke kringen wordt de liefde tussen partners vaak beschreven als morele plicht, met de nadruk op onzelfzuchtig geven, in plaats van als de behoefte aan of het verwerven van een emotionele verbinding.

Het belangrijkste was wel dat de manier waarop de hechtingstheorie over de liefde sprak volkomen afweek – en misschien nog steeds afwijkt – van de gevestigde sociale en psychologische opvattingen over volwassenheid in onze cultuur, namelijk dat rijpheid staat voor onafhankelijkheid en zelfstandigheid. Het idee van de onkwetsbare strijder die in zijn eentje het leven en het gevaar trotseert, heeft zich diep in onze cultuur genesteld. Kijk maar naar James Bond, het icoon van de onverstoorbare man, die na veertig jaar nog steeds springlevend is.

Psychologen gebruiken termen als 'ongedifferentieerd', 'onrijp', 'symbiotisch' of zelfs 'samengesmolten' om mensen aan te duiden die niet in staat lijken om zelfstandig te functioneren of om zich tegenover anderen te doen gelden. Bowlby daarentegen sprak over 'effectieve afhankelijkheid' en over het feit dat het juist een teken en bron van kracht is als je in staat bent om 'van de wieg tot het graf' bij anderen voor emotionele steun aan te kloppen. Binnen het christendom zijn Gods liefde als steun en toeverlaat en de verbinding met een partner en anderen binnen de geloofsgemeenschap ook altijd als positief beschouwd. Zowel de hechtingswetenschap als het christendom leert ons dat het goed is wanneer we onze kwetsbaarheid erkennen en de hulp van anderen inroepen, en dat een empathische en zorgzame reactie op andermans hulpvraag een belangrijk onderdeel van emotionele en spirituele heelheid vormt.

Onderzoek naar hechting tussen volwassenen is nog net voor Bowlby's dood op gang gekomen. De sociaal psychologen Phil Shaver en Cindy Hazan, die toen allebei aan de Universiteit van Denver waren verbonden, stelden mannen en vrouwen vragen over hun liefdesrelatie om te zien of ze dezelfde antwoorden zouden geven en dezelfde patronen zouden vertonen als moeders en kinderen. Ze stelden een liefdesvragenlijst op die in de plaatselijke krant *Rocky Mountain News* werd gepubliceerd. De volwassenen spraken in hun antwoorden over hun behoefte aan emotionele nabijheid van hun geliefde, over hun verlangen naar de zekerheid dat hun geliefde zou reageren als ze van streek waren, over hun verdriet als ze van hun geliefde gescheiden waren of als er meer afstand tussen hen en hun partner was, en over hun groeiend zelfvertrouwen als ze de buitenwereld gingen verkennen met de zekerheid dat hun geliefde achter hen stond. Ze noemden ook verschillende manieren om met hun partner om te gaan. Als ze zich zeker voelden van hun geliefde, konden ze makkelijk hun hand naar hem of haar uitsteken en verbinding maken, maar als ze zich onzeker voelden, waren ze bang, boos en verward, of vermeden ze de verbinding helemaal en bleven afstandelijk. Precies wat Bowlby en Ainsworth bij moeders en kinderen hadden geconstateerd.

Gedegen vervolgonderzoek van Hazan en Shaver bleek de resultaten van de vragenlijst en Bowlby's theorieën te onderschrijven. Ze ontdekten dat de basisprincipes met betrekking tot hechting ook op relaties tussen volwassenen van toepassing zijn, en dus niet alleen op de band tussen kinderen en ouders. Volgens deze basisprincipes is het zo dat:

- het ons diepste instinct is om gedurende ons hele leven contact te zoeken met een aantal dierbare mensen en dicht bij hen in de buurt te blijven;

- ons contact met deze dierbaren ons een veilige haven biedt waar we altijd naartoe kunnen gaan en waaruit we kracht en vertrouwen kunnen putten; een veilige verbinding maakt ons tot sterkere individuen;
- het verlies van de verbinding met deze geliefden pijnlijk is en een desoriënterend gevoel van kwetsbaarheid veroorzaakt. Als de verbinding wordt verbroken op het moment waarop we haar juist het hardst nodig hebben, is dat traumatiserend;
- emotionele toegankelijkheid en ontvankelijkheid voor de signalen die de ander afgeeft en de behoeften die de ander heeft, voor een veilige liefdesband zorgen. De kwaliteit van onze emotionele betrokkenheid is het essentiële element dat onze liefdesrelaties vormgeeft;
- er slechts enkele strategieën zijn die we gebruiken om ons met anderen te verbinden en om met een in onze beleving verbroken verbinding om te gaan. Als we ons veilig genoeg voelen, kunnen we het risico nemen om naar een dierbare uit te reiken en aan onze behoeften tegemoet te laten komen. Als we ons onveilig voelen, nemen we onze toevlucht tot het stellen van eisen en controlerend gedrag of, als we werkelijk verwachten dat we worden afgewezen en in de steek worden gelaten, proberen we ons af te sluiten en besteden we geen aandacht aan onze behoefte aan verbinding. Deze negatieve strategieën kunnen bijdragen aan het verbreken van de verbinding waar we nou net mee proberen om te gaan of die we proberen te vermijden;
- we als volwassenen aan dierbaren kunnen denken en daar troost in kunnen vinden, en dat we daar niet altijd fysieke nabijheid voor nodig hebben. Volwassen romantische relaties hebben ook een fysiek (seksueel) element. Seksualiteit hoort bij volwassen relaties;
- de relatie tussen God en gelovigen als een hechtingsrelatie kan worden gezien, waarin God de veilige haven is, een veilige basis, en de ultieme bron van troost en zorg.

Het werk van Hazan en Shaver bracht een lawine van vervolgonderzoek voort. Honderden studies bevestigen Bowlby's voorspellingen

over hechting bij volwassenen en in dit boek zal ik daar ook regelmatig uit citeren. De belangrijkste conclusie: een veilige verbinding
tussen liefhebbende partners is de sleutel tot een liefdevolle relatie
en een diepe bron van kracht voor de individuen die van zo'n relatie
deel uitmaken. Enkele belangrijke onderzoeksresultaten:

- Als we ons in het algemeen veilig voelen – dat wil zeggen: op
  ons gemak in de nabijheid van onze dierbaren en vol vertrouwen dat we op hen kunnen rekenen – zijn we beter in staat om
  steun te zoeken en te geven. In een onderzoek van de psycholoog
  Jeff Simpson van de Universiteit van Minnesota vulden 83 stellen
  een vragenformulier over hun relatie in. Vervolgens namen ze in
  een ruimte plaats. De vrouwelijke partner was verteld dat ze kort
  daarna zou moeten meedoen aan iets waar de meeste mensen erg
  bang voor zijn (er werd niet bij gezegd waar het om ging). De
  vrouwen die via het vragenformulier hadden aangegeven dat ze
  zich in hun relatie veilig voelden, konden hun onzekerheid over
  wat zou komen openlijk met hun partner delen en hem om steun
  vragen. Vrouwen die hun behoefte aan hechting hadden ontkend
  en intimiteit meden, trokken zich op dergelijke momenten meer
  in zichzelf terug. De mannen reageerden op twee verschillende
  manieren op hun partner: als ze hadden aangegeven dat ze zich in
  hun relatie veilig voelden, gaven ze nog meer steun dan anders; ze
  raakten hun partner aan, glimlachten tegen haar en boden haar
  troost. Maar als ze hadden aangegeven dat ze zich qua hechtingsbehoeften niet op hun gemak voelden, waren ze opvallend minder meevoelend als hun partner haar behoefte aan steun uitsprak;
  ze bagatelliseerden de onzekerheid van hun partner, toonden
  minder warmte en raakten haar ook minder aan.
- Als we ons in de relatie met onze partner veilig verbonden voelen, kunnen we beter omgaan met de onvermijdelijke wonden die
  hij of zij veroorzaakt en hebben we minder de neiging om ons
  agressief en vijandig te gedragen als we boos op hem of haar zijn.
  Mario Mikulincer van de Bar-Ilan Universiteit in Israël heeft een
  reeks onderzoeken gedaan waarin hij de deelnemers vroeg hoe ze

de verbondenheid met hun partner ervoeren en hoe ze omgingen met boosheid als er zich een conflict voordeed. Hun hartslag werd geregistreerd terwijl ze op conflictscenario's tussen partners reageerden. Degenen die zich met hun partner verbonden voelden en het gevoel hadden dat ze op hun partner konden rekenen, zeiden dat ze zich minder boos voelden en ook minder vaak het gevoel hadden dat hun partner iets met boze opzet deed. Ze zeiden dat ze hun boosheid beheerster tot uitdrukking brachten en bedachten positievere doelen, zoals het oplossen van de problemen en het herstellen van de verbinding met hun partner.

- Veilige verbondenheid met een dierbare maakt ons sterker. Mikulincer heeft in een reeks onderzoeken aangetoond dat we, als we ons veilig met anderen verbonden voelen, onszelf ook beter begrijpen en meer van onszelf houden. Toen de proefpersonen een lijst met bijvoeglijke naamwoorden kregen waarmee ze zichzelf moesten beschrijven, kozen degenen die zich in hun relatie geborgen voelden vaker voor positieve eigenschappen. En toen hun werd gevraagd naar hun zwakke punten, gaven ze eerlijk toe dat ze hun eigen idealen niet altijd realiseerden, maar dat ze niettemin een goed gevoel over zichzelf hadden.

- Mikulincer constateerde ook, zoals Bowlby had voorspeld, dat volwassenen met een veilige band nieuwsgieriger waren en meer openstonden voor nieuwe informatie. Ze konden omgaan met onduidelijke informatie en zeiden dat ze hielden van vragen die op meerdere manieren beantwoord konden worden. In een van de taken die de proefpersonen moesten doen werd iemands gedrag beschreven. De proefpersonen moesten de negatieve en positieve kanten van die persoon aangeven. De proefpersonen die een goede band met hun partner hadden, waren goed in staat om nieuwe informatie over de betreffende persoon op te pikken en hun mening over hem of haar te herzien. Het is gemakkelijker om open te staan voor nieuwe ervaringen en flexibele opvattingen te hebben als je je veilig voelt en als je je met anderen verbonden voelt. Nieuwsgierigheid komt voort uit een gevoel van veiligheid; op je hoede zijn voor bedreigingen leidt tot starheid.

- Hoe meer we onze partner de hand kunnen toesteken, hoe beter we ook op onszelf en onafhankelijk kunnen zijn. Hoewel dit volstrekt ingaat tegen het credo van zelfstandigheid binnen onze cultuur, is het toch precies wat psychologe Brooke Feeney van de Carnegie Mellon University in Pittsburgh tijdens een onderzoek met 280 stellen ontdekte. Degenen die het gevoel hadden dat hun partner hun behoeften erkende, hadden meer vertrouwen bij het zelfstandig oplossen van problemen. Bovendien was de kans dat ze hun doelen verwezenlijkten groter dan bij mensen die niet in die gelukkige omstandigheid verkeerden.

Uit de eerste studies met betrekking tot de aard van hechte relaties blijkt dat de verbinding van gelovigen met God wordt ervaren als een krachtige bron van veilige hechting. God wordt gezien als de ultieme veilige haven en als ultiem toevluchtsoord. Zijn leiding fungeert ook als anker en leidraad voor gelovigen als zij met de onzekerheden van het leven worden geconfronteerd. Uit onderzoek van psycholoog Lee Kirkpatrick van het College of William and Mary in Virginia blijkt steevast dat gelovigen God beschrijven als betrouwbaar en ontvankelijk. Hij is voor hen een perfect hechtingsfiguur die er altijd voor zijn kinderen is. In de Bijbel wordt God beschreven als de 'vader van wezen' (Psalm 68:6). Mario Mikulincer heeft ook ontdekt dat mensen in het algemeen aan God en zijn troost denken wanneer ze met subliminale, onderbewuste bedreigingen worden geconfronteerd, bijvoorbeeld met beelden die betrekking hebben op mislukking of de dood. Deze spirituele band wordt in Deel Drie van dit boek in het hoofdstuk 'Onze band met God' verder uitgediept.

## EEN SCHAT AAN WETENSCHAPPELIJK BEWIJS

Volgens allerlei takken van wetenschap zijn we niet alleen sociale dieren, maar ook dieren met een behoefte aan een speciale vorm van innige verbondenheid met anderen. Als we dit ontkennen, brengen we onszelf schade toe. In Genesis 2:18 lezen we: 'Het is niet goed dat de mens alleen is.' Historici hebben al lang geleden geconstateerd dat

het in de Tweede Wereldoorlog heel moeilijk was om in de vernieti-
gingskampen in je eentje te overleven. Daarvoor moest je minimaal
een 'tweetal' vormen. Het is ook al lang bekend dat getrouwde mannen en vrouwen in het algemeen langer leven dan mensen die niet
getrouwd zijn.

Een nauwe band met andere mensen is van cruciaal belang voor
onze mentale, emotionele en fysieke gezondheid. Louise Hawkley
van het Centrum voor Cognitieve en Sociale Neurowetenschappen
aan de Universiteit van Chicago schat in dat eenzaamheid de bloeddruk zo sterk laat stijgen dat het risico op een hartaanval of beroerte
dubbel zo groot wordt vergeleken met mensen met een sociaal netwerk. Socioloog James House van de Universiteit van Michigan zegt
dat emotioneel isolement een groter gezondheidsrisico is dan roken
of een hoge bloeddruk, terwijl we voor de gevolgen van die laatste
twee tegenwoordig worden gewaarschuwd! Wellicht weerspiegelen
deze wetenschappelijke bevindingen het oude gezegde dat gedeelde
smart halve smart is.

Het gaat er echter niet alleen om of we wel of niet een intieme relatie hebben; de kwaliteit van die relatie speelt ook een rol. Negatieve
relaties ondermijnen onze gezondheid. Onderzoekers aan de Case
Western Reserve University in Cleveland in de staat Ohio stelden
mannen die in het verleden last hebben gehad van angina pectoris en een hoge bloeddruk de vraag: 'Laat je vrouw zien dat ze van
je houdt?' Degenen die de vraag met 'nee' beantwoordden, hadden
gedurende de vijf daaropvolgende jaren bijna tweemaal zo vaak een
aanval van angina pectoris als degenen die bevestigend hadden geantwoord. Ook vrouwen krijgen er hartklachten van. Vrouwen die
hun huwelijk als gespannen ervaren en regelmatig ruzie hebben met
hun partner, hebben meer kans op een sterk verhoogde bloeddruk
en een hoger niveau van stresshormonen dan vrouwen die gelukkig
getrouwd zijn. Uit onderzoek blijkt dat vrouwen die een hartaanval
hebben gehad driemaal zoveel kans op een volgende hartaanval hebben als zij ernstige huwelijksproblemen hebben.

Bij mannen en vrouwen met congestief hartfalen is de kwaliteit
van het huwelijk van de patiënt een net zo'n goede voorspellende

factor voor vierjaarsoverleving als de ernst van de symptomen en de geleden schade, zo concludeert Jim Coyne, een psycholoog aan de Universiteit van Pennsylvania. Dichters die het hart tot symbool van de liefde hebben gemaakt zouden ongetwijfeld hebben geglimlacht om de conclusie van wetenschappers dat de kracht van je hart niet te scheiden is van de kracht van je liefdesrelatie.

Een ongelukkige relatie heeft een negatieve uitwerking op ons immuun- en hormoonsysteem en zelfs op ons vermogen om te genezen. De psychologe Janice Kiecolt-Glaser van de Ohio State University heeft een uiterst boeiend experiment uitgevoerd. Ze liet pasgetrouwde stellen ruzie met elkaar maken en nam vervolgens een paar uur lang regelmatig bloedmonsters af. Ze stelde vast dat naarmate de partners vijandiger waren geweest en meer minachting voor elkaar hadden getoond, het niveau van hun stresshormonen hoger was en hun immuunsysteem sterker onder druk kwam te staan. De effecten waren wel tot een dag lang aantoonbaar. In een nog opzienbarender onderzoek gebruikte Kiecolt-Glaser een vacuümpomp om de vorming van kleine blaasjes op de huid van vrouwelijke vrijwilligers te veroorzaken. Vervolgens liet ze hen met hun echtgenoot ruziemaken. Hoe gemener de ruzie was, hoe langer het duurde voordat de huid van de vrouwen weer genezen was.

De kwaliteit van onze liefdesrelatie heeft ook een grote invloed op onze mentale en emotionele gezondheid. In de rijkste landen van de wereld heerst een epidemie van angst en depressie. Conflicten met en vijandige kritiek van dierbaren zorgen ervoor dat we steeds meer aan onszelf gaan twijfelen; bovendien roepen ze een gevoel van hulpeloosheid op. Beide zijn bekende oorzaken van depressie. We hebben erkenning van onze geliefden nodig. Onderzoekers zeggen dat spanningen in het huwelijk het risico op een depressie met een factor tien verhogen!

Dat is het slechte nieuws, maar er is ook goed nieuws.

Uit honderden onderzoeken blijkt inmiddels dat positieve en liefdevolle verbindingen met anderen ons tegen stress beschermen en ons helpen bij het beter omgaan met de uitdagingen en trauma's van het leven. Israëlische onderzoekers melden dat soldaten die een veilige emotionele hechting met hun partner ervaren, veel beter in staat zijn om met gevaarlijke situaties om te gaan, zoals aanvallen van scudraketten, dan soldaten die een minder goede verbinding met hun partner hebben. Ze zijn minder bang en hebben na een aanval minder lichamelijke klachten.

Deze onderzoeken naar de kracht van positieve verbindingen komen overeen met christelijke ideeën. Christenen zeggen vaak dat ze beter met hun problemen kunnen omgaan wanneer ze zich op hun verbinding met de liefhebbende God afstemmen. Ze vinden troost in het gevoel dat ze bij God behoren. In zijn boek over de spirituele aard van de mens vertelt Alister Hardy een verhaal over een vrouw die door wanhoop werd geteisterd en vanwege depressieklachten in het ziekenhuis terechtkwam, waar ze besloot te gaan bidden. Ze zei tegen Hardy: 'Plotseling zei een stem: "Bang of gezond van geest, je bent nog steeds een van mijn lammeren."' Dit zorgde voor een ommekeer in haar leven en haar genezingsproces.

Gewoon de hand van een liefdevolle partner vasthouden kan ons diep raken, en dit gebaar kalmeert letterlijk de 'onrustige' neuronen in ons brein. Psycholoog Jim Coan van de Universiteit van Virginia zei tegen vrouwelijke patiënten die een MRI-hersenscan ondergingen dat als er een rood lampje ging branden, ze misschien een klein elektrisch schokje aan hun voeten zouden voelen, maar misschien ook niet. Die informatie zorgde ervoor dat de stresscentra in de hersenen van de patiënten werden geactiveerd. Maar als een partner hun hand vasthield, was de geregistreerde stress minder heftig. En als ze een schok kregen, hadden ze minder pijn. Het effect was beduidend sterker bij de patiënten die een gelukkige relatie hadden. In deze relatie scoorden de partners hoog qua tevredenheid en deze stellen werden door de onderzoekers superstellen genoemd. Verbondenheid met een liefdevolle partner kan letterlijk een buffer tegen een shock, stress en pijn vormen.

De mensen van wie we houden, aldus Coan, zijn de 'geheime regulatoren' van onze lichamelijke processen en ons emotionele leven. Als de liefde niet werkt, hebben we pijn. De term 'gekwetste gevoelens' is volgens psychologe Naomi Eisenberger van de Universiteit van Californië dan ook een rake uitdrukking. Haar *neuro-imaging*-onderzoek laat zien dat afwijzing en buitensluiting hetzelfde hersengebied activeren als fysieke pijn, namelijk de cortex cingularis anterior. Dat deel van onze hersenen wordt telkens actief wanneer we op emotioneel vlak worden gescheiden van degenen die ons het meest dierbaar zijn. Toen ik deze onderzoeksresultaten las, dacht ik terug aan de schok die ik ervoer bij mijn eigen fysieke ervaring van rouw en verdriet. Toen ik hoorde dat mijn moeder was overleden, voelde ik me helemaal verpletterd, alsof ik letterlijk door een vrachtwagen was aangereden. Als we dicht bij onze partner zijn, hem of haar omhelzen, of met onze partner vrijen, produceren we grote hoeveelheden van de 'knuffelhormonen' oxytocine en vasopressine. Deze hormonen lijken 'beloningscentra' in de hersenen te activeren, waardoor chemische stoffen zoals dopamine vrijkomen, die voor rust en een geluksgevoel zorgen en de productie van bepaalde stresshormonen, zoals cortisol, stopzetten.

We zijn al een flink stuk gevorderd qua begrip van liefde en het belang ervan. In 1939 stond bij vrouwen die op zoek waren naar een partner liefde op de vijfde plaats van factoren die daarbij voor hen van belang waren. In de jaren negentig stond liefde bij zowel mannen als vrouwen boven aan de lijst. En hedendaagse studenten zeggen dat 'emotionele veiligheid' hun voornaamste verwachting van het huwelijk is.

Liefde is niet de kers op de taart van ons leven, liefde is net als zuurstof een fundamentele en primaire levensbehoefte.

De hechtingswetenschap en de Bijbel komen in deze context samen om een lofzang te zingen op het belang en het heilige aspect van een liefdevolle verbinding.

Het Hebreeuwse woord voor liefde in de Bijbel, *ialeph,ayin*, is niet een uitgesproken woord. Het is eigenlijk niet meer dan een geluid, het geluid van in- en uitademen. In de Bijbel wordt dit woord gebruikt om de intieme verbinding te beschrijven die God met ons wil hebben, en die wij met onze levenspartner kunnen hebben. In dit soort liefde zijn we zo hecht met onze geliefde verbonden dat we elkaars adem inademen. Deze nabijheid wordt beschreven als *panim el panim*, wat letterlijk 'van gezicht tot gezicht' betekent.

Het christelijke geloof bevestigt dat God een relatie van 'adem tot adem' en van 'gezicht tot gezicht' met ons wil. Dit is dus het model voor onze liefde met onze partner.

# Wat is er met onze liefde gebeurd?
# Verlies van verbondenheid

*Liefhebben is kwetsbaar zijn.*
– C.S. LEWIS, THE FOUR LOVES

*De liefde laat geen ruimte voor angst.*
– JOHANNES, 1 JOHANNES 4:18

'Waar het werkelijk om draait is dat Sally niets van geld begrijpt,' zegt Jay. 'Ze is heel emotioneel en ze heeft er moeite mee om mij te vertrouwen en geldzaken gewoon aan mij over te laten.' Sally ontploft: 'Nou ja, zeg! Natuurlijk ligt het weer aan mij. Alsof jij zo veel van geld afweet! We hebben net die idiote auto gekocht die jij zo nodig moest hebben. Een auto die we niet eens nodig hebben en die we ons ook niet kunnen veroorloven. Maar je doet gewoon waar je zin in hebt. Mijn mening telt sowieso niet voor jou. Eigenlijk ben ik helemaal niet belangrijk voor je, en zo is het.'

Chris is een 'wrede, strenge en liefdeloze vader', zegt Jane beschuldigend. 'Heb je wel in de gaten dat de kinderen jouw zorg ook nodig hebben? Ze hebben niet alleen je regeltjes nodig, maar ook je aandacht!' Chris kijkt weg. Hij spreekt op rustige toon over de noodzaak van regels en verwijt Jane dat ze geen grenzen kan stellen. De beschuldigingen gaan over en weer. Uiteindelijk slaat Jane haar handen voor haar gezicht en verzucht: 'Ik herken je gewoon niet meer. Je lijkt wel een vreemde.' En opnieuw wendt Chris zijn blik af.

Nat en Carrie zitten halsstarrig te zwijgen, totdat Carrie losbarst en snikkend vertelt hoe geschokt en verraden ze zich voelt door Nats

MET JOU EN GOD VERBONDEN

verhouding met een andere vrouw. Gefrustreerd somt Nat zijn redenen voor die affaire op. 'Ik heb je al ontzettend vaak verteld waarom
het gebeurd is. Ik heb het eerlijk toegegeven. En verdorie, het is nu al
twee jaar geleden! Het is passé! Wordt het geen tijd dat je je erover-
heen zet en het me vergeeft?'

'Jij weet niet wat dat betekent,' roept Carrie uit. Vervolgens zakt
haar stem weg tot een zacht gefluister. 'Je geeft niet om mij, en ook
niet om mijn pijn. Je wilt gewoon dat alles weer wordt zoals het was.'
Ze begint te huilen, hij staart naar de vloer.

Ik vraag beide partners wat zij als het fundamentele probleem in
hun relatie zien en wat de oplossing zou kunnen zijn. Ze denken na
en komen met suggesties. Sally zegt dat Jay haar te veel controleert.
Hij moet leren om haar meer als gelijkwaardig te beschouwen. Chris
concludeert dat Jane en hij zulke verschillende karakters hebben dat ze
het onmogelijk eens kunnen worden over een opvoedstijl. Ze zouden
er misschien uit kunnen komen door een oudercursus bij een 'deskundige' te volgen. Nat is ervan overtuigd dat Carrie seksueel gefrustreerd
is. Ze zouden misschien naar een sekstherapeut moeten gaan, zodat ze
het in de slaapkamer weer naar hun zin kunnen hebben.

Deze stellen doen geweldig hun best om hun narigheid te begrijpen, maar de woorden die ze kiezen, gaan voorbij aan de kern van de
zaak. Hun verklaringen zijn slechts het topje van de ijsberg, de oppervlakkige en tastbare buitenkant van een gigantische hoop problemen.
Daar zullen veel therapeuten het over eens zijn. Maar wat is dan het
'echte probleem' dat onder dat topje van de ijsberg schuilgaat?

Als ik die vraag aan therapeuten stel, zullen velen van hen zeggen
dat deze stellen verwikkeld zijn in een vernietigende machtsstrijd of
verstrikt zitten in verbitterde ruzies, en dat ze moeten leren onderhandelen en hun communicatievaardigheden moeten ontwikkelen.
Maar ook therapeuten zien niet waar het echt om draait. Ze zijn alleen maar een stukje verder de ijsberg af gedaald, tot aan het water-
oppervlak.

We moeten dieper duiken om het fundamentele probleem te
achterhalen: deze stellen hebben geen emotionele verbinding met
elkaar, ze voelen zich emotioneel niet meer veilig bij elkaar. Koppels

en therapeuten zien te vaak over het hoofd dat de meeste ruzies in feite een vorm van protest zijn tegen het verlies van emotionele verbondenheid. Onder alle ellende vragen de partners aan elkaar: 'Kan ik nog op je rekenen, je vertrouwen? Ben je beschikbaar voor mij? Zul je reageren als ik je nodig heb, als ik je roep? Ben ik nog belangrijk voor je? Waardeer je mij en aanvaard je mij? Heb je me nodig? Vertrouw je op mij?'

Woede, kritiek en eisen zijn eigenlijk allemaal noodkreten naar de geliefde, pogingen om zijn of haar hart te openen, om de partner emotioneel gezien weer terug te winnen en het gevoel van een veilige verbondenheid te herstellen.

## OERPANIEK

De hechtingstheorie leert ons dat onze geliefde ons veiligheid in het leven biedt. Als die persoon emotioneel niet beschikbaar of niet ontvankelijk is, staan we in de kou en voelen we ons alleen en hulpeloos. We worden dan belaagd door allerlei emoties, zoals woede, verdriet, pijn en vooral angst. Dat is niet zo gek als je bedenkt dat angst ons ingebouwde alarmsysteem is. Dit systeem wordt geactiveerd wanneer ons leven wordt bedreigd. De dreiging de verbinding met onze geliefde te verliezen verstoort ons gevoel van veiligheid. Het alarm gaat af in de amygdala in ons brein, het angstcentrum, zoals neurowetenschapper Joseph LeDoux van het Centrum voor Neurowetenschappen van de New York University het heeft genoemd. Dit amandelvormige gebied zet een automatische respons in gang. We denken niet na; we voelen en handelen.

We ervaren allemaal een vorm van angst wanneer we een meningsverschil of ruzie met onze partner hebben. Voor partners die een sterke band hebben, is dat slechts een tijdelijk dipje. De angst kan snel en gemakkelijk worden getemperd wanneer we beseffen dat er geen reële bedreiging is, en dat onze partner ons gerust zal stellen wanneer we daarom vragen. Maar voor mensen die een minder hechte of een beschadigde band met elkaar hebben, kan die angst overweldigend zijn. Ze worden meegesleurd door een 'oerpaniek', zoals neurowetenschapper Jaak Panksepp van de State University Washington het noemt. Ik denk dat David dit ervoer in Psalm 38:10, waarin hij zijn eenzaamheid op levendige wijze beschrijft: 'Mijn hart gaat tekeer, mijn kracht ebt weg.' Als deze oerpaniek eenmaal voet aan de grond heeft gekregen, doen we meestal of het een of het ander: of we gaan eisen stellen en klampen ons vast aan onze partner in een poging om troost en geruststelling bij hem of haar te vinden, of we trekken ons terug en maken ons los van onze partner in een poging onszelf te troosten en te beschermen. Het gaat niet om de exacte bewoording, maar wat we met die reacties in feite zeggen, is: 'Geef me je aandacht, blijf bij me, ik heb je nodig.' Of: 'Ik laat me niet door jou kwetsen. Ik moet even bijkomen en proberen om de zaak onder controle te krijgen.'

Deze strategieën voor het omgaan met de angst voor verlies van verbondenheid gebruiken we onbewust en ze werken ook echt, tenminste in het begin. Maar als partners er in een moeilijke relatie steeds meer hun toevlucht toe nemen, raken ze verzeild in een vicieuze cirkel van onzekerheid, die hen alleen maar verder uit elkaar drijft. Er vinden dan steeds meer interacties plaats waarbij geen van beide partners zich nog veilig voelt, en waarbij ze defensief worden en het ergste over hun partner en hun relatie veronderstellen.

Als we van onze partner houden, waarom horen we die roep om aandacht en verbinding van de ander dan niet en waarom reageren we er niet gewoon met serieuze aandacht op? Omdat we vaak niet op onze partner zijn afgestemd. We zitten dan ergens anders met onze gedachten en we zitten gevangen in onze eigen agenda. We kennen de taal van hechting niet, en we geven geen duidelijke signalen over onze behoeften of onze betrokkenheid. We spreken vaak aarzelend omdat we niet precies weten welke behoeften we hebben. Of we vragen boos en gefrustreerd om verbinding omdat we te weinig zelfvertrouwen en veiligheid in onze relatie ervaren. Dan gaan we eisen stellen in plaats van om hulp vragen, wat eerder leidt tot een machtsstrijd dan tot een omhelzing. Sommige mensen proberen hun natuurlijke verlangen naar emotionele toenadering op een laag pitje te zetten en concentreren zich op zaken die maar voor een deel met hun behoeften overeenkomen. Het meest gebruikelijke is dan: je richten op seks. Verhulde en verdraaide boodschappen voorkomen dat we ons in ons naakte verlangen aan de ander blootgeven, maar we maken het onze geliefde op deze manier ook moeilijker om te reageren op onze diepste behoefte.

## DUIVELSE DIALOGEN

Naarmate partners langer het gevoel van verlies van verbondenheid ervaren, gaan ze steeds negatiever met elkaar om. Deze negativiteit kan een vernietigend effect op de relatie hebben en het vertrouwen in de verbinding die ze met elkaar hebben aantasten. Hierdoor komen ze in een emotionele hel terecht die doet denken aan de beelden van pijn en wanhoop van mensen die op sommige christelijke fresco's en schilderijen zijn afgebeeld en letterlijk door demonen worden geteisterd. Onderzoekers hebben een aantal van die schadelijke patronen ontdekt, en ze worden op verschillende manieren aangeduid. De drie die ik als fundamenteel zie, noem ik de 'duivelse dialogen'. Dit zijn 'zoek de boef', de 'protestpolka' en 'verstijf en vlucht'. In het eerste gesprek kom je er meer over te weten.

De protestpolka komt verreweg het vaakst voor. In deze dialoog wordt de ene partner kritisch en agressief en de ander defensief en afstandelijk. John Gottman, die als psycholoog verbonden is aan de Universiteit van Washington in Seattle, heeft vastgesteld dat paren die in de eerste jaren van hun huwelijk in dit patroon verzeild raken een kans van meer dan tachtig procent hebben om binnen vier of vijf jaar te scheiden.

Laten we eens naar zo'n stel kijken. Carol en Jim hebben al tijden ruzie over het feit dat hij te laat op afspraken komt. Tijdens een sessie in mijn spreekkamer zeurt Carol tegen Jim over zijn laatste misstap: hij kwam niet opdagen op de thuisgroep die zij voor hun kerk organiseren. 'Waarom kom je toch altijd te laat?' vraagt ze hem verwijtend. 'Kan het je niet schelen dat we dit met de kerk hebben afgesproken, dat ik zit te wachten en je hulp nodig heb? Je laat me altijd zitten.'

Jim reageert koeltjes: 'Ik werd opgehouden. Maar als je weer begint te zeuren, moeten we misschien maar met de groep stoppen.'

Carol slaat terug door alle andere keren dat Jim te laat was op te noemen. Jim begint die waslijst aan te vechten, maar stopt ermee en hult zich in een ijzig stilzwijgen.

In die eindeloze ruzie worden Jim en Carol helemaal in beslag genomen door de inhoud van hun ruzies. Wanneer was Jim voor het laatst te laat? Was dat vorige week of al maanden geleden? Ze razen maar door over 'wat er echt is gebeurd', 'wie gelijk heeft' en 'wie het meest fout zit', maar dit leidt nergens toe. Ze zijn ervan overtuigd dat het probleem ofwel zijn gebrek aan verantwoordelijkheid is, ofwel haar gezeur. Maar in feite maakt het helemaal niet uit waarover ze ruziemaken. Tijdens een andere sessie beginnen Carol en Jim te kibbelen over zijn weigering om hun relatie bespreekbaar te maken. 'Als we daarover gaan praten, krijgen we toch ruzie,' zegt Jim. 'Waar is dat voor nodig? We draaien telkens in hetzelfde kringetje rond. Je raakt er alleen maar gefrustreerd van. En hoe dan ook, het gaat toch alleen maar over mijn "gebreken". Ik voel me meer met haar verbonden wanneer we vrijen.' Carol schudt haar hoofd. 'Ik wil geen seks als we niet eens met elkaar praten!'

Wat is hier aan de hand? Het spelletje van aanvallen en terugtrekken dat Carol en Jim spelen met betrekking tot zijn 'te laat komen' is overgegaan op twee andere onderwerpen: 'we praten niet met elkaar' en 'we vrijen niet met elkaar'. Ze zitten vast in een vicieuze cirkel en alles wat ze zeggen, roept bij de ander alsmaar meer negatieve reacties en emoties op. Hoe meer Carol Jim van alles de schuld geeft, hoe meer hij zich terugtrekt. En hoe meer hij zich terugtrekt, hoe heftiger en scherper haar kritiek wordt. Uiteindelijk doet het onderwerp van hun ruzies er helemaal niet toe.

Als stellen dit punt hebben bereikt, staat hun relatie volledig in het teken van wrok, achterdocht en afstandelijkheid. Ze zien elk verschil van mening, elke onenigheid door een negatief filter. Ze luisteren naar een terloopse opmerking en horen daar een bedreiging in. Ze zien iets wat de ander doet en wat ze niet thuis kunnen brengen en veronderstellen het ergste. Ze worden verscheurd door gruwelijke angsten en twijfels, ze zijn voortdurend waakzaam en defensief. En zelfs als ze toenadering zoeken, lukt hun dat niet.

Soms herkennen partners wel iets van de duivelse dialoog waarin ze gevangenzitten. Jim zegt bijvoorbeeld tegen me dat hij al 'weet' dat hij te horen zal krijgen dat hij Carol teleurgesteld heeft, terwijl ze daar nog geen woord over heeft gerept, en dat hij daarom een 'muur' heeft opgetrokken om zich 'tegen haar vuur' te beschermen. Maar het patroon is zo'n automatisme en zo dwingend geworden dat ze het niet meer kunnen doorbreken. De meeste stellen zijn zich er niet van bewust dat het patroon hun leven is gaan beheersen.

Boze, gefrustreerde partners zoeken naar een verklaring. Ze komen tot de conclusie dat hun partner harteloos of wreed is. Of ze zoeken de schuld bij zichzelf. 'Misschien is er iets grondig mis met mij,' zegt Carol. 'Het is net wat mijn moeder altijd al zei, dat ik moeilijk ben om van te houden.' Ze concluderen dat niemand te vertrouwen is, dat liefde een leugen is.

De gedachte dat dit patroon van eisen stellen en afstand nemen te maken heeft met hechtingspaniek is voor veel psychologen en therapeuten nog revolutionair. Het merendeel van mijn collega's die bij mij een training volgen, heeft geleerd om in relaties het conflict zelf en de machtsstrijd van het stel in kwestie als het voornaamste probleem te zien. Daarom concentreren ze zich op onderhandelings- en communicatievaardigheden om het conflict beheersbaar te houden. Maar zo pak je de symptomen aan, niet de kwaal zelf. Op die manier vertel je mensen die in een eindeloze dans van frustratie en afstandelijkheid gevangenzitten dat ze hun danspassen moeten veranderen, terwijl ze eigenlijk andere muziek moeten opzetten. Een voorbeeld hiervan zien we bij Jim en Carol. 'Hou op met mij de les lezen,' beveelt Jim. Carol overweegt die gedachte even en reageert vervolgens woedend: 'Als ik daarmee zou stoppen, doe je helemaal niks en zijn we nog verder van huis!'

We kunnen allerlei technieken bedenken om de diverse aspecten van relatieproblemen aan te pakken, maar zolang we de fundamentele principes die bepalend zijn voor een liefdesrelatie niet kennen, zijn we ook niet in staat om de liefdesperikelen echt te begrijpen en stellen duurzame hulp te bieden. Het patroon van eisen stellen en je terugtrekken is niet zomaar een slechte gewoonte, maar weerspiegelt een diepere, onderliggende realiteit: zulke stellen hebben een enorme behoefte aan emotioneel contact. Ze raken los van de bron van hun emotionele voeding. Ze voelen zich misdeeld. En ze snakken wanhopig naar het terugvinden van die emotionele voeding.

Zolang we ons niet richten op die fundamentele behoefte aan verbondenheid en op de angst om die verbondenheid te verliezen, zijn standaardoplossingen zoals het aanleren van probleemoplossende vaardigheden of communicatievaardigheden, het oprakelen van jeugdtrauma's of een tijdje fysiek afstand van elkaar nemen misplaatst en ineffectief. De manier waarop gelukkige paren met elkaar spreken, is niet 'vaardiger' of 'rijker aan inzicht' dan die van ongelukkige stellen, heeft Gottman aangetoond. Ze luisteren niet altijd empathisch naar elkaar en begrijpen niet altijd hoe hun verleden wellicht een problematisch verwachtingspatroon heeft gecreëerd. En in mijn spreekkamer zie ik ook ongelukkige stellen die verbazend welbespraakt zijn en een fantastisch inzicht in hun eigen gedrag tonen, maar die met hun partner geen samenhangend gesprek kunnen voeren wanneer de emotionele tsunami toeslaat. Mijn cliënte Shelley zegt: 'Ik ben beslist niet op mijn mondje gevallen, hoor. Ik heb veel vriendinnen, ik ben assertief en ik kan goed luisteren. Maar als er weer zo'n ellendige lange stilte tussen ons valt, en we proberen ons de belangrijkste punten van het cursusweekend voor het oplossen van huwelijksproblemen te herinneren, voelt het alsof we tijdens een vrije val het handboek *Hoe trek ik mijn parachute uit* proberen te lezen.'

De standaardoplossingen gaan niet in op het verlangen naar een veilige emotionele verbondenheid of op het feit dat die gevaar loopt. Ze leren stellen niet hoe ze weer een verbinding met elkaar kunnen maken, of hoe ze die in stand kunnen houden. De technieken die ze leren, zijn misschien wel geschikt om ruzies te onderbreken, maar daar betalen ze een hoge prijs voor. Vaak vergroten die technieken de afstand tussen partners alleen maar, en versterken ze de angst om afgewezen en alleen gelaten te worden, terwijl ze hun onderlinge band juist moeten herstellen.

## Sleutelmomenten van hechting en afstandelijkheid

De visie op liefde die binnen de hechtingstheorie wordt gehanteerd reikt ons een manier aan om destructieve patronen te herkennen. Ze begeleidt ons door de momenten die een relatie kunnen maken of breken. Soms vertelt een cliënt me: 'Het ging allemaal zo goed. We hadden vier heerlijke dagen, als goede vrienden. Maar toen gebeurde dat ene incident en ging alles weer de mist in. Ik begrijp er niets van.'

Woordenwisselingen tussen geliefden lopen zo snel dramatisch hoog op en zijn soms zo chaotisch en verhit, dat we niet kunnen achterhalen wat er nu precies gebeurt, en dus ook niet goed kunnen bedenken hoe we het best kunnen reageren. Maar als we er even de tijd voor nemen, zien we de omslagmomenten en de keuzes die we hebben. De behoefte aan hechting en de heftige emoties waar die mee gepaard gaat, komen vaak plotseling op. Ze sturen het gesprek in een oogwenk van oppervlakkige onderwerpen naar kwesties zoals veiligheid en overleving. 'Johnny kijkt veel te veel tv' explodeert ineens tot 'Ik kan die driftbuien van onze zoon niet meer aan. Ik ben gewoon een slechte moeder. Maar op dit moment luister je niet eens naar mij. Natuurlijk, natuurlijk, jij hebt je werk te doen, dat is het enige wat telt, of niet soms? Mijn gevoelens doen er niet toe. Ik sta er helemaal alleen voor.'

Als we ons wezenlijk veilig en met onze partner verbonden voelen, dan is zo'n sleutelmoment vergelijkbaar met een koud briesje op een zonnige dag. Maar als we niet zo zeker zijn van die verbondenheid, is het sleutelmoment het begin van een neerwaartse spiraal van onzekerheid, die de relatie bekoelt. Bowlby heeft ons een algemene richtlijn gegeven waarmee we kunnen bepalen wanneer ons hechtingsalarm afgaat. Dat gebeurt, zei hij, als we ons plotseling onzeker of kwetsbaar voelen, of als we het gevoel hebben niet zo hecht verbonden te zijn met onze geliefde, als we het gevoel hebben dat onze relatie wordt bedreigd of gevaar loopt. De bedreiging die we ervaren, kan uit de buitenwereld afkomstig zijn, maar ook uit ons innerlijk. Ze kan reëel zijn, maar ook in onze verbeelding bestaan. Het gaat om onze perceptie, niet om de werkelijkheid.

Peter is nu zes jaar met Linda getrouwd. Hij heeft de laatste tijd het gevoel dat hij minder belangrijk is voor zijn vrouw. Ze heeft een nieuwe baan en ze vrijen minder dan vroeger. Op een feestje zegt een vriend dat Linda er stralend uitziet en dat Peter wat kaal begint te worden. Als Peter ziet dat Linda gezellig met een knappe vent staat te praten – die ook nog eens een flinke bos haar heeft – draait zijn maag om. Kan Peter zichzelf tot rust brengen in de wetenschap dat hij heel belangrijk is voor zijn vrouw, dat ze naar hem toe komt als hij dat nodig heeft en er voor hem zal zijn als hij erom vraagt? Wellicht herinnert hij zich zo'n moment en gebruikt hij dat beeld om zijn onprettige gevoel te temperen. Maar wat gebeurt er als hij zijn rotgevoel niet kwijt kan raken? Wordt hij boos, stapt hij op zijn vrouw af om een snijdende opmerking over haar vluchtgedrag te maken? Of laat hij zijn ongerustheid los, maakt hij zichzelf wijs dat het hem niets kan schelen en pakt hij nog een borrel – of zes borrels? Beide manieren om met zijn angst om te gaan, dus in de aanval gaan of een terugtrekkende beweging maken, zullen hem alleen maar meer van Linda vervreemden. Ze zal zich minder sterk met haar man verbonden voelen en zich minder tot hem aangetrokken voelen. En dat zal Peters oerpaniek alleen maar versterken.

Een tweede sleutelmoment doet zich voor wanneer de directe bedreiging voorbij is. Partners kunnen op zo'n moment de verbinding herstellen, tenzij ze op een negatieve manier met de bedreiging omgaan.

Later op de avond zoekt Linda Peter op. Probeert hij haar te bereiken, toont hij haar de pijn en de angst die hij voelde toen hij haar zo intiem met een andere man zag praten? Geeft hij zodanig uitdrukking aan zijn emoties dat zij wordt uitgenodigd om hem gerust te stellen? Of beschuldigt hij haar ervan dat ze zich 'als een hoer gedraagt' en eist hij dat ze direct naar huis gaan om te vrijen? Of blijft hij zwijgzaam en teruggetrokken?

Er komt een derde sleutelmoment wanneer het ons lukt om ons op onze hechtingsemoties af te stemmen: we proberen de ander te bereiken om een verbinding tot stand te brengen of gerustgesteld te worden, en onze geliefde gaat daar op in. Bijvoorbeeld als Peter

Linda even apart weet te nemen, diep inademt en zegt dat hij het vervelend vond om haar met die knappe vreemde kerel te zien praten.
Of misschien komt hij niet verder dan dat hij naast haar gaat staan en
via zijn blik zijn ongemak laat zien. Wellicht reageert Linda positief
en voelt ze zelfs als hij zijn gevoelens niet helemaal kan uiten dat er
iets mis is. Ze pakt Peters hand en vraagt hem zachtjes of alles wel in
orde is. Ze is toegankelijk en ontvankelijk. Maar merkt Peter dat, vertrouwt hij het? Kan hij het tot zich laten doordringen, voelt hij zich
getroost, komt hij dichter bij haar staan en neemt hij haar in vertrouwen? Of blijft hij op zijn hoede en duwt hij haar van zich af, zodat hij
zich minder kwetsbaar voelt? Of valt hij haar misschien zelfs aan om
na te gaan of ze 'wel echt om hem geeft'? Als Peter en Linda zich uiteindelijk weer op de voor hen gebruikelijke manier met elkaar verbinden, vertrouwt hij er dan op dat hij zich veilig bij haar kan voelen
als hij het moeilijk heeft en door twijfels wordt geplaagd? Of voelt
hij zich nog steeds onzeker? Of probeert hij Linda te beïnvloeden en
haar reacties af te dwingen die hem ervan verzekeren dat ze van hem
houdt, of geeft hij nauwelijks toe aan zijn behoefte aan haar en richt
hij zich op bezigheden en gadgets die voor afleiding zorgen?

Dit drama was vooral op Peter gericht, maar een scenario met
Linda in de hoofdrol zou uitwijzen dat zij dezelfde hechtingsbehoeften en -angsten heeft. Het is nu eenmaal zo dat wij allemaal, dus
mannen én vrouwen, deze gevoeligheden met elkaar gemeen hebben. We geven er echter op verschillende manieren uiting aan. Als
een relatie ernstig bedreigd wordt, hebben mannen het vaak over
afwijzing, tekortschieten en mislukking, terwijl vrouwen eerder
woorden als verlatenheid en het verlies van verbondenheid gebruiken. Vrouwen lijken ook nog een andere reactie te vertonen als ze in
de narigheid zitten. Onderzoekers noemen dat 'ontferming en steun
zoeken'. Wellicht reiken vrouwen meer naar anderen uit als ze een
gemis aan verbondenheid ervaren, doordat ze meer oxytocine in
hun bloed hebben.

Als een huwelijk mislukt, ligt dat niet aan een groeiend conflict, maar
wel aan afnemende genegenheid en emotionele ontvankelijkheid,

aldus een belangrijk onderzoek van Ted Huston van de Universiteit van Texas. De ernst van conflicten is niet het sterkst bepalend voor de vraag of een huwelijk na vijf jaar nog standhoudt. Het gaat eerder om het gebrek aan emotionele ontvankelijkheid. Het mislopen van een huwelijk begint met een toenemende afwezigheid van intieme interacties. Het conflict komt later.

Als geliefden balanceren we op een koord. Als de wind van twijfel en angst opsteekt, als we in paniek raken en ons vastklampen aan de ander of als we ons juist abrupt van de ander afwenden en een veilig heenkomen zoeken, zal het koord steeds meer gaan wiebelen en wordt ons evenwicht steeds labieler. Om op het koord te blijven staan, moeten we met elkaars bewegingen meegaan en op elkaars emoties reageren. Als we een verbinding met elkaar creëren, brengen we elkaar in balans. Dan hebben we ook een emotioneel evenwicht gecreëerd.

# Emotionele ontvankelijkheid
# De sleutel tot liefde voor het leven

*Het hart verwelkt als het niet op een ander hart reageert.*
*– PEARL S. BUCK*

*Ik slaap, maar mijn hart was wakker. Hoor! Mijn lief klopt aan! 'Doe open,*
*zusje, mijn vriendin, mijn duif, mijn allermooiste. Mijn hoofd is nat van de*
*dauw, mijn lokken vochtig van de nacht.'*
*– SALOMO, HOOGLIED 5:2*

Ik heb Tim en Sarah in mijn spreekkamer. Tim weet eigenlijk niet waarom hij hier zit. Het enige wat hij weet, zegt hij, is dat hij en Sarah een knallende ruzie hebben gehad. Zij beschuldigt hem ervan dat hij haar op een feestje genegeerd heeft en dreigt nu dat ze hun kind meeneemt en bij haar zus gaat wonen. Hij begrijpt er niets van. Ze hebben een goed huwelijk. Maar Sarah is gewoon 'te onvolwassen' en 'heeft te hoge verwachtingen'. Ze heeft niet in de gaten hoezeer hij op zijn werk onder druk staat en dat hij niet altijd aan haar en hun kind kan denken; tenslotte is het huwelijk niet alleen 'rozengeur en maneschijn'. Tim draait zich om in zijn stoel; op zijn gezicht weerspiegelt zich de gedachte: wat moet je nou met zo'n vrouw?

Tims klachten wekken Sarah uit een trance van wanhoop. Ze zegt op bittere toon dat Tim heus niet zo geweldig is als hij denkt. Eigenlijk, zegt ze tegen hem, is hij op communicatiegebied een 'minkukel', met nul komma nul vaardigheden. De situatie is zelfs zo slecht dat ze niet meer naar haar bijbelstudiegroep voor vrouwen gaat, omdat ze niet wil dat haar vriendinnen in de gaten hebben hoe ongelukkig ze is en dat haar huwelijk een mislukking is. Dan wordt ze overweldigd door verdriet en ze zegt heel zacht, waardoor ik haar nauwelijks kan verstaan, dat Tim net een 'steen' is, die zich van haar afkeert terwijl zij 'aan het doodgaan' is. Ze had nooit met hem moeten trouwen. Ze huilt.

Hoe is het zover gekomen? Sarah, een kleine vrouw met donker haar, en Tim, een goedverzorgde man, zijn nu drie jaar getrouwd. Ze waren succesvolle collega's en gelukkige partners, goed op elkaar afgestemd qua vaardigheden en energie, en ze ondersteunden elkaar in hun toewijding aan Christus. Ze hebben een nieuw huis en een dochtertje van achttien maanden, en Sarah is minder gaan werken om voor haar te zorgen. En nu hebben ze voortdurend ruzie.

'Het enige wat ik te horen krijg, is dat ik te laat thuiskom en te hard werk,' zegt Tim geërgerd. 'Maar ik werk wel mooi voor ons allebei, hè.' Sarah sputtert tegen dat er helemaal geen 'ons allebei' is. 'Je zegt dat je me niet meer herkent,' vervolgt Tim. 'Nou, zo steekt volwassen liefde in elkaar. Het gaat om compromissen en kameraadschap.'

Sarah bijt op haar lip en antwoordt: 'Je hebt niet eens vrij genomen om bij me te zijn toen ik mijn miskraam had. Bij jou draait alles om afspraken en compromissen...' Ze schudt haar hoofd. 'Ik voel me zo wanhopig als ik niet tot je kan doordringen. Ik heb me nog nooit zo eenzaam gevoeld, zelfs niet toen ik nog alleen was.'

Sarahs boodschap is dringend, maar dringt niet tot Tim door. Hij vindt haar 'te emotioneel'. Maar daar gaat het nu net om. We zijn het emotioneelst op momenten waarop onze belangrijkste relatie, onze liefdesrelatie, op het spel staat. Sarah heeft een wanhopige behoefte om weer verbinding te krijgen met Tim. En Tim is doodsbang dat hij de intimiteit met Sarah kwijt is. Verbondenheid is ook voor hem van levensbelang. Maar hij verstopt zijn behoefte aan verbondenheid achter gepraat over compromissen en volwassen worden. Om alles maar 'rustig en in het gareel' te houden probeert hij Sarahs zorgen weg te wuiven. Kunnen ze weer leren om elkaar emotioneel te 'horen'? Kunnen ze weer op elkaar afgestemd raken? Hoe kan ik hen helpen?

## EFT: HET BEGIN

Ik heb er lang over gedaan om te begrijpen hoe ik stellen als Sarah en Tim kon helpen. Ik wist dat luisteren naar sleutelemoties en daar nader op ingaan essentieel was om bij de mensen die mijn hulp inriepen iets te kunnen veranderen. Dus toen ik begon te werken met stellen met relatieproblemen, op die hete zomermiddagen in Vancouver in het begin van de jaren tachtig, herkende ik de emoties en zag ik hoe die emoties de muziek leken te schrijven voor de dans tussen partners. Tijdens de sessies was er of emotionele chaos of stilzwijgen. Al gauw bracht ik al mijn ochtenden door in de universiteitsbibliotheek, op zoek naar raad, naar een leidraad voor de drama's die zich in mijn spreekkamer afspeelden. Volgens het grootste deel van de informatie die ik vond, was liefde niet van belang, of onmogelijk te doorgronden, en waren heftige emoties gevaarlijk en kon je ze maar beter omzeilen. Als ik stellen inzichten aanreikte, zoals sommige boeken aanraadden – bijvoorbeeld inzicht in de manier waarop we onze relatie met onze ouders met onze partner proberen te herhalen – veranderde dat niet veel. Mijn pogingen om stellen zover te krijgen dat ze communicatievaardigheden gingen toepassen, riepen alleen maar het commentaar op dat die oefeningen niet echt tot de kern van de zaak doordrongen.

Dat werkte dus niet.

Ik kwam tot de conclusie dat ze gelijk hadden, en dat ik er dus ook op de een of andere manier naast zat. Maar het fascineerde me wel, zozeer zelfs dat ik urenlang video-opnamen van sessies zat te bekijken. Ik besloot dat ik net zo lang zou blijven kijken totdat ik die dramatisch gestrande liefdes echt zou begrijpen. Misschien wel totdat ik de liefde zou begrijpen! En uiteindelijk werd het plaatje duidelijk.

Niets verenigt mensen zo sterk als een gemeenschappelijke vijand, wist ik. Ik besefte dat ik stellen zou kunnen helpen door hun de negatieve aspecten van hun interacties – hun duivelse dialogen – als hun vijand te laten zien, en dus niet elkaar. Ik begon de gesprekken van paren in mijn sessies voor hen samen te vatten, om hen te helpen te doorzien dat ze gevangenzaten in een negatieve spiraal, zodat ze niet alleen maar op de laatste opmerking van de ander zouden letten en daarop zouden reageren. Als je het met tennis vergelijkt, kwam het erop neer dat ze moesten leren naar de hele game te kijken en niet alleen naar de service of de volley die als laatste over het net werd geslagen. Mijn cliënten begonnen de hele dialoog te zien en te beseffen dat die een eigen leven leidde en hun pijn bezorgde. Maar waarom waren die patronen zo sterk, zo dwingend? Waarom waren ze de oorzaak van zo veel stress? Zelfs wanneer beide partners de giftige aard van die dialogen onderkenden, bleven ze maar doorgaan. Het was alsof ze zich door hun emoties lieten meeslepen, zelfs wanneer ze het patroon ervan herkenden en inzagen dat dat hen beiden gevangen hield. Waarom waren die emoties zo heftig?

Zo zat ik dus naar stellen te kijken, bijvoorbeeld naar Jamie en Hugh. Hoe bozer Jamie werd, hoe meer kritiek ze op Hugh leverde en hoe stiller hij werd. Na lang en voorzichtig doorvragen vertelde hij me dat er onder zijn stilzwijgen een gevoel van verslagenheid en droefheid zat. Droefheid beweegt ons ertoe om het rustiger aan te doen en te treuren, dus Hugh treurde over zijn huwelijk. En hoe meer hij zich afsloot, hoe meer Jamie natuurlijk eiste om binnengelaten te worden. Haar boze geklaag versterkte zijn stilzwijgende verslagenheid, en zijn stilzwijgen versterkte haar getergde eisen. Steeds maar hetzelfde kringetje. Ze zaten muurvast.

Toen we het tempo van deze rondedans vertraagden, kwam er steeds meer ruimte voor zachtere emoties, zoals verdriet, angst en schaamte. Door over die emoties te praten, misschien wel voor het eerst in hun leven, en door in te zien hoe dit patroon hen gevangen hield, konden Jamie en Hugh zich veiliger bij elkaar voelen. Jamie was niet meer zo bedreigend voor Hugh toen het haar lukte om hem te vertellen hoe eenzaam ze zich voelde. Niemand hoefde de zwartepiet toegespeeld te krijgen. Nadien konden ze stoppen met die beperkende rondedans van verwijten en stilzwijgende afstandelijkheid en op een andere manier met elkaar praten. Nu ze hun zachtere emoties met elkaar konden delen, zagen ze elkaar ook anders. Jamie gaf toe: 'Ik heb nooit het volledige plaatje gezien. Ik wist alleen maar dat hij niet dicht bij me stond. Ik dacht dat hij niet om me gaf. Maar nu zie ik dat hij probeerde mijn aanvallen te ontwijken en me te kalmeren. Ik schiet nu eenmaal in de aanval als ik wanhopig word en geen reactie krijg.'

Nu kwám ik tenminste ergens in mijn praktijk. De mensen met wie ik werkte, werden aardiger tegen elkaar. Het drama van pijnlijke emoties was niet meer zo allesoverheersend.

De negatieve patronen begonnen altijd met een poging van een van de partners om de ander te bereiken. Wanneer het niet lukte een veilige emotionele verbinding te creëren, begon de duivelse dialoog. Als beide partners eenmaal hadden begrepen dat ze slachtoffer waren van de dialoog en in staat waren om wat meer van zichzelf te laten zien en diepere emoties met elkaar durfden te delen, nam het aantal conflicten af en kwamen ze wat dichter tot elkaar. Dus alles was koek en ei. Of niet?

Mijn cliënten zeiden van niet. Jamie zei tegen me: 'We zijn aardiger tegen elkaar en we maken minder ruzie. Maar toch is er eigenlijk niets veranderd. Als we hier niet meer komen, begint het allemaal weer opnieuw. Dat weet ik zeker.' Anderen zeiden hetzelfde. Maar wat was dan het probleem? Toen ik de video-opnamen bekeek, zag ik dat diepere emoties, zoals verdriet en pure 'doodsangst', zoals een cliënt het uitdrukte, nog niet echt aangepakt werden. Mijn stellen waren nog steeds heel erg op hun hoede.

Het woord 'emotie' komt van het Latijnse woord *emovere*, bewegen. Je zou kunnen zeggen dat we ons 'bewogen' voelen door onze emoties en we zijn 'bewogen' als degenen van wie we houden ons hun diepste gevoelens laten zien. Als partners weer echte verbondenheid met elkaar willen hebben, zullen ze inderdaad hun emoties moeten toestaan hen te bewegen, in beweging te brengen, naar nieuwe manieren van op elkaar reageren. Mijn cliënten moesten leren risico's te nemen, de zachte kant van zichzelf te laten zien, de kant die ze nu juist in de duivelse dialogen hadden leren verbergen. Ik zag dat als de meer teruggetrokken partners in staat waren om hun angst voor verlies en isolement toe te geven, ze ook konden praten over hun verlangen naar genegenheid en verbondenheid. Die openbaring 'bewoog' de verwijtende partners er dan toe om met meer tederheid op de ander te reageren en hun eigen behoeften en angsten met de ander te delen. Het was alsof beide partners plotseling tegenover elkaar stonden, van aangezicht tot aangezicht, naakt maar sterk, en hun handen naar elkaar uitstrekten. Dit is in overeenstemming met wat in Genesis 2:25 staat: 'Beiden waren ze naakt, de mens en zijn vrouw, maar ze schaamden zich niet voor elkaar.'

De momenten waarop dat gebeurde, waren wonderbaarlijk en indrukwekkend. Ze veranderden alles: ze zetten een positief proces in gang, waarin liefde en verbondenheid centraal stonden. Stellen vertelden me dat dergelijke momenten hun leven veranderd hadden. Zo konden ze niet alleen uit de duivelse dialogen stappen, ze konden ook de overgang maken – bewegen! – naar een nieuw soort liefdevolle ontvankelijkheid, veiligheid en intimiteit. Dan konden ze een nieuw verhaal over hun relatie schrijven en in een sfeer van productieve samenwerking een nieuw plan maken voor de manier waarop ze met hun relatie omgingen. Daarnaast konden ze hun nieuwverworven intimiteit veiligstellen.

Dat was goed nieuws, maar ik begreep nog steeds niet waarom dergelijke momenten zo'n sterk effect hadden.

Ik was zo geboeid door deze ontdekkingen dat ik mijn eerste onderzoek om deze aanpak te testen voor mijn proefschrift wilde uitvoeren. Ik noemde de methode Emotionally Focused Therapy (EFT). Ik wilde laten zien hoe bepaalde emotionele signalen de verbinding tussen geliefden kunnen veranderen. Dat eerste onderzoek bevestigde mijn verwachting dat deze manier van werken aan relaties mensen niet alleen hielp om negatieve patronen achter zich te laten, maar ook om een nieuw gevoel van liefdevolle verbondenheid te ontwikkelen.

Gedurende de daaropvolgende vijftien jaar hebben mijn collega's en ik talrijke onderzoeken op het gebied van EFT uitgevoerd en we hebben ontdekt dat EFT in meer dan 85 procent van de gevallen heeft geholpen om stellen een duidelijke verandering in hun relatie teweeg te laten brengen. Die veranderingen leken ook op de lange termijn stand te houden, zelfs bij paren die onder vreselijke stress hadden geleefd, doordat ze bijvoorbeeld een kind met een ernstige chronische ziekte hadden. We zagen dat EFT werkte voor vrachtwagenchauffeurs en juristen, voor homo's en hetero's, voor stellen uit allerlei verschillende culturen, voor stellen waarbij de vrouwen hun man betitelden als ongevoelig en de mannen hun vrouw als 'opvliegend' en 'onmogelijk'. In tegenstelling tot andere vormen van relatietherapie, leek het bij EFT voor het geluksgevoel van koppels aan het einde van het therapietraject niet veel uit te maken hoe groot de problemen waren toen ze in therapie gingen. Hoe zat dat? Ik wilde het weten, maar eerst waren er nog andere raadsels die om een oplossing vroegen.

Waar draaide dat emotionele drama nu eigenlijk om? Waarom kwamen die duivelse dialogen zo veel voor en waarom hadden ze zo'n grote invloed? Waarom konden die momenten van echte verbondenheid relaties transformeren? Het was alsof ik erin was geslaagd mijn weg te vinden in een vreemd land waarvan ik nog steeds geen routekaart had, waardoor ik niet wist waar ik nu eigenlijk was. Ik had gezien dat echtparen die op het punt van scheiden stonden opnieuw verliefd op elkaar waren geworden, en ik had zelfs ontdekt hoe ik dat kon bevorderen en aansturen. Maar de antwoorden op mijn vragen had ik nog steeds niet.

Ons leven wordt uiteindelijk bepaald door kleine voorvallen. Dat geldt niet alleen voor mensen die een liefdesrelatie met elkaar hebben, maar ook voor worstelende therapeuten en onderzoekers zoals ik. Toen een collega mij vroeg: 'Als liefdesrelaties geen transacties zijn, afspraken over winst en verlies, wat zijn het dan?' hoorde ik mezelf langs de neus weg zeggen: 'Nou, het zijn emotionele verbintenissen... Je kunt liefde niet beredeneren of erover onderhandelen. Liefde is een emotionele respons.' En plotseling vielen de stukjes van de puzzel op hun plaats.

Ik ging naar mijn werkkamer en bekeek mijn video-opnamen nog eens. Ik lette daarbij speciaal op de behoeften en de angsten waar mijn cliënten over spraken. Ik keek naar de dramatische momenten die relaties hadden getransformeerd. Ik keek naar emotionele verbintenissen! Nu begreep ik het. Ik zag de emotionele ontvankelijkheid die volgens John Bowlby de basis is van het geven en ontvangen van liefde. Hoe was het mogelijk dat ik daaroverheen gekeken had? Dat kwam doordat mij was geleerd dat dergelijke verbintenissen aan het einde van de kinderjaren werden beëindigd. Maar hier ging het om de dans van liefde tussen volwassenen. Ik ging direct naar huis om alles op te schrijven en dit nieuwe inzicht in mijn werk met paren in de praktijk te brengen.

De hechtingstheorie gaf het antwoord op de drie vragen die me hadden gekweld. Eenvoudig gezegd vertelde de theorie me het volgende:

1. De heftige emoties die tijdens de sessies met mijn cliënten naar boven kwamen, waren helemaal niet irrationeel. Ze waren juist heel begrijpelijk. Partners gedroegen zich in die sessies alsof ze voor hun leven vochten, omdat dat precies was wat ze deden! Isolement en het verlies van liefdevolle verbondenheid roepen in het brein een respons van oerpaniek op. Die behoefte aan een veilige emotionele verbondenheid met enkele dierbaren is ons gedurende miljoenen jaren van evolutie ingeprent. Mensen die binnen hun relatie lijden, zullen allemaal zo hun eigen woorden gebruiken, maar ze stellen allemaal dezelfde fundamentele vragen: 'Sta je voor me klaar? Doe ik ertoe voor je? Kom je als ik je nodig heb, als ik je roep?' Liefde is het beste overlevingsmechanisme dat we kennen, en als je je plotseling emotioneel van je partner voelt afgesneden, als je geen verbondenheid ervaart, is dat angstaanjagend. We moeten de verbondenheid weer herstellen en onze behoeften op zo'n manier uiten dat onze partner ertoe bewogen wordt op ons te reageren. Dat verlangen naar emotionele verbondenheid met degenen die ons het dierbaarst zijn, is het belangrijkste emotionele aspect van ons leven; het is zelfs belangrijker dan onze behoefte aan voedsel of seks. Het drama van de liefde draait om dat verlangen naar veilige emotionele verbondenheid, een overlevingsdrang die we van de wieg tot het graf ervaren. Liefdevolle verbondenheid is de enige veiligheid die de natuur ons kan bieden.

2. Deze emoties en hechtingsbehoeften waren de rode draad in alle negatieve interacties, waartoe ook de duivelse dialogen behoren. Nu begreep ik waarom die patronen zo moeilijk te doorbreken waren. Als partners geen veilige verbondenheid met elkaar er-

varen, roept dat een vecht- of een vluchtreactie op. Ze maken de ander verwijten en worden agressief om een reactie uit te lokken, welke reactie dan ook. Of ze klappen dicht en doen alsof het hun allemaal niets kan schelen. Beide reacties komen voort uit doodsangst; partners gaan er alleen op verschillende manieren mee om. De narigheid is dat ze, wanneer ze eenmaal in die vicieuze cirkel van verwijten en afstandelijkheid verzeild zijn geraakt, in al hun angsten worden bevestigd en hun gevoel van isolement alleen maar wordt versterkt. Emotionele wetten die al zo oud zijn als het leven zelf schrijven die dans voor; rationele vaardigheden kunnen daar niets aan veranderen. De meeste verwijten in die dialogen zijn eigenlijk een wanhopige roep om hechting, een protest tegen verlies van verbondenheid. Zo'n protest kan alleen worden gestild als de ene partner zich op emotioneel vlak meer met de ander verbindt en de ander vasthoudt en geruststelt. Dat is het enige wat helpt. Als de verbondenheid niet wordt hersteld, gaat de strijd door. De ene partner probeert dan uit alle macht een emotionele reactie van de ander te krijgen. En de ander, die te horen krijgt dat hij of zij tekort is geschoten in de liefde, verstijft – een aangeboren manier om met een gevoel van hulpeloosheid om te gaan.

3. De sleutelmomenten waarop tijdens EFT iets kon veranderen waren momenten waarop een veilige band tot stand kwam. Op momenten waarop partners veilig op elkaar afgestemd zijn en verbondenheid ervaren, kunnen beide partners elkaars hechtingskreet horen en kunnen ze die beantwoorden met tedere zorg, zodat ze een band creëren die bestand is tegen verschillen qua inzicht, tegen emotionele wonden en de tand des tijds. Op dergelijke momenten ontstaat er een veilige verbondenheid, en dat verandert alles. Dan krijgen beide partners een geruststellend antwoord op de vraag 'Ben je er voor mij?' Als partners eenmaal weten hoe ze hun behoeften onder woorden moeten brengen om nader tot elkaar te komen, maakt elke beproeving waar ze samen voor komen te staan hun liefde alleen maar sterker. Geen wonder dat die momenten voor stellen die EFT volgen een nieuwe dans creëren, een dans van verbondenheid en vertrouwen.

Geen wonder dat die momenten hen als individu sterker maken. Als je weet dat je geliefde voor je klaarstaat en komt als je erom vraagt, groeien je zelfvertrouwen en gevoel van eigenwaarde. En als we vertrouwen op Gods aanwezigheid en liefde, kunnen we meer vertrouwen in onze relaties ervaren. God heeft ons beloofd: 'Nooit zal ik u afvallen, nooit zal ik u verlaten' (Hebreeën 13:5). De wereld is beduidend minder bedreigend als je iemand hebt op wie je kunt rekenen en als je weet dat je er niet alleen voor staat.

Dankzij dat eerste EFT-onderzoek wist ik dat ik een manier had gevonden om partners uit hun wanhopige verdriet te begeleiden naar een gelukkigere verbondenheid. Maar nu ik eenmaal begreep dat al die conflicten en drama's om hechting draaiden, besefte ik dat ik ook een routekaart voor de liefde had gevonden en dat ik nu systematisch de verschillende stappen van de reis naar een bijzondere vorm van liefdevolle verbondenheid kon plannen.

Mijn sessies veranderden direct van karakter. Als ik zag dat partners elkaar voortdurend eisen stelden en zich terugtrokken, zag ik Bowlby's ideeën over scheidingsverdriet in werking. Sommige partners begonnen steeds luider te schreeuwen om door de ander te worden gehoord; anderen fluisterden steeds zachter, om de 'vrede' niet te verstoren. Ik heb christelijke paren die ik begeleid weleens schertsend gevraagd: 'Als jullie midden in een conflict zitten, welke Bijbeltekst zou je dan eerder aan je partner citeren: "Laat de zon niet ondergaan over uw boosheid" (Efeziërs 4:26; we moeten het eerst uitpraten) of "Gelukkig de vredestichters" (Matteüs 5:9; zullen we hier maar gewoon mee stoppen en vriendelijk met elkaar omgaan)?' Ik hoorde partners die in de duivelse dialogen verstrikt zaten hun best doen om zich weer met elkaar te verbinden. Aan die eindeloze conflicten lagen een wanhopige behoefte aan een emotionele reactie – die uitloopt op wederzijdse verwijten – en een wanhopige angst voor afwijzing en verlies – die uitloopt op terugtrekken – ten grondslag. Het was nu gemakkelijker voor mij om me af te stemmen op de emoties van de stellen die ik in mijn spreekkamer kreeg. Ik begreep de urgentie ervan. En als ik mijn nieuwe inzicht aan hen voorlegde, als ik hun emoties, hun behoeften en hun eindeloze conflicten binnen de context van de hechtingstheorie plaatste en hen begeleidde naar momenten van verbondenheid, dan vertelden ze me dat ze zich daar heel goed in konden vinden. Ze zeiden dat ze nu hun eigen onuitgesproken verlangens en hun ogenschijnlijk irrationele angsten begrepen en dat ze op een nieuwe manier weer verbinding met hun geliefde konden maken. Ze vertelden me wat een enorme opluchting het was om te weten dat er niets verkeerds of 'onvolwassens' in die verlangens en angsten stak. Ze hoefden ze niet te verstoppen of te ontkennen.

Nu konden we de manier waarop er bij EFT met paren wordt gewerkt verder uitwerken. We zaten niet alleen in de buurt, we hadden een routekaart om de juiste weg te vinden. Nu konden we tot de kern van de zaak doordringen.

In de loop der jaren is het wetenschappelijk onderzoek naar hechting tussen volwassenen gewoon doorgegaan en het heeft bevestigd wat ik tijdens het begeleiden en bestuderen van duizenden relatietherapiesessies heb ervaren. De sleutelgesprekken die een emotionele band en een veilige en betrouwbare verbondenheid bevorderen, zijn steeds duidelijker geworden. Ons onderzoek heeft aangetoond dat stellen hun verdriet tijdens die sleutelgesprekken voelen wegsmelten en aan een sterkere onderlinge band kunnen werken. In dit boek wil ik die gesprekken met je delen, zodat je ze in je eigen relatie kunt gebruiken. Tot nu toe is een dergelijk proces steeds begeleid door professionele therapeuten die een EFT-training hebben gehad, maar de theorie is zo waardevol en er is zo'n behoefte aan, dat ik dat proces wat heb vereenvoudigd zodat jij het kunt gebruiken om je eigen relatie te veranderen, waardoor die zich verder kan ontplooien.

### T.O.B.

De basis van EFT bestaat uit zeven gesprekken die een speciale vorm van emotionele ontvankelijkheid bevorderen. Deze emotionele ontvankelijkheid is de sleutel tot duurzame liefde tussen liefdespartners.

Later, in Deel Drie van het boek, zien we dat deze ontvankelijkheid ook deel uitmaakt van de band die een christen met God heeft en van het verbond dat God met de hele mensheid heeft. Emotionele ontvankelijkheid bestaat uit drie hoofdelementen:

**Toegankelijkheid**: Kan ik je bereiken?

Dit betekent dat je je blijft openstellen voor je partner, ook wanneer je twijfels hebt en je onzeker voelt. Het betekent vaak ook dat je je best moet doen om je emoties beter te begrijpen, zodat je je er niet zo door laat meeslepen. Dan kun je de verbondenheid herstellen en afstemmen op de hechtingssignalen van je geliefde.

**Ontvankelijkheid**: Kan ik erop vertrouwen dat je je emotioneel voor me openstelt?

Dit betekent dat je je afstemt op je partner en laat zien dat zijn of haar emoties je iets doen, en dan met name de hechtingsbehoeften en -angsten. Het betekent ook dat je de emotionele signalen van je partner aanvaardt en er prioriteit aan verleent, en dat je duidelijke signalen van troost en zorg uitzendt als je partner die nodig heeft. Gevoelige ontvankelijkheid raakt ons altijd emotioneel en geeft ons fysieke rust en kalmte.

**Betrokkenheid**: Weet ik dat je me in mijn waarde laat en dicht bij me blijft?

Emotionele betrokkenheid staat hier voor de bijzondere aandacht die we alleen aan een geliefde geven. Liefdespartners kijken langer naar elkaar en raken elkaar vaker aan. Ze noemen dat vaak emotionele aanwezigheid.

Je kunt deze punten gemakkelijk onthouden door het acroniem T.O.B. en door een zinnetje als 'Geen getob, we zijn er voor elkaar.'

In de Bijbel wordt ook vaak verwezen naar de toegankelijkheid, ontvankelijkheid en actieve betrokkenheid waaruit een veilige band bestaat. In Johannes 15:7 zegt Christus expliciet: 'Als jullie in mij blijven en mijn woorden in jullie, kun je vragen wat je wilt en het zal gebeuren.'

Christus biedt ons een model van ontvankelijkheid. Dit komt tot uiting in het verhaal over de vrouw met een bloedkwaal, die in een menigte naar Christus uitreikt en zijn gewaad aanraakt (Lucas 8:43-48). Het was zeer moedig van haar om Jezus aan te raken, want door haar kwaal werd ze als onrein gezien. Ze reikte vanuit haar kwetsbaarheid naar Jezus uit. Jezus wendde zich tot haar. Hij luisterde naar haar verhaal. Jezus was geraakt door haar kracht en kwetsbaarheid. Hij zag dit als de ultieme vertrouwensdaad. Hij zegt tegen haar dat haar geloof in Hem haar vrede en genezing zal brengen. Jezus reageert met tederheid op haar behoefte aan een liefdevolle verbinding. Hij laat ons zien hoe toegankelijkheid, ontvankelijkheid en betrokkenheid er in de praktijk uitzien!

## DE ZEVEN GESPREKKEN VAN EFT

Laten we nog even terugkomen op het verhaal van Sarah en Tim om te zien hoe EFT werkt. We kijken naar de eerste vier gesprekken die de relatie van Sarah en Tim hebben getransformeerd. Dan begrijp je beter welke veranderingen ze hebben doorgemaakt en kun je Deel Twee van dit boek gebruiken om die veranderingen in je eigen relatie tot stand te brengen. Je kunt net als Sarah en Tim leren om niet af te glijden naar een gebrek aan emotionele voeding en de afstandelijkheid die zo veel relaties teisteren. Maar je kunt vooral kennismaken met de prachtige logica van de liefde en de gesprekken waaruit die logica bestaat.

In het eerste gesprek, 'De duivelse dialogen leren herkennen', moedig ik stellen aan om de verwoestende dans waarin ze steeds verwikkeld raken te herkennen, en om erachter te komen wanneer die dans begint en hoe elke pas van beide partners tot een escalatie van de confrontatie leidt. Als ze zich eenmaal bewust zijn van hun negatieve danspassen, vraag ik hen te kijken wat er achter hun vernietigende opmerkingen zit en aan te geven wat ze eigenlijk willen zeggen. Sarahs kritiek en eisen zijn een wanhopig protest tegen de aftakeling waaraan haar band met Tim onderhevig is, terwijl Tims defensieve houding en koele rationaliteit een uitdrukking zijn van zijn angst dat Sarah in hem teleurgesteld is en hij haar gaat verliezen. Hoe meer hij haar bezorgdheid wegwuift, hoe eenzamer zij zich voelt en hoe bozer ze wordt. Dit mondt al gauw uit in beschuldigingen en een defensieve houding.

Maar nu kunnen Tim en Sarah weer een positief gesprek voeren, waarin ze die duivelse dialoog van de protestpolka de baas kunnen worden. Sarah kan nu zeggen: 'Ik denk dat ik wel wat heftig overkom. Ik word snel vijandig. En ik voel me in de steek gelaten. Dus ga ik de confrontatie met je aan om je dat te laten zien. Het gaat er mij om dat je ziet wat er gebeurt en dat je weer bij me komt. Maar het jaagt je alleen maar bij me vandaan en dan ga je je rechtvaardigen. Op die momenten kun je maar beter niet bij me in de buurt komen, dus trek je je nog verder terug. Dan raak ik nog meer overstuur en zitten we helemaal vast. Ik heb me dat nooit zo gerealiseerd.' Tim kan nu inzien hoe zijn afstandelijkheid Sarah aanzet om nog meer eisen te stellen. Ze herkennen het patroon steeds beter en kunnen nu ophouden met elkaar de schuld te geven van de verkeerde danspassen. Op dat moment zijn ze aan een tweede gesprek toe.

In dit gesprek, 'De pijnplekken vinden', beginnen Tim en Sarah hun eigen reacties en die van hun partner te begrijpen. Ze zien in dat het hele drama over de veiligheid van hun emotionele hechting gaat. Beide partners leren verder te kijken dan hun primaire reacties, zoals Sarahs woede en Tims afstandelijkheid. We kunnen nu afdalen naar de diepere lagen, naar de zachtere gevoelens die te maken hebben met hechtingsbehoeften en -angsten. Tim wendt zich tot Sarah, die nu rustiger en vol aandacht is, en zegt: 'Je hebt gelijk. Gisteravond was ik niet in staat om je pijn te zien. Ik zie op dat soort momenten alleen maar je woede. Het enige wat ik hoor, is dat ik het weer verprutst heb. Weer mislukt ben. Ik kan ook nooit wat goed doen.' Hij bedekt zijn gezicht met zijn handen. Hij zucht en gaat verder: 'Dus probeer ik alles maar onder de pet te houden. Zo probeer ik een einde te maken aan het geruzie en de voorbeelden die je geeft van mijn mislukkingen. Maar denk je dat ik niet in de gaten heb dat ik je kwijtraak?' Hij laat zijn hoofd hangen. Sarah buigt voorover en legt zacht haar hand op zijn arm. Hij geeft echt wel om haar en heeft haar ook nodig, maar hij kan niet omgaan met zijn angst om haar te verliezen.

Sarah en Tim beginnen te beseffen dat niemand met een partner kan dansen zonder de pijnplekken van de ander te raken. We moeten ontdekken om welke pijnplekken het gaat en ze bespreekbaar maken op een manier die onze partner dichter bij ons brengt. Sarah en Tim kennen nu de signalen waarop ze alert moeten zijn, en ze zijn zich bewust van hun gevoeligheid voor bepaalde gebeurtenissen die hun angst om elkaar te verliezen opwekken. 'Ik word woedend als je te laat komt,' zegt Sarah. 'Dan moet ik denken aan mijn vader. Toen hij bij ons was weggegaan, belde hij steeds om me te vertellen dat hij van me hield en om te zeggen wanneer hij me zou komen ophalen, maar hij kwam nooit opdagen. Ik kreeg steeds weer hoop, maar elke keer besefte ik ook dat het stom van me was om te denken dat ik belang- rijk voor hem was. Dit voelt net zo.' Nu ze met Tim over haar teleur- stelling en haar verlangen praat in plaats van over haar boosheid op hem, ziet Tim een andere Sarah. Bovendien ziet hij wat er voor haar op het spel staat. Hij luistert beter en ze verbinden zich op een dieper emotioneel niveau met elkaar.

In een derde gesprek, 'Op een crisis terugkijken', kijkt het stel te- rug naar een situatie waarin ze in zo'n neerwaartse spiraal van eisen en afstand houden gevangenzaten. Ze benoemen de danspassen die ze in deze situatie hebben gezet en de emoties die ze daarbij voelden. Ze hebben de krachten die door hun dans vrijkomen nu onder con- trole. Hoe ziet dat er in de praktijk uit?

*Sarah:* 'We zaten er zo in vast, in dat polkagedoe. Voordat ik het in de gaten had, hoorde ik mezelf dreigen met weggaan. Maar ditmaal zei een deel van mij: "Wat doe ik? Waar zijn we mee bezig? We zijn weer vastgelopen." Ik begrijp nu dat die behoefte aan een reactie van hem er gewoon bij hoort als je van iemand houdt. Ik hoef er geen slecht gevoel over te hebben. Maar alleen al door erover te praten wind ik me op. Ik werd bang. Het klonk alsof hij terugkwam op zijn belofte om dat weekend samen ergens naartoe te gaan en ik raakte helemaal de kluts kwijt. Maar toen realiseerde ik me: "Hé, wacht eens even. Daar gaan we weer. Laten we eens even kalm aan doen." Tegen die tijd was hij de kamer al uitgegaan. (Ze draait zich naar Tim.) Dus liep ik achter je aan en zei ik tegen je: "Zeg, we zitten weer in dat polkagedoe. Ik voel me in de steek gelaten omdat het erop lijkt dat jij je belofte niet nakomt." (Ze straalt.)

*Tim:* 'Ja, zo was het. Ik had me al teruggetrokken. Ik had het opgegeven. Maar ergens in mijn achterhoofd dacht ik terug aan onze gesprekken. Dus toen je naar me toe kwam, voelde ik me opgelucht. Toen kon ik tegen je zeggen dat ik dat weekend echt met je weg wilde. Het lukte ons om uit die dans te stappen en steun bij elkaar te vinden, elkaar gerust te stellen. Het hielp dat ik me herinnerde wat je gezegd had. Je was bang dat ik je in de steek zou laten en geen vrij zou nemen voor dat uitje. Ik hoorde je niet alleen maar boos zeggen hoe teleurgesteld je in me was.'

*Sarah:* 'Ik heb nooit in de gaten gehad dat het je zo raakte als ik boos werd. Ik dacht eigenlijk dat het je helemaal niets deed. Dus dan voelde ik me helemaal wanhopig, of eigenlijk uitzinnig van woede. Het lukte me maar niet om een reactie van je te krijgen. En het hielp ook al niet dat ik van jou en je familie te horen kreeg dat ik maar eens volwassen moest worden en dingen zelfstandig moest leren aanpakken. Dan voelde ik me nog meer in de steek gelaten.'

*Tim* (pakt haar hand vast): 'Ik weet het. Ik begreep het niet. We liepen steeds weer opnieuw vast. Jij voelde je gekwetst en eenzaam en ik vond mezelf een halve idioot. Ik kon er niet achter komen wat er nu precies mis was met ons, en hoe meer ik probeerde de boel te ontwijken en dingen kleiner te maken dan ze waren, hoe erger het werd. Sue zegt dat dit vaak gebeurt. We hebben gewoon nooit zo veel over onze emotionele behoeften gepraat, over wat we van elkaar nodig hebben.'

*Sarah:* 'Het probleem zat in die dans waarin we vastliepen, hoewel je soms echt wel een vreemde vogel bent als het om intiem contact gaat.' (Ze glimlacht. Hij maakt een korte hoofdbeweging om duidelijk te maken dat hij haar begrijpt en glimlacht terug.)

Tim en Sarah zijn nu in staat om te doen wat veilig gehechte stellen kunnen. Ze herkennen en accepteren elkaars protesten tegen de bedreiging van die hechting. Ze hebben nu een veilig fundament neergezet, zodat ze door middel van gesprekken hun emotionele band kunnen versterken.

De eerste drie gesprekken dienen om de spanningen in een relatie te de-escaleren en het stel voor te bereiden op de gesprekken die hun band opbouwen en verstevigen. Het vierde gesprek, 'Houd me vast', kan relaties transformeren. Dit is het gesprek dat partners ertoe aanzet om toegankelijker te worden, emotioneel ontvankelijk te worden en meer bij elkaar betrokken te raken. De afsluitende drie gesprekken, 'Kwetsuren vergeven', 'De band versterken via seks en aanraking' en 'Je liefde levend houden', gaan allemaal terug naar de basis van de intieme band die in dit vierde gesprek wordt gecreëerd. Als een stel eenmaal weet hoe dit gesprek gevoerd moet worden, kan het omgaan met de ups en downs in hun relatie en hoeft het niet meer verstrikt te raken in de gevolgen van een gebrek aan verbondenheid.

'Houd me vast' is een moeilijk te voeren gesprek, maar leidt wel tot een fantastische ervaring. De emotionele band die erdoor tot stand komt, is iets wat veel partners nog nooit hebben meegemaakt, zelfs niet toen ze op elkaar verliefd werden en hun lichaam werd overspoeld met hormonen die met hartstocht gepaard gaan. Die band is te vergelijken met de vreugdevolle verbondenheid tussen ouder en kind, maar is complexer, en seksueel getint. Als dit gesprek zich ontvouwt, gaan de partners zichzelf en hun geliefde anders zien; ze ervaren nieuwe emoties en reageren anders. Ze kunnen meer risico nemen en naar meer intimiteit streven.

Laten we eens kijken hoe dit gesprek bij Tim en Sarah verloopt als alles op zijn plaats valt.

Tim kan nu tegen zijn vrouw zeggen dat hij zich 'enorm verlamd' voelt als hij niet in staat blijkt om haar tevreden te stellen. Dan sluit hij zich uiteindelijk af, maar dat wil hij niet meer. Hij voegt hieraan toe: 'Maar ik weet niet hoe ik "dichtbij" moet komen. Ik weet niet eens zeker of ik wel weet hoe dat aanvoelt. Ik kan het niet, behalve als ik wil weten of Sarah zin heeft in seks.'

Maar hechtingsreacties hebben we allemaal bij onze geboorte mee-gekregen, en als ik Tim vraag hoe hij zijn dochtertje laat zien dat hij van haar houdt, begint hij te stralen. 'O, ik fluister haar wat in haar oor, ik houd haar tegen me aan, vooral 's avonds voordat ze naar bed gaat. En als ze tegen me lacht als ik thuiskom, dan zeg ik allerlei dingetjes om haar te laten weten dat ik blij ben dat ik haar weer zie. Ze vindt het fijn als ik haar op haar wangetje kus en haar vertel dat ze mijn schatje is. En ik speel met haar. Ik geef haar op zulke bijzondere momenten al mijn aandacht.' En dan spert hij zijn ogen ineens wijd open; hij weet wat ik ga zeggen: 'Dus als je je veilig voelt, kun je heel goed met liefde en inti-miteit omgaan. Je weet eigenlijk heel goed hoe je je moet afstemmen op de mensen van wie je houdt. Je kunt met tederheid reageren en echt een verbinding tot stand brengen.' Tim moet lachen, een beetje onzeker, maar ook hoopvol. Vervolgens praten we over wat hem belet om zich net zo ontvankelijk en teder op te stellen ten opzichte van zijn echtge-note. Hij kijkt Sarah aan en zegt dat hij vaak te veel 'op zijn hoede' is, te bang om met haar te spelen en zich echt met haar te verbinden.

Dit is een sleutelmoment in hun relatie.

Hij zwijgt even en gaat vervolgens verder: 'Ik weet dat ik je ver-waarloosd heb, je heb laten zitten. Ik heb zo mijn best gedaan om mezelf te bewijzen op mijn werk, en voor jou. En als ik dan hoor dat je ondanks al mijn inspanningen boos bent, dan ben ik helemaal kapot. Ik kan er niet tegen, dus sluit ik me af. Maar ik wil samen zijn, ik heb je nodig. Ik wil zo graag dat je me een kans geeft, dat je niet zit te wachten tot ik die ene fout maak. Ik wil je zo graag duidelijk maken hoe belangrijk je voor me bent. Ik wil dat we samen zijn. Ik weet alleen niet altijd hoe ik het moet doen.' Sarahs ogen gaan wijd open, en haar voorhoofd rimpelt terwijl ze huilt.

Tim is toegankelijk geworden. Hij kan met zijn vrouw over zijn hechtingsbehoeften praten, en over zijn kwetsbaarheid. Hij is emo-tioneel betrokken, en daar gaat het om, niet om de manier waarop hij iets zegt. Maar Sarah weet in het begin nog niet hoe ze met die 'vreemde' moet omgaan. Kan ze hem wel vertrouwen? Binnen een paar minuten heeft hij de muziek in hun relatie veranderd van een polka naar een tango, een dans met intiem contact. Dus valt ze terug op een vijandig reactie, alsof ze hem op de proef wil stellen. 'En als je "het niet weet", zoals je zelf zegt, dan ren je natuurlijk weer naar je werk, waar je tenslotte de "deskundige" bent, of niet soms?'

Terwijl Tim uiting blijft geven aan zijn behoeften, ziet Sarah geleidelijk weer 'de man op wie ik verliefd ben geworden, de man die ik altijd heb willen hebben'. En dan is het Sarahs beurt om te beginnen aan de nieuwe dans, waarin ze haar boze houding kan temperen. Ze kan hem nu vertellen over haar angst dat hij haar heeft 'opgegeven', haar verlangen naar zijn geruststelling. Ik moedig haar aan om heel concreet te vragen om wat ze nodig heeft om zich veilig te voelen.

'Daar is durf voor nodig, vergelijkbaar met een sprong in de diepte, in de hoop dat je me zult opvangen,' zegt ze aarzelend. 'Ik heb zo veel wantrouwen opgebouwd.'

'Vraag het me,' fluistert hij. 'Ik ben er.'

Ze antwoordt: 'Ik heb je geruststelling nodig. Ik heb je aandacht nodig. Ik wil weten dat ik op de eerste plaats kom, al is het maar zo nu en dan. Ik heb het nodig dat je het ziet als iets me pijn doet of bang maakt, en dat je daarop reageert. Wil je me alsjeblieft vasthouden?'

Hij staat op en trekt haar op uit haar stoel om haar te omhelzen.

Ik heb bij duizenden stellen gezien dat dit de sleutelmomenten zijn die een relatie uit het drijfzand halen en naar vaste grond brengen. Dit zijn de momenten die een stel helpen om een leven lang liefde te vinden. Op dit soort momenten scheppen Tim en Sarah het vertrouwen in elkaar en in de veilige verbondenheid, waar we in feite allemaal naar verlangen.

## Spel en oefening

De vragenlijst en de oefeningen die hieronder staan, kunnen je helpen om door de bril van de hechtingstheorie naar je relatie te kijken.

### De t.o.b.-vragenlijst

De vragenlijst is een goed begin om de lessen uit dit boek op je eigen relatie toe te passen. Lees elke uitspraak en omcirkel de W voor Waar of de O voor Onwaar. Om je score te berekenen, geef je een punt aan elk 'Waar'-antwoord. Je kunt de vragenlijst invullen en op basis van je antwoorden eens goed naar je relatie kijken. Maar je kunt het ook samen met je partner doen: jullie vullen afzonderlijk de lijst in en bespreken de antwoorden samen op de manier die onder de vragenlijst staat beschreven.

**Is je partner in jouw beleving toegankelijk voor je?**
1. Ik kan makkelijk de aandacht van mijn partner krijgen. W O
2. Het is makkelijk om een emotionele verbinding met mijn partner te creëren. W O
3. Mijn partner laat me merken dat ik bij hem/haar op de eerste plaats sta. W O
4. Ik voel me in onze relatie niet alleen of buitengesloten. W O
5. Ik kan mijn diepste gevoelens met mijn partner delen. Hij/zij luistert naar me. W O

**Is je partner in jouw beleving ontvankelijk voor je?**
1. Als ik behoefte heb aan verbondenheid en troost, staat hij/zij voor me klaar. W O
2. Mijn partner reageert op signalen die erop wijzen dat ik zijn/haar nabijheid nodig heb. W O
3. Ik weet dat ik op mijn partner kan steunen als ik bang of onzeker ben. W O
4. Ook als we ruzie hebben of het niet met elkaar eens zijn, weet ik dat ik belangrijk ben voor mijn partner en dat we er wel weer uit zullen komen. W O
5. Als ik de geruststelling nodig heb dat ik belangrijk ben voor mijn partner, dan krijg ik die. W O

**Zijn jullie op een positieve manier emotioneel bij elkaar betrokken?**
1. Ik voel me erg op mijn gemak als ik intiem met mijn partner ben en ik vertrouw hem/haar. W O
2. Ik kan mijn partner zo goed als alles toevertrouwen. W O

3. Ik vertrouw erop dat we, ook als we niet samen zijn, met elkaar in verbinding staan. W O
4. Ik weet dat mijn partner mijn vreugde, pijn en angsten belangrijk vindt. W O
5. Ik voel me veilig genoeg om in onze relatie emotionele risico's te nemen. W O

Als je 7 punten of meer hebt gescoord, ben je goed op weg naar een veilige band en kun je dit boek gebruiken om die band te versterken. Als je minder dan 7 punten hebt gehaald, wordt het tijd om de gesprekken in dit boek te gebruiken om de band met je partner te verstevigen.

Als je de band tussen jou en je partner begrijpt en jouw visie daarop met je partner deelt, hebben jullie de eerste stap gezet op weg naar de verbondenheid die jullie beiden willen en nodig hebben. Komen de ideeën die je partner over jouw toegankelijkheid, ontvankelijkheid en betrokkenheid heeft overeen met je eigen visie op jezelf en op de veiligheid binnen jullie relatie? Bedenk wel dat je partner praat over zijn of haar eigen gevoelens van veiligheid en verbondenheid in de relatie op dit moment, niet over de vraag of je de volmaakte partner bent of niet. Jullie kunnen het om de beurt hebben over de uitspraken en de antwoorden die in jullie ogen de positiefste en de belangrijkste zijn. Probeer je te beperken tot vijf minuten per persoon.

Als je je er prettig bij voelt, ga dan nog wat verder in op de uitspraken die bij jou de heftigste emoties hebben losgemaakt. Probeer dat te doen vanuit de wens om je partner te helpen om zich op jouw gevoelens af te stemmen. Dat lukt niet als je verstrikt raakt in een negatieve houding, dus probeer kritiek en beschuldigingen te vermijden. Neem ook hier maximaal vijf minuten per persoon voor.

## Je emotionele verbindingen verkennen

Misschien vind je het prettiger om na te denken over meer algemene punten en de vragenlijst maar even te laten zitten. Denk dan eens over onderstaande vragen na. Je kunt je antwoorden opschrijven, zodat je ze nog wat verder kunt uitdiepen. En misschien wil je je antwoorden op een gegeven moment ook met je partner delen en bespreken.

- Kon je uit de voeten met het verhaal over Tim en Sarah? Kwam het je bekend voor? Wat vond je het belangrijkste erin en wat maak je daaruit op?
- Wat voor ideeën over liefde heb je van je ouders meegekregen? En van je omgeving? Je kerk? Werd het als een sterke eigenschap en een hulpbron gezien als je in staat was om verbinding te zoeken met anderen en hen te vertrouwen?
- Heb je vóór je huidige relatie al eens een veilige en liefdevolle relatie gehad met iemand die je vertrouwde, wiens intimiteit je voelde en om wiens hulp je kon vragen als je die nodig had? Kun je je daar een beeld van vormen, een voorbeeld dat kan helpen bij het vormgeven aan je huidige relatie? Denk aan een keer dat jullie het fijn hadden of aan een moment dat voor jou die relatie samenvat, en deel dat met je partner.
- Hebben je vroegere relaties je geleerd dat de mensen van wie je houdt niet te vertrouwen zijn, dat je op je hoede moet zijn en moet vechten om gezien te worden en een reactie te krijgen? Of heb je ervan geleerd dat het gevaarlijk is om van anderen afhankelijk te zijn en dat je maar beter afstand kunt houden, dat je maar beter geen behoefte kunt hebben aan anderen en intimiteit moet vermijden? Die basisstrategieën passen we vaak toe als we het gevoel hebben dat de persoon van wie we houden afstandelijk of onbereikbaar is. Welke strategieën heb je in eerdere relaties gebruikt als het misliep, bijvoorbeeld in je relatie met je ouders?
- Kun je je een tijd herinneren waarin je het echt nodig had dat er iemand van wie je hield naast je stond? En als hij of zij er niet was, hoe heb je dat toen ervaren en wat heb je daarvan geleerd? Hoe ben je ermee omgegaan? Heeft die ervaring gevolgen voor je huidige relaties?
- Als je het moeilijk vindt om je met anderen te verbinden en hen te vertrouwen of hen toe te laten als je hen echt nodig hebt, wat

doe je dan als het leven te ingewikkeld wordt of wanneer je je eenzaam voelt?

- Noem twee concrete en specifieke dingen die een toegankelijke, ontvankelijke en betrokken liefdespartner in een relatie met jou op een gewone dag zou doen, en wat voor gevoel die dingen je op dat moment zouden geven.

- Wanneer je in je huidige relatie behoefte hebt aan intimiteit en troost, kun je je partner daar dan om vragen en hem of haar die behoefte tonen? Is dat makkelijk of moeilijk voor je? Misschien zie je het als een teken van zwakte of vind je het te riskant. Geef de mate van moeilijkheid een cijfer tussen 1 en 10. Hoe hoger het cijfer, hoe moeilijker het is. Deel dit met je partner.

- Als je je in je huidige relatie in de steek gelaten of alleen voelt, word je dan heel emotioneel of zelfs bang en wil je een reactie bij je partner afdwingen? Of sluit je je af en probeer je die behoefte aan verbondenheid niet te voelen? Kun je je een situatie herinneren waarin zoiets gebeurde?

- Denk eens aan een keer dat een vraag zoals 'Sta je voor me klaar?' onbeantwoord bleef en je uiteindelijk ruzie kreeg om niets. Deel dit met je partner.

- Kun je je momenten in je relatie herinneren waarop je je echt bewust was van de band met je partner, waarop een van beiden zijn of haar hand naar de ander uitstak en de reactie van de ander ervoor zorgde dat jullie je allebei emotioneel verbonden en veilig bij elkaar voelden? Deel dit met je partner.

***

Nu je een idee hebt van waar het in de liefde en bij het creëren van positieve afhankelijkheid om gaat, zullen de transformerende gesprekken in de volgende hoofdstukken je laten zien hoe je zo'n band met je partner kunt creëren. De eerste vier gesprekken leren je hoe je de neerwaartse spiraal die wederzijdse verbinding onmogelijk maakt kunt doorbreken, en hoe je je zodanig op elkaar kunt afstemmen dat er een duurzame emotionele ontvankelijkheid ontstaat. De twee daaropvolgende gesprekken laten je zien hoe je je emotionele band kunt verstevigen door de ander te vergeven dat hij of zij je pijn heeft gedaan, en door seksuele intimiteit met elkaar te beleven. Door middel van het laatste gesprek leer je hoe je je relatie in het dagelijkse leven kunt onderhouden en aan je spirituele leven kunt koppelen.

Deel twee

# ZEVEN TRANSFORMERENDE GESPREKKEN

# Eerste gesprek: De duivelse dialogen leren herkennen

*'Ruzie is beter dan eenzaamheid.'*
– IERS SPREEKWOORD

*'Zo is ook de tong een klein orgaan, maar wat een grootspraak kan hij voortbrengen! Bedenk eens hoe een kleine vlam een enorme bosbrand veroorzaakt.'*
– JAKOBUS, JAKOBUS 3:5

Voor iedereen geldt dat degene van wie we het meest houden, de persoon die ons heerlijk kan laten zweven, ook degene is die ons weer met een smak op de grond kan doen belanden. Daar is niet veel voor nodig: even het hoofd afwenden, een onzorgvuldige opmerking. Zonder gevoeligheid voor elkaar is intimiteit niet mogelijk. Als onze verbinding met onze partner veilig en sterk is, kunnen we wel met pijnlijke momenten omgaan. We kunnen ze zelfs gebruiken om nog dichter tot elkaar te komen. Maar als we ons niet veilig en verbonden voelen, zijn die momenten als een vonk in een kurkdroog bos. Ze steken de hele relatie in brand.

Dat was precies wat er in de eerste drie minuten van een explosieve sessie met Jim en Pam gebeurde. Jim en Pam zijn al jaren met elkaar getrouwd en waren in hun relatie door een diep dal gegaan, ook al hadden ze nog steeds oog voor elkaars aantrekkelijke eigenschappen. Jim had me in eerdere sessies diverse keren verteld dat Pams gouden haar en blauwe ogen hem nog steeds 'in vervoering' brengen en Pam zei regelmatig dat hij een goede echtgenoot en vader is en zelfs ook best wel 'een beetje' knap.

De sessie begint in alle rust. Pam vertelt dat zij en Jim een leuke week met zijn tweetjes hebben doorgebracht en dat ze zich heeft voorgenomen om Jim wat vaker op te beuren als ze merkt dat hij gestrest is door zijn werk. Ze zegt ook dat ze het heel erg op prijs zou stellen als hij haar zou kunnen vertellen wanneer hij emotionele steun nodig heeft. Jim snuift verachtelijk, rolt met zijn ogen en draait zijn stoel van zijn vrouw weg. Je zou zweren dat er op dat moment een hete windvlaag door mijn spreekkamer ging.

Pam explodeert: 'Wat bedoel je daar nu in vredesnaam weer mee, met die idiote uitdrukking op je smoel? Ik heb veel meer mijn best gedaan om jou in onze relatie te steunen dan andersom, zelfvoldane klootzak die je bent! Nou bied ik je verdorie steun aan, maar jij gedraagt je zoals altijd liever superieur.' 'Kijk, daar ga je weer,' slaat Jim terug. 'Ik zal jou nooit om steun vragen. En de reden is overduidelijk: je zou me alleen maar de huid vol schelden. Dat doe je al jaren. Dat is dan ook de reden waarom we in de puree zitten.'

Ik probeer hen te kalmeren, maar ze schreeuwen zo hard dat ze me niet eens horen. Ze houden pas op als ik zeg dat dit toch wel naar is, omdat Pam zo positief begon toen ze zich liefdevol opstelde. Dan barst Pam in tranen uit. Jim sluit zijn ogen en slaakt een zucht. 'Zo gaat het nu altijd tussen ons,' zegt Jim, en hij heeft gelijk. En daarom is dit het punt waarop ze iets kunnen veranderen aan wat 'altijd zo gaat'. Verandering is pas mogelijk als je het patroon ziet, als je je concentreert op het spel en niet op de bal.

Als we geen veilige verbinding met onze partner kunnen creëren, komen we in drie fundamentele patronen vast te zitten die ik de 'duivelse dialogen' noem. 'Zoek de boef' is een doodlopend patroon van verwijten over en weer, waardoor een stel mijlenver uit elkaar kan worden gedreven en het herstel van verbondenheid en het creëren van een veilige schuilplaats worden geblokkeerd. De liefdespartners dansen dan terwijl ze elkaar op armlengte afstand houden. Daar zijn Jim en Pam mee bezig als ze elkaar de schuld geven van hun problematische relatie. Veel stellen vervallen enige tijd in dit patroon, maar het is moeilijk om het lang vol te houden. In de meeste gevallen is 'zoek de boef' een kort voorspel voor de dans die het vaakst voorkomt en waarin een stel helemaal vast kan komen te zitten, namelijk die van verdriet. Relatiedeskundigen hebben die dans verschillende namen gegeven: 'eisen-terugtrekken' of 'vitten-verdedigen'. Ik noem hem de protestpolka omdat ik hem beschouw als een reactie op – of beter gezegd een protest tegen – het verlies van het gevoel van veilige hechting, dat we allemaal nodig hebben in onze relatie. De derde dans is 'verstijf en vlucht', binnen de EFT ook wel 'terugtrekken-terugtrekken' genoemd. Deze dans komt meestal aan de beurt als de protestpolka al een tijdje heeft geduurd, als de dansers zich zo hopeloos voelen dat ze het dreigen op te geven en hun eigen emoties en behoeften in de ijskast zetten, zodat ze zich alleen nog maar verdoofd voelen en er een flinke afstand tussen hen is ontstaan. Beiden trekken zich terug om pijn en wanhoop te vermijden. In danstermen zou je kunnen zeggen dat de dansvloer leeg is: beide partners zitten aan de kant. Dit is de gevaarlijkste dans.

In de loop van onze liefdesrelaties raken we allemaal weleens verstrikt in een of meer van die negatieve interacties. Voor sommigen zijn dat korte, hoewel riskante dansen binnen een overigens veilige verbinding met elkaar. Voor anderen, die minder zeker zijn van de band met hun partner, kunnen deze reacties zich tot een gewoonte ontwikkelen. Na enige tijd volstaat al een hint van negativisme bij een van de partners om een duivelse dialoog te ontketenen. En op den duur zijn die toxische patronen zo ingesleten dat ze de relatie volledig ondermijnen en alle pogingen tot het herstellen en vernieuwen van de verbinding blokkeren.

Als we ons onveilig en genegeerd voelen, zijn er slechts twee manieren om onszelf te beschermen en ons aan onze verbinding met onze partner vast te klampen. De ene manier is het vermijden van betrokkenheid, dus het afstompen van onze emoties, ons in onszelf terugtrekken en onze hechtingsbehoeften ontkennen. De andere manier is luisteren naar onze angst en vechten voor erkenning en een reactie van de ander.

De strategie die we toepassen als we voelen dat we geen verbinding meer hebben – als we veeleisend en kritisch worden of ons terugtrekken en ons voor de ander afsluiten – wordt deels bepaald door ons temperament, maar vooral door de lessen die we in onze vroegere en huidige hechtingsrelaties hebben geleerd. Bovendien leren we er in elke relatie weer iets bij, dus is het niet zo dat we steevast dezelfde strategie toepassen. We kunnen kritisch zijn in de ene relatie en teruggetrokken in een andere.

Als ik in de sessie met Jim en Pam niet tussenbeide was gekomen, zouden ze waarschijnlijk in sneltreinvaart door alle drie de duivelse dialogen zijn heen geraasd, om uiteindelijk uitgeput, vervreemd van elkaar en wanhopig in te storten. En dan zouden ze weer teruggekeerd zijn naar de dialoog waar ze het bekendst mee waren. Ze zouden ongetwijfeld vernietigend over hun relatie hebben geoordeeld. Dit oordeel zou zijn stempel op latere situaties drukken en hun vertrouwen in elkaar verder aantasten. En elke keer dat ze dat doen en hun weg naar veilige verbondenheid niet kunnen vinden, wordt de relatie brozer. Het enige wat we in deze sessie hebben gedaan, is de boel een beetje bekoelen.

Jim en Pam stellen voor dat ik het probleem dan maar ga oplossen. En natuurlijk vinden ze allebei dat het probleem door de andere partner wordt veroorzaakt. De onderbreking duurt slechts dertig seconden, waarna ze weer vrolijk verdergaan met het zoeken van de boef.

## Duivelse dialoog 1 – Zoek de boef

De bedoeling van 'zoek de boef' is zelfbescherming, maar deze dialoog bestaat voornamelijk uit elkaar aanvallen, beschuldigen en veroordelen. Volgens de Bijbel reageerden Adam en Eva op deze manier nadat ze in de hof van Eden van de boom hadden gegeten. Dit reactiepatroon wordt in gang gezet doordat we ons gekwetst voelen door onze partner of ons bij hem of haar kwetsbaar voelen, waardoor we opeens de controle verliezen. We zijn onze emotionele veiligheid kwijt. Doordat we ongerust worden, grijpen we alles aan wat ons de controle weer kan teruggeven. Dat kunnen we bijvoorbeeld proberen door onze partner negatief af te schilderen, door hem of haar zwart te maken. Onze aanval kan een boze reactie zijn of een aanval, waarmee we proberen iets te voorkomen.

We zouden 'Zoek de boef' net zo goed 'Het ligt niet aan mij, maar aan jou' kunnen noemen. Als we ons in de hoek gedrukt voelen en door angst worden overmand, zien we alleen nog het meest voor de hand liggende en richten we ons daarop: ik kan zien en voelen wat jij me zojuist hebt aangedaan. Het is veel moeilijker om het effect van mijn reactie op jou te zien. We concentreren ons op elke afzonderlijke danspas en zeggen dan: 'Je staat op mijn tenen', en we zien niet de hele dans. Na een poos worden de danspassen en reacties een automatisme.

Als we in dit negatieve patroon verstrikt zijn geraakt, dan verwachten we het, letten we er extra op en reageren we nog sneller wanneer we het weer zien aankomen. Dat versterkt het patroon natuurlijk alleen maar. Pam zegt: 'Ik weet niet eens wat er als eerste gebeurt. Ik sta gewoon te wachten op zijn schampere opmerking en heb mijn pistool in de aanslag. Misschien haal ik de trekker al over terwijl hij het niet eens op mij voorzien heeft!' Doordat we zo op onze hoede zijn en de pijn al voelen aankomen, sluiten we alle wegen die ons uit die doodlopende dans zouden kunnen leiden bij voorbaat af. We kunnen niet ontspannen met onze partner omgaan en we kunnen al helemaal geen verbinding maken of onze partner ons vertrouwen schenken. Het aantal mogelijke reacties wordt steeds beperkter, waardoor de relatie een langzame dood sterft.

Jim zegt het zo: 'Ik weet niet wat ik nog voel in deze relatie. Ik ben ofwel verstijfd, ofwel ziedend van woede. Ik heb het idee dat ik de verbinding met al mijn gevoelens ben kwijtgeraakt. Mijn emotionele wereld is kleiner geworden, enger. Ik heb het veel te druk met mezelf beschermen.'

Deze reactie is heel typerend voor mannen. Als mannen voor het eerst bij me komen en ik vraag: 'Wat gaat er door je heen nu je je vrouw ziet huilen?', antwoorden ze vaak met 'Geen idee.' Als we een aanval of een tegenaanval inzetten, proberen we onze gevoelens opzij te zetten. Na een tijdje kun je die gevoelens helemaal niet meer terugvinden. En zonder gevoelens als kompas in onze intieme relaties raken we het spoor bijster.

We gaan onze relatie als steeds onbevredigender en onveiliger zien en onze partner als ongevoelig of zelfs gestoord. Dus zegt Jim:

'Ik moet steeds denken aan wat mijn moeder zei, namelijk dat Pam gewoon nog niet rijp genoeg voor me was, en na al dat geruzie begin ik te denken dat mijn moeder gelijk had. Hoe kun je nu een relatie hebben met iemand die zo agressief is? Het is hopeloos. Het zou weleens beter voor ons kunnen zijn als we het gewoon opgeven, ook al zou dat erg moeilijk zijn voor de kinderen.'

Gelovige mensen gebruiken hun religieuze overtuigingen soms als bron van verwijten, en beschuldigen elkaar dan van het afwijken van de principes waarop hun religieuze toewijding is gebaseerd. Op momenten waarop de emoties hoog oplopen kunnen partners elkaar dan het leven zuur maken met opmerkingen zoals: 'Wat ben jij nou voor christen?' of: 'Hoe kun je dat nou doen en jezelf een christen noemen?' Deze kritiek is extra pijnlijk omdat ze impliceert dat de partner van degene die de kritiek uit niet alleen binnen de relatie faalt, maar ook in zijn of haar relatie met God.

Als partners slechts af en toe de 'zoek-de-boef'-dans doen en liefdevolle manieren om verbinding te maken nog steeds de regel zijn, kunnen ze elkaar de hand reiken als ze weer wat tot rust gekomen zijn. Soms zien ze in hoe ze de ander hebben gekwetst en bieden ze hun excuses aan. Dan kunnen ze zelfs lachen om de 'stomme dingen' die ze hebben gezegd. Ik weet nog dat ik eens tegen mijn man John stond te schreeuwen: 'Wat ben je toch een ongelooflijke Canadese macho,' waarna ik in lachen uitbarstte, want dat is hij ook gewoon!

Als de patronen waarover we het hier hebben ingesleten zijn en een vaste gewoonte zijn geworden, is er een zeer sterke negatieve spiraal ontstaan, die zichzelf in stand houdt: hoe meer jij de aanval inzet, hoe gevaarlijker je in mijn beleving bent, en hoe meer ik op jouw aanval anticipeer, hoe harder ik terugsla. En zo blijven we in een cirkeltje ronddraaien. Een stel kan pas weer echt vertrouwen en veiligheid opbouwen als dat negatieve patroon is doorbroken. Het geheim achter het stoppen van de dans is het inzicht dat niemand de boef hoeft te zijn. Het patroon van wederzijdse beschuldigingen is zelf de boef, en de partners zijn de slachtoffers.

Laten we nog eens naar Jim en Pam in hun 'zoek-de-boef'-dans kijken, en nagaan hoe ze dit vernietigende patroon kunnen doorbreken door gebruik te maken van een paar eenvoudige aanwijzingen en nieuwe reacties.

*Pam:* 'Ik blijf hier niet meer zitten om alleen maar aan te horen hoe onmogelijk ik wel niet ben. Volgens jou is alles wat er tussen ons misgaat mijn schuld!'
    *Jim:* 'Dat heb ik nooit gezegd. Je overdrijft altijd zo. Je bent zo negatief. Bijvoorbeeld toen een vriend van mij onlangs langskwam en alles in orde was, maar toen draaide jij je om en zei...'

Jim zit gevangen in wat ik de 'dwangbuis van de inhoud' noem. Partners geven het ene gedetailleerde voorbeeld van elkaars missers na het andere om hun eigen gelijk te bewijzen. Ze maken ruzie over de vraag of al die details 'waar' zijn en door wiens foute gedrag dit allemaal 'begonnen' is.
    Om hen te helpen bij het herkennen van de duivelse dialoog, stel ik voor dat ze:

- zich beperken tot het heden en zich concentreren op wat er hier en nu tussen hen beiden gebeurt;
- kijken naar de vicieuze cirkel van kritiek waarin ze ronddraaien: een cirkel heeft geen echt 'begin';
- de cirkel, de dans, als hun vijand zien, en oog hebben voor de gevolgen als ze die cirkel niet doorbreken.

Dan verloopt het gesprek als volgt:

*Jim:* 'Ja, dat klopt wel, denk ik. We zitten er allebei in gevangen. Maar dat heb ik tot nu toe nooit zo gezien. Ik weet wel dat ik me zo erg kan opwinden dat ik er na een poosje van alles uit gooi om haar te kwetsen.'
    *Sue:* 'Klopt. Het verlangen om het gevecht te winnen en te bewijzen dat de ander de boef is, is zeer verleidelijk. Maar in feite wint er niemand. Jullie verliezen allebei.'
    *Pam:* 'Ik wil helemaal niet vechten. Ik word er doodmoe van. En je hebt gelijk: het vernielt onze relatie. We zijn steeds meer op

onze hoede voor elkaar. Wat maakt het uiteindelijk uit wie er "gelijk" heeft? We worden er allebei alleen maar ongelukkiger van. Ik denk dat ik het in stand houd door te proberen hem te laten inzien dat hij me niet kan kleineren. Ik probeer hem te vernederen.'

*Sue:* 'Ja. En weet je wat jij doet, Jim? (Hij schudt zijn hoofd.) Nou, zojuist zei je: "Ik kom niet bij je, ik vertrouw je niet, want ik ervaar je soms als bedreigend." Dat lijkt me een beschuldiging dat zij het probleem is, toch?'

*Jim:* 'Ja, het klinkt wel als: "Mij krijg je niet klein." En dan kleineer ik haar.'

*Sue:* 'En na al dat schelden op elkaar gaan jullie ieder een andere kant op, en voel je je steeds meer verslagen en alleen, klopt dat?'

*Jim:* 'Ja, dat klopt. Dus die cirkel, dat patroon, die dans of wat dan ook, houdt ons gevangen. Dat snap ik. Maar hoe kunnen we daar een einde aan maken? Daar draait het om. Dat incident waarover we het hadden – ik heb helemaal niets gezegd. Zij zette die hele dans in gang!'

*Sue:* (Ik trek mijn wenkbrauwen op. Hij stopt met praten.) 'Nou, jullie moeten eerst jullie reactiepatroon herkennen en echt goed begrijpen dat al die pogingen om aan te tonen dat de ander fout zit jullie alleen maar verder uit elkaar drijven. De verleiding om de "winnaar" te zijn en de ander te laten toegeven dat hij of zij verkeerd zit, is gewoon een onderdeel van de valkuil. Jullie moeten leren herkennen wanneer deze dans zich voltrekt, in plaats van steeds maar gemener te worden of eindeloos naar bewijzen te zoeken in voorbeelden van dingen die zijn voorgevallen. Als jullie het allebei willen, kunnen jullie voorkomen dat deze "vijand" jullie relatie gaat beheersen.'

*Jim:* (kijkt naar zijn vrouw): 'Oké, ik wil stoppen met dat aanvalsgedoe. Het is een vicieuze cirkel waarin we gevangenzitten. Misschien moeten we hem de "Wie-is-de-kwaaie-pier"-cirkel noemen. (Ze lachen.) We gaan eraan onderdoor. Laten we dus proberen om er nu direct mee te stoppen. Je wilde gewoon tegen me zeggen dat je me wilt steunen. Waarom ging ik dan zo tegen je tekeer? Ik wil juist graag dat je me meer steunt!'

*Pam:* 'Ja, ik denk dat als we kunnen stoppen en tegen elkaar zeggen: "Hé, we draaien weer in dat cirkeltje rond. Laten we ervoor zorgen dat de gemoederen niet verder oplopen en we elkaar niet opnieuw pijn doen", dat we dan betere vrienden zouden kunnen zijn en misschien zelfs wel meer dan dat! Misschien wel een beetje zoals het ooit was.' (Ze moet er haast van huilen.)

Pam heeft gelijk. Stoppen met de 'zoek-de-boef'-dans is een manier om weer vrienden te worden. Maar liefdespartners willen veel meer dan vriendschap. Het onder controle krijgen van die dans van wederzijdse aanvallen is slechts de eerste stap. We moeten ook kijken naar andere manieren waarop we in een liefdesrelatie kunnen vastlopen. Maar eerst kun je enkele van onderstaande oefeningen proberen.

## SPEL EN OEFENING

Onderstaande vragen en overwegingen kunnen je helpen bij het nadenken over de manier waarop jij en je partner zich opstellen als jullie in de 'ik-wil-winnen'-dans vastzitten. Denk er even over na, schrijf op wat er zoal in je opkomt, lees dat hardop voor en deel het zo met je partner.

De meeste mensen zijn heel goed in anderen de schuld geven. Zelfs al in het paradijs geeft Adam Eva de schuld en geeft Eva op haar beurt de slang de schuld. Ze zeggen allebei tegen God: 'Het is niet mijn schuld. Iemand anders is de boef.' Meer recentelijk merkte Frank McCourt in zijn boek *Meester!* op hoe makkelijk het is om kinderen aan het schrijven te krijgen als je ze vraagt om excuusbriefjes te maken waarin ze uitleggen waarom ze hun huiswerk niet hebben gemaakt. Ze zijn echt ontzettend vindingrijk als het gaat om anderen de schuld geven van het feit dat ze niets gedaan hebben. Denk zelf ook eens terug aan een voorval waarbij er door jouw toedoen een probleempje ontstond.

Ik kwam bijvoorbeeld ooit eens voor een etentje bij vrienden thuis en liet het voorgerecht op de keukenvloer vallen toen ik even wilde helpen. Denk nu eens terug aan wat jij in de door jouw gekozen situatie fout deed en bedenk vier verschillende manieren waarop je iemand anders als de schuldige had kunnen aanwijzen. ('Ze had niet gezegd dat die schaal zo zwaar was!') Ga maar eens na hoe goed je hierin bent. Bedenk drie manieren waarop iemand anders negatief op jouw opmerkingen zou kunnen reageren. Wat zou er dan zijn gebeurd? Zou je in een vicieuze cirkel terecht zijn gekomen?

Probeer je nu een soortgelijk incident met je partner te herinneren. Wat deed jij om de ruzie te 'winnen' en om je onschuld te bewijzen? Hoe beschuldigde je je partner? Hoe reageer je gewoonlijk als je je in een hoek gedrukt voelt?

Kun je de vicieuze cirkel beschrijven waarin jullie gevangenzaten en die werd gekenmerkt door vijandige kritiek en negatieve etiketten die jullie elkaar opplakten? Waar maakten jullie elkaar voor uit? Hoe wisten jullie de ander te kwetsen en op stang te jagen? Was er een 'winnaar'? (Waarschijnlijk niet!)

Wat gebeurde er na jullie 'zoek-de-boef'-ruzie? Wat vond je van jezelf, van je partner en van de verbinding tussen jullie beiden? Waren jullie in staat om achteraf over de ruzie te praten en elkaar te troosten? En zo niet: hoe ben je omgegaan met het verlies van veiligheid tussen jullie? Wat zou er zijn gebeurd als je had gezegd: 'We staan elkaar uit te schelden om te bewijzen dat de ander de kwaaie pier is. Als we hiermee doorgaan, kwetsen we elkaar alleen maar meer. Laten we niet verzeild raken in dat spelletje van elkaar de hele tijd aanvallen. Misschien kunnen we praten over wat er is gebeurd zonder dat er iemand fout hoeft te zitten'?

## Duivelse dialoog 2 – De protestpolka

Dit is de dans die het vaakst in relaties voorkomt en waarin stellen helemaal vast kunnen komen te zitten. Onderzoek door psycholoog John Gottman van de Universiteit van Washington in Seattle heeft aangetoond dat veel paren die al vroeg in hun huwelijk in dit patroon vervallen de vijfde verjaardag van hun huwelijk niet halen. Anderen blijven er permanent in vastzitten. Dat kenmerk van 'altijd maar in hetzelfde kringetje blijven ronddraaien' is ook wel begrijpelijk, want de voornaamste danspassen van de protestpolka creëren een voortdurende herhaling van zetten, waarbij elke pas de volgende veroorzaakt en versterkt. De ene partner reikt uit naar de ander, zij het op een negatieve manier, de ander doet een stapje achteruit, en dit patroon blijft zich herhalen. De dans kan ook eeuwig doorgaan doordat de emoties en behoeften die erachter zitten de krachtigste zijn die we kennen. Hechtingsrelaties zijn de enige banden op deze planeet waarin een reactie – onverschillig welke – altijd nog beter is dan geen reactie. Als we geen emotionele reactie van een geliefde krijgen, moeten we wel protesteren. De protestpolka is een poging de ander een reactie te ontlokken die verbondenheid schept en geruststelt.

Het is voor stellen echter moeilijk om het patroon van deze dans te herkennen. Anders dan het overduidelijke patroon van aanval en tegenaanval in de 'zoek de boef'-dans, is de protestpolka subtieler. Een van de partners is de eisende partij en protesteert hevig tegen het gebrek aan verbondenheid. De ander trekt zich terug en uit door middel van stilzwijgen zijn of haar impliciete kritiek. Ontevreden partners die elkaars noodsignalen niet herkennen, klagen vaak over een communicatieprobleem of constante spanningen.

Laten we eens kijken hoe koppels de protestpolka dansen.

Ik vraag Eva en Chuck, een jong echtpaar in mijn spreekkamer: 'Wat is het probleem eigenlijk? Jullie hebben me verteld dat je van elkaar houdt en dat jullie graag samen willen zijn. Jullie zijn nu zes jaar bij elkaar. Wat zou je graag aan je relatie willen veranderen?'

Eva, een kleine, blonde, levendige vrouw, staart naar haar man Chuck, een lange, knappe man, die buitengewoon geboeid lijkt te zijn door het vloerkleed dat onder zijn voeten ligt. Eva slaakt een diepe zucht. Dan kijkt ze naar mij, wijst naar hem en sist: 'Daar zit het probleem, recht voor je. Hij zegt nooit wat en ik word er doodziek van! Ik word razend van het feit dat hij nooit iets zegt. Alles in onze relatie komt op mijn bordje terecht. Ik "doe" alles al en het wordt steeds meer en meer. En als ik het niet zou doen…' Ze maakt een gebaar waaruit blijkt dat ze het ook niet meer weet.

Chuck zucht diep en kijkt naar de muur.

Ik vind het altijd wel fijn als het beeld zo duidelijk is en de polka zo gemakkelijk te herkennen is. Deze momentopname van hun relatie maakt me duidelijk wat de positie van beide partners in deze droevige dans is. Eva bonst op de deur uit protest tegen haar gevoel dat er een kloof tussen hen is ontstaan, maar Chuck houdt de deur stevig op slot. Eva zegt dat ze al tweemaal bij Chuck is weggegaan, maar zich weer liet vermurwen toen hij haar belde en smeekte terug te komen. Chuck zegt dat hij gewoon niet begrijpt wat er aan de hand is, maar hij ziet hun situatie wel als behoorlijk hopeloos. Hij zegt dat hij tot de conclusie is gekomen dat het zijn schuld is – misschien had hij nooit moeten trouwen – of dat Eva en hij gewoon niet bij elkaar passen. Hoe dan ook, hij weet niet of het nog wel zin heeft om naar mij toe te gaan. Ze zijn namelijk al eerder samen in therapie geweest.

Ik vraag of ze weleens ruziemaken en Chuck zegt dat ze eigenlijk vrijwel nooit echt ruzie hebben. Ze zitten dus niet verstrikt in de 'zoek-de-boef'-dans. Maar er zijn wel momenten waarop Eva zegt dat ze ervandoor gaat en dan reageert Ken met: 'Mij best.' Dat zijn de momenten waarop ze zich rot voelen. Ze probeert hem wel te 'coachen', zegt Chuck. Van die woorden huivert hij een beetje en hij moet lachen.

Dan vertellen Eva en Chuck me een verhaal. De meeste stellen hebben wel voorbeelden van gebeurtenissen die kenmerkend zijn voor hun relatie. Als het een mooi moment betreft, praten ze erover op verjaardagsfeestjes en op tedere momenten. Als het om slechte momenten gaat, piekeren ze erover en proberen ze erachter te komen wat die momenten over hun relatie zeggen.

*Chuck:* 'Ik denk veel na over de vraag hoe ik het haar naar de zin kan maken. Ik wil dat ze gelukkig bij mij is. Maar het lukt gewoon niet. Ze wil graag dat alles perfect is als we op zondag naar de kerk gaan. Dus probeer ik daaraan mee te werken. Ik help mee met de kinderen en zo. Maar uiteindelijk loopt het toch weer mis. Het is nooit perfect genoeg. En voordat we vertrekken, moet het huis ook helemaal schoon zijn. Een paar maanden geleden hebben we de hele weg naar de kerk geen woord tegen elkaar gezegd.'

*Eva:* 'We zeiden niets omdat jij niet luistert. Je was de garage aan het opruimen toen ik je hulp nodig had. Wat kan iemand die garage nu schelen?'

*Sue:* 'En wat deed jij toen, Eva?'

*Eva*: 'Ik liep naar de garage en schreeuwde tegen hem dat hij naar binnen moest komen en iets nuttigs moest doen. Anders zouden we niet op tijd in de kerk zitten.'

*Chuck* (schudt zijn hoofd): 'Ik moest gewoon even weg van je constante gezeur. Even mijn hoofd leegmaken voordat we naar de kerk gingen.'

*Eva*: 'Ja. En als ik niet naar de garage was gelopen om tegen je te schreeuwen, zou je je de hele tijd in de garage hebben verstopt, waardoor ik weer alles alleen had moeten doen. Net als vorige maand toen ik het maar opgaf en alleen met de kinderen naar de kerk ging. Als ik je niet dwing om iets te doen, gebeurt er helemaal niets. En dat geldt eigenlijk voor de hele relatie. Als ik er mijn best niet voor doe, gebeurt er helemaal niets. (Ze kijkt mij aan.) Hij investeert gewoon helemaal niets in de relatie.'

*Sue*: 'Dat gaat dus mis tussen jullie, en niet alleen op zondag. Steeds hetzelfde patroon: jij wilt dat Chuck reageert en Chuck houdt zijn lippen stijf op elkaar en vlucht weg. Dat ontmoedigt je en zorgt ervoor dat jullie je niet veilig voelen bij elkaar.'

*Eva*: 'Precies. Ik kan hem ook nooit goed verstaan. Hij mompelt veel. Dus probeerde ik onlangs nog om hem wat duidelijker te laten praten. Maar dan zegt hij helemaal niets meer!'

*Chuck*: 'Oké, dus ik mompel misschien af en toe. Maar jij zat in de auto op de snelweg tegen me te schreeuwen. Terwijl ik verdorie op de weg moet letten, zit jij me te vertellen dat ik duidelijker moet articuleren!'

*Sue*: 'Eva, het lijkt wel of jij de danslerares bent geworden die tegen Chuck zegt hoe hij moet bewegen en praten. En dat doe je omdat je bang bent dat Chuck afstandelijk blijft en er helemaal niet gedanst zal worden. (Ze knikt instemmend.) Je blijft maar wachten en hopen dat Chuck weer verbinding met je maakt en als dat niet gebeurt, voel je je helemaal alleen. Daar wil je wat aan doen. Je wilt hem duidelijk maken hoe hij zou moeten reageren. Maar je doet dat vaak op een opdringerige en kritische manier. Dan krijgt Chuck de hele tijd te horen dat hij alles verkeerd doet, dat hij verkeerd praat, het huis niet goed schoonmaakt, waardoor hij nog minder doet.'

*Chuck:* 'Ja, klopt. Ik verstijf helemaal. Ik kan toch nooit iets goed doen. Ze vindt zelfs dat ik verkeerd eet.'

*Sue:* 'Ah, oké. En ik denk dat hoe meer jij verstijft, Chuck, hoe meer Eva je vertelt hoe je iets moet doen.'

*Eva:* 'Ik vind het zo frustrerend. Ik doe van alles om een reactie van hem te krijgen, wat voor reactie dan ook.'

*Sue:* 'Oké, laten we daar nog eens goed naar kijken. Jij probeert van alles en Chuck verstijft en reageert steeds minder op je. Jij sluit je af, Chuck? (Hij knikt.) En hoe meer jij je afsluit, hoe meer Eva zich buitengesloten voelt. Daardoor doet ze nog harder haar best om een reactie uit je te krijgen. Het is een kringetje waarin jullie maar blijven ronddraaien en dat bepaalt jullie relatie. Wat gebeurt er met jou, Chuck, als je zo verstijft?'

*Chuck:* 'Ik word dan doodsbang om ook maar iets te doen; een soort verlamming is het. Wat ik ook doe, het is altijd verkeerd. Dus doe ik steeds minder. Ik kruip in mijn schulp.'

*Eva:* 'En dan voel ik me helemaal alleen. Ik probeer met alle macht iets uit hem te krijgen.'

*Sue:* 'Precies. Dan worden jullie volledig beheerst door de negatieve spiraal waarin jullie terecht zijn gekomen. De een verstijft, voelt zich verlamd en kruipt in zijn schulp, de ander voelt zich buitengesloten en doet steeds harder haar best om een reactie te krijgen.'

*Eva:* 'Het is voor ons allebei niet leuk. Hoe kunnen we uit die negatieve spiraal komen?'

*Sue:* 'We hebben de situatie nu goed in beeld. Jullie danspassen zou je met je ademhaling kunnen vergelijken. Je bent je er niet eens meer van bewust. Jullie moeten eerst volledig begrijpen hoe dit patroon jullie relatie heeft ondermijnd. Het is onmogelijk voor jullie geworden om je nog veilig bij elkaar te voelen. Als ik Chuck was, zou ik ook maar wat mompelen, omdat wat ik zeg zo vaak bekritiseerd wordt. En als ik Eva was, zou ik ook van alles in de strijd gooien, omdat ik er diep vanbinnen naar verlang om met mijn partner te dansen en hem dicht bij me te hebben.'

*Eva:* 'Zo voel ik het ook. Ik probeer hem inderdaad te bereiken. Maar ik weet dat er een scherp kantje zit aan de manier waarop ik dat doe. Dat komt doordat ik zo gefrustreerd raak.'

*Chuck:* 'Dus onze situatie is niet uitzichtloos? Het betekent niet dat we niet bij elkaar passen?'

*Sue:* 'Dat klopt. De meeste mensen lopen vast als ze geen manier kunnen vinden om zich veilig en met elkaar verbonden te voelen. Volgens mij beteken jij zo veel voor Eva dat ze niet gewoon op je kan wachten of zich van je kan afkeren. En jij verstijft omdat je bang bent dat je in haar ogen iets verkeerd doet, dat je haar van streek maakt en je relatie weer een klap krijgt. De oude wijsheid om bij twijfel niets te zeggen of te doen is in liefdesrelaties een vreselijk slecht advies. Waar het om gaat, is of jullie elkaar kunnen helpen om uit de negatieve spiraal te komen, of jullie herkennen wanneer je er weer in verstrikt raakt en of jullie samen iets ondernemen om jullie relatie weer een nieuwe impuls te geven.'

*Chuck:* 'Misschien kunnen we dat wel!'

In de volgende sessies kijken Chuck en Eva steeds weer goed naar hun polka. Ze ontdekken dat hun 'spiraal', zoals ze die noemen, vooral tevoorschijn komt als er hechtingssignalen in het spel zijn, als Eva ergens hulp bij nodig heeft of zich met Chuck wil verbinden, en als Chuck te horen krijgt dat hij iets verkeerd doet en haar teleurstelt. Momenten van protest komen in alle relaties voor, maar als de band tussen beide partners in wezen veilig is, hebben dergelijke voorvallen weinig invloed of kunnen ze zelfs worden gebruikt voor het versterken van de relatie.

In een gelukkig huwelijk zou Eva bijvoorbeeld nog steeds protesteren op momenten waarop ze zich emotioneel van Chuck verwijderd voelt, maar dat zou ze dan op een minder heftige manier doen. Doordat ze zich minder zorgen zou hoeven maken over hun verbondenheid, zou ze zich op een vriendelijkere en duidelijkere manier uiten. En Chuck zou op zijn beurt ontvankelijker zijn voor wat Eva te zeggen heeft. Hij zou haar verdriet of teleurstelling niet opvatten als kritiek op zijn rol als liefdespartner, of als bedreiging voor hun relatie, maar als een teken van haar behoefte aan steun en verbondenheid.

In een onzekere relatie gaat de protestpolka echter steeds sneller. Hij creëert uiteindelijk zo'n chaos dat beide liefdespartners hun problemen niet meer kunnen oplossen en nergens meer helder over communiceren. Dan krijgen gebrek aan verbondenheid en verdriet steeds meer de overhand. Het is echter van belang om op te merken dat geen enkele relatie volledig wordt beheerst door het destructieve patroon waarover ik het hier heb. Er zijn altijd momenten waarop de partners dichter bij elkaar komen. Maar bij sommige stellen doen die momenten zich niet vaak genoeg voor of zijn ze niet intens genoeg om de schade die de protestpolka heeft aangericht te herstellen. Of het soort intimiteit is niet waar een van de partners naar verlangt. Mannen die de neiging hebben om conflicten te vermijden nemen bijvoorbeeld in de slaapkamer wel het initiatief tot seksuele intimiteit, maar de meeste vrouwen hebben qua hechtingsbehoeften meer nodig dan seks.

Therapeuten hebben dit patroon jarenlang ten onrechte geduid in termen van ruzie en machtsstrijd, en hebben geprobeerd het met trainingen in probleemoplossende vaardigheden op te lossen. Dat zou je kunnen vergelijken met iemand een tissue als middel tegen een longontsteking geven. Er wordt helemaal niet gekeken naar de brandende hechtingskwesties die aan het patroon ten grondslag liggen. Vanuit het perspectief van de hechtingstheorie gaat het niet om conflict en controle, maar om emotionele afstand. Het is geen toeval dat Chuck vaak niet meewerkt, en dat die houding bij zijn vrouw woede en agressie oproept. Die agressieve respons lijkt bij primaten aangeboren te zijn. Zij vertonen deze reactie als een dierbare van wie een individu afhankelijk is doet alsof dat individu niet bestaat. Een jonge aap of jong kind zal zijn moeder dan aanvallen, in een wanhopige poging om erkenning te krijgen. En als er geen reactie komt, treedt er een 'dodelijk' isolement op, met gevoelens van verlies en hulpeloosheid.

Hierboven hebben we slechts een voorbeeld van de protestpolka gezien. Niet elke afstandelijke en defensieve partner spreekt van 'verstijven', zoals Chuck. Maar ik heb wel geleerd dat partners die aandringen of juist afstand nemen vaak kenmerkende uitdrukkingen gebruiken om hun ervaringen te beschrijven. Lees ze maar eens. Misschien herken je sommige van je eigen patronen en danspassen wel.

Partners die op Eva lijken, gebruiken vaak dit soort uitspraken:

- Mijn hart is gebroken. Ik kan wel blijven huilen. Soms heb ik het gevoel dat ik doodga in deze relatie.
- Hij is tegenwoordig altijd ergens anders, altijd druk. En zelfs als hij thuis is, zit hij achter de computer of voor de tv. Het is alsof we op verschillende planeten wonen. Ik voel me buitengesloten.
- Soms heb ik het gevoel dat ik in deze relatie eenzamer ben dan toen ik nog op mezelf woonde. Ik vond het gemakkelijker om alleen te zijn dan om zo te leven: samen, maar apart.
- Ik had hem toen juist zo hard nodig, maar hij bleef afstandelijk, alsof het hem niets kon schelen. Mijn gevoelens telden niet voor hem. Hij veegde ze gewoon van tafel.
- Eigenlijk zijn we huisgenoten geworden. We zijn niet meer echt samen.
- Ik word razend, jazeker. En het kan hem niets schelen, dus dan sla ik hem, ja. Ik wil gewoon een reactie van hem, hoe dan ook.
- Ik weet niet meer of ik nog wat voor hem beteken. Het lijkt erop dat hij me niet meer ziet. Ik weet niet hoe ik hem moet bereiken.
- Als ik niet steeds pushte en prikte, zouden we nooit meer eens echt samen zijn. Het zou er gewoon niet van komen.

Als we deze uitspraken goed bekijken, zien we allemaal hechtingsthema's opduiken: een partner hebben die jou niet belangrijk vindt of niet naar waarde schat; een zo sterk isolement ervaren dat het om leven en dood lijkt te gaan; je buitengesloten en alleen voelen; je aan je lot overgelaten voelen als je de ander nodig hebt, of niet op je partner kunnen rekenen; verlangen naar emotionele verbondenheid en woedend worden om het gebrek aan ontvankelijkheid van je partner; je geliefde alleen nog zien als vriend of huisgenoot; het gevoel hebben dat je je partner als medereiziger met wie je samen Jezus volgt bent kwijtgeraakt.

Als we de liefdespartners die hierboven aan het woord waren vragen om zich op de negatieve dans zelf te concentreren en alleen hun eigen danspassen te beschrijven in plaats van de fouten en gebreken van hun partner, dan krijgen we dingen te horen als duwen, trekken, slaan, aanvallen, bekritiseren, klagen, druk uitoefenen, uit mijn vel springen, schreeuwen, provoceren, toenadering zoeken, en het maar net aankunnen. Soms is het moeilijk om te zien wat je voeten tijdens een dans doen. Dan zitten we gevangen in een patroon van de ander aanvallen en protesteren, en spreken we enkel nog over gevoelens van frustratie, woede en ontsteltenis, en dat is wat onze partner dan ook ziet. Maar dat is slechts de buitenste, oppervlakkigste laag van wat er in die polka gebeurt.

Mannen die in Chucks situatie zitten, gebruiken vaak dit soort uitspraken:

- Ik kan het toch nooit goed doen voor haar, dus geef ik het maar op. Het is hopeloos.
- Ik voel me afgestompt. Ik weet niet hoe ik me voel. Dus ik verstijf en sluit me af.
- Ik zie wel dat er iets mis is met me. Als echtgenoot ben ik een mislukking. Dat verlamt me op de een of andere manier.
- Ik trek me terug en wacht tot ze weer gekalmeerd is. Ik probeer altijd rustig te blijven, de boel niet in het honderd te sturen. Dat is mijn manier om met onze relatie om te gaan: de zaak rustig houden.
- Ik kruip in mijn schulp, daar ben ik veilig. Ik zoek beschutting achter mijn muur. Ik probeer me af te sluiten voor haar kritische opmerkingen. Ik zit in de beklaagdenbank en zij is de rechter.
- Ik voel me een nul in onze relatie. Een mislukkeling. Dus dan zet ik mijn computer maar aan, ga ik aan het werk of hobbyen. Op mijn werk ben ik iemand, maar ik denk dat ik voor haar niets bijzonders ben.
- Ik tel niet voor haar. Ik kom helemaal onderaan haar lijstje, na de kinderen, het huis en haar familie. Ze vindt de hond verdorie nog belangrijker dan mij! Ik ben alleen goed voor het geld. Dus ik voel

me zo langzamerhand helemaal leeg. Ik weet nooit of ze zal laten zien dat ze van me houdt.

- Ik heb niet het gevoel dat ik iemand nodig heb zoals zij dat heeft. Ik heb niet zo veel behoeften. Ik heb altijd geleerd dat het een teken van zwakte is als je iemand anders zo hard nodig hebt, dat is kinderachtig. Dus ik ga op mijn eigen manier met die dingen om. Ik loop gewoon weg.
- Ik weet niet waarover ze het heeft. We hebben het goed. Zo gaat dat in een huwelijk. Je wordt gewoon vrienden van elkaar. Ik weet trouwens niet precies wat ze bedoelt als ze het over intimiteit heeft.
- Ik probeer het probleem op een concrete manier aan te pakken; het weer in orde te maken. Ik denk erover na. Maar dat werkt niet. Dat wil ze niet. En ik weet niet wat ze dan wel wil.

Ook hier zien we terugkerende thema's: een gevoel van wanhoop en een gebrek aan zelfvertrouwen om iets aan de situatie te doen; negatieve gevoelens wegdrukken door zichzelf af te sluiten en emoties te onderdrukken; zichzelf als partner als een mislukkeling beschouwen, iemand die als partner niet voldoet; zich door de ander veroordeeld en afgewezen voelen; proberen het hoofd boven water te houden door relatieproblemen en hechtingsbehoeften te ontkennen; van alles doen om de woede en de afkeuring van de ander te ontlopen; rationele probleemoplossende technieken gebruiken om niet naar emoties te hoeven kijken.

Als mensen zoals Chuck hun eigen danspassen beschrijven, gebruiken ze de volgende bewoordingen: me terugtrekken, in mijn schulp kruipen, verlamd raken, gevoelens wegdrukken, me verstoppen, me afsluiten, alles opkroppen, en proberen problemen zo snel mogelijk op te lossen. Wat hun gevoel betreft hebben ze het vaak over depressie, afstomping, gevoelloosheid of een gevoel van wanhoop en mislukking. Wat hun partner meestal ziet, is gewoon een gebrek aan emotionele reacties.

Geslacht speelt hier een rol bij, hoewel de rollen per cultuur en per stel kunnen wisselen. In onze samenleving zijn het meestal de vrouwen die ervoor zorgen dat er überhaupt sprake van een relatie is. Zij merken vaak eerder dan hun partner dat er sprake is van afstandelijkheid en luisteren beter naar hun hechtingsbehoeften. Daarom is hun rol in de dans meestal die van degene die aandringt, de partner die de ander verwijten maakt. Mannen daarentegen hebben geleerd om hun emotionele reacties en behoeften te onderdrukken en om oplossingen te bedenken, waardoor zij meestal de rol vervullen van degene die zich terugtrekt. Gelovige mannen voelen zich vaak vooral verantwoordelijk voor het leiderschap en de veiligheid binnen het gezin. Ze kunnen zich zeer sterk op het oplossen van problemen gaan richten en zeer gevoelig worden voor kritiek die erop wijst dat ze hun partner tekortdoen.

Als ik bij jou aandring op een emotionele verbinding en jij reageert verstandelijk op een probleem in plaats van rechtstreeks op mij, dan ervaar ik dat op het niveau van hechting als 'geen reactie'. Dat is een van de redenen waarom onderzoek naar sociale ondersteuning steeds opnieuw uitwijst dat mensen 'indirecte' ondersteuning wensen, dat wil zeggen: emotionele bevestiging en zorgzaamheid van hun partner, in plaats van advies. Mannen zeggen vaak dat ze niet weten hoe ze op een emotioneel niveau moeten reageren, maar dat weten ze best! Ze doen het als ze zich veilig voelen, meestal met hun kinderen. Het tragische is dat een man vreselijk zijn best kan doen om aan de behoeften van zijn vrouw te voldoen door met advies en oplossingen aan te komen en maar niet begrijpt dat zij eigenlijk zijn emotionele betrokkenheid wil. Voor haar is zijn betrokkenheid de oplossing. Jezus geeft ons voorbeelden van het erkennen van de emotionele behoeften van anderen en met mededogen aan deze behoeften tegemoetkomen. Op een gegeven moment staat Hij erop dat de kinderen in de tempel worden toegelaten om door Hem gezegend te worden (Lucas 18:15-17). Ik zie dat als een voorbeeld van zijn verwelkomende liefde voor kinderen, maar ook als voorbeeld van onze behoefte aan een kinderlijk geloof. Elders roept een blinde luid naar Jezus om zijn aandacht te trekken. Veel mensen proberen hem tot stilte te manen, maar hij gaat des te harder schreeuwen. Jezus beantwoordt de emotionele roep van deze man. Hij hoort diens behoefte en nodigt hem uit om naar Hem toe te komen. Aan het einde van het verhaal leidt de verbinding tussen de man en Jezus tot zijn genezing (Marcus 10:46-52).

In onze maatschappij hebben mannen en vrouwen bepaalde sociale opvattingen meegekregen, die ertoe bijdragen dat ze in de polka verstrikt raken. Het destructiefst is de zienswijze dat een gezond, rijp, volwassen mens geen emotionele verbondenheid nodig heeft en dus geen recht heeft op die vorm van zorgzaamheid. Cliënten zeggen vaak tegen me: 'Ik kan toch niet zomaar tegen hem zeggen dat ik me klein voel en zijn armen om me heen wil voelen? Ik ben geen kind meer,' of: 'Ik ga niet zomaar vragen of hij mij op de eerste plaats wil zetten, ook niet af en toe. Dat heb ik nog nooit gevraagd. Daar heb ik geen recht op. Dat zou ik toch niet nodig moeten hebben.' Als we onze eigen hechtingsbehoeften niet kunnen benoemen en accepteren, kunnen we ook geen duidelijk signaal naar anderen afgeven als die behoefte opeens heel sterk is. De polka wordt door dubbelzinnige boodschappen in stand gehouden. Het is veel gemakkelijker om te zeggen: 'Waarom praat je zo weinig? Heb je me niets te vertellen?' dan je open te stellen en om liefdevolle verbondenheid te vragen.

De protestpolka wordt niet alleen door liefdespartners gedanst, maar ook door ouders en kinderen, of broers en zussen – eigenlijk door iedereen die een hechte emotionele band met anderen heeft. Soms is het gemakkelijker om onszelf in de dans te herkennen als we hem met een broer of zus uitvoeren, of met onze kinderen, dan wanneer we hem met onze partner dansen. Komt dat doordat onze kwetsbaarheid dan minder duidelijk voelbaar is? Mijn zoon is een puber die steunend en zuchtend mijn kritiek van de hand wijst als ik tegen hem zeg dat hij altijd te laat is. Hoe kan hij me soms zover krijgen dat ik hem overlaad met een stortvloed aan verwijten, ook al bestaat er een liefdevolle band tussen ons? Het antwoord ligt voor de hand.

Plotseling krijg ik een boodschap die bol staat van hechtingssignalen. Hij kijkt me aan en draait met zijn ogen. Zijn stem verraadt minachting. Ik hoor dat mijn zorgen en opmerkingen voor hem niet tellen. Ik doe er niet toe. Dus zet ik de muziek harder en lever kritiek. Hij trekt zich terug en wijst me af. Daar gaan we weer. De polkamuziek speelt door. Maar plotseling herken ik de muziek, dus ik doe een stap opzij en vraag hem om eens naar de dans te kijken: 'Wacht eens even. Wat gebeurt hier? We raken verwikkeld in een onnozele ruzie en dat doet ons allebei pijn.' De muziek herkennen is de eerste stap om met de polka te stoppen.

Wat heb ik geleerd in de twintig jaar waarin ik heb gezien hoe partners hun relatie van die dans hebben weten te redden? Heel veel.

Ten eerste dat je het hele schouwspel moet doorzien. Je moet het hóé van de dans tussen jou en je partner herkennen en wat dat over jullie relatie zegt. Je moet dus niet alleen maar kijken naar de inhoud van de woordenwisseling. Je moet ook de hele dans zien. Je alleen maar concentreren op specifieke danspassen, met name op die van de ander – 'Hé, waarom val je me aan?'– leidt nergens toe. Je moet enige afstand nemen om het hele plaatje te kunnen zien.

Ten tweede dat beide partners moeten inzien hoe hun danspassen de ander in de dans meeslepen. Beide partners zitten erin verstrikt en zonder het te merken werk je aan de verstrikking van de ander mee. Als ik jou aanval, duw ik je in de verdediging, in zelfrechtvaardiging. Ongewild maak ik het moeilijk voor je om je open te stellen en ontvankelijk voor mij te zijn. En als ik koel en afstandelijk blijf, laat ik jou in de steek, waardoor je achter me aankomt en voortdurend op zoek gaat naar verbinding.

Ten derde dat de polka over hechtingsproblemen gaat. Hij kan niet worden gestopt met behulp van technieken voor logische probleemoplossing of communicatievaardigheden. We moeten de aard van de dans onderkennen als we de hoofdzaak willen aanpakken en we moeten een veilige verbinding herstellen. We moeten de roep om verbondenheid leren herkennen, we moeten begrijpen dat wanhoop kan leiden tot 'Ik ruk, ik trek, ik doe van alles om hem zover te krijgen dat hij reageert,' of 'Ik verstijf gewoon, zodat ik niet meer hoef te horen wat voor een stumper ik ben en dat ik haar aan het verliezen ben.' Die patronen zijn universeel, omdat onze hechtingsbehoeften en -angsten en onze reacties op de ervaring van verlies en isolement universeel zijn.

Ten vierde dat we kunnen leren begrijpen wat liefde is. We kunnen afstemmen op de momenten waarop de verbinding met de ander is verbroken, en op de kritiek en ontreddering die de kern van de polka vormen. Dan kunnen we leren inzien dat niet onze partner, maar de polka onze vijand is.

Ten vijfde dat liefdespartners de handen ineen kunnen slaan en de vijand kunnen benoemen, zodat ze de muziek kunnen stoppen en kunnen leren om even een stapje opzij te doen. Daardoor creëren ze voldoende veiligheid om over hun hechtingsemoties en -behoeften te praten.

Als dit Chuck en Eva lukt, is er nog hoop voor hun relatie. Of in Chucks woorden: 'Als we er weer in verzeild raken – je weet wel, die spiraal waarover we het hebben – dan laten we ons niet meer zo meeslepen. Gisteren zei ik tegen Eva: "We lopen weer vast. Ik voel dat ik dan steeds meer afstand van je neem, dat ik verstijf, en jij raakt helemaal overstuur. Dit is zo'n moment waarop je je buitengesloten voelt, hè? We hoeven niet zo te reageren. Laten we ermee ophouden. Kom bij me zodat ik je kan knuffelen." En dat deed ze. Het was geweldig.'

Ik vroeg Chuck wat hem nu het meeste hielp om de polka het zwijgen op te leggen. Hij zei dat het hem erg had geholpen toen hij zich realiseerde dat Eva niet 'de vijand' was en dat ze 'voor onze relatie' vocht als de polka begon en niet probeerde 'mij een loer te draaien'.

Binnen een relatie is het van essentieel belang het protest tegen het uit elkaar gedreven worden te herkennen, dit te accepteren en met de polka te stoppen. Om een veilige liefdesband te behouden en die te verstevigen, moeten liefdespartners in staat zijn de momenten waarop hun verbinding wordt verbroken ongedaan te maken. Ze moeten niet de gebruikelijke manier kiezen om ermee om te gaan, want die leidt nergens toe. Die versterkt namelijk alleen maar het gevoel dat ze niet met elkaar verbonden zijn doordat het vertrouwen in elkaar en het gevoel van veiligheid binnen de relatie worden ondermijnd.

## SPEL EN OEFENING

Komt het verhaal van Chuck en Eva je bekend voor? Herken je iets van hun dans in je eigen relatie? Herinner je je nog de laatste keer dat jullie in de polka verstrikt raakten? Kun je door de bril van de hechtingstheorie kijken en verder kijken dan de ruzie over feiten of problemen, zodat de worsteling over jullie verbinding in beeld komt? Ging het bijvoorbeeld nu echt om de vraag of het schuurtje waar een van jullie graag schildert moest worden opgeknapt, of ging het om veilige hechting? Misschien wordt de partner die zich in de steek gelaten voelt wel degelijk in de steek gelaten. Misschien had een van jullie het eigenlijk over een gebrek aan veilige verbondenheid en intimiteit tussen jullie of wilde hij of zij door de ander worden gerustgesteld, terwijl het gesprek alleen maar over praktische zaken ging.

Wat doe je meestal in je huidige relatie als er geen verbondenheid is en je je onveilig voelt? Ga even na met welke persoon uit de verhalen die in dit hoofdstuk staan je je het sterkst identificeerde. Of denk even terug aan de laatste ruzie of een pijnlijke periode in je relatie.

Stel je eens voor dat jij een vlieg op de muur bent die voor de *Vliegenkrant* verslag doet van het incident. Hoe zou de dans er dan uitzien en hoe gaan jouw danspassen? Protesteer je of trek je je terug? Merk je dat je kritisch wordt en je partner probeert te veranderen? Of sluit je je juist af en zeg je tegen jezelf dat verlangen naar geruststelling riskant is en je er maar beter niet aan kunt toegeven? We doen deze dingen allemaal weleens.

Waar het om gaat, is dat je flexibel bent en je eigen danspassen ziet, en ook het effect dat ze op anderen hebben. Ik wil je aanmoedigen om moedig te zijn: kijk goed naar jezelf en ga na hoe je meestal reageert. Dat is de reactie die als eerste in je opkomt, zonder dat je er eerst over nadenkt. Dat is de reactie die je gevangen kan houden in een vicieuze cirkel van verlies van verbondenheid met de persoon van wie je het meeste houdt. Deze reacties kunnen per relatie verschillen, maar denk nu even aan je band met de persoon die je het dierbaarst is, en hoe je op die persoon reageert als je je onzeker voelt over je verbinding met hem of haar.

Een afstandelijke houding is soms het moeilijkst te herkennen als je zelf degene bent die afstand neemt. Misschien trek jij je in jezelf terug en probeer je jezelf te kalmeren door de buitenwereld buiten te sluiten? Soms is dat heel nuttig, tenzij het een automatische reactie wordt en je het steeds moeilijker gaat vinden om open en ontvankelijk te blijven. Dan kan die terugtrekkende beweging ervoor zorgen dat je in de protestpolka terechtkomt. Al gauw zal je partner je nodig hebben en het gevoel hebben dat hij of zij wordt buitengesloten en aan zijn of haar lot wordt overgelaten.

Kun je je een concreet voorval herinneren waarbij dat terugtrekken en niet reageren je in een relatie heeft geholpen? Wat gebeurde er nadat je je had teruggetrokken? Meestal zien we die strategie als een poging tot het vermijden van een ruzie die, zo vrezen we, zou kunnen escaleren en de relatie zou kunnen bedreigen. Kun je je ook momenten herinneren waarop die ontwijkende en teruggetrokken houding niet werkte? Wat gebeurde er toen bij jou en in de dans met je partner? Als je het aandurft, kun je sommige antwoorden op deze vragen met je partner delen. Lopen jullie weleens vast in de polka? Neem jullie danspassen eens goed onder de loep. Kun je de hele vicieuze cirkel in beeld krijgen? Beschrijf hem eens in eenvoudige bewoordingen door in onderstaande zin telkens een woord op de open plekken in te vullen:

**Naarmate ik meer** _____**, ga jij meer** _____**, waarop ik dan weer meer** _____**, enzovoort.**

Bedenk zelf een naam voor jullie dans en probeer met elkaar te bespreken hoe de dans het gevoel van veilige verbondenheid in je relatie aantast. Hoe verandert de dans de emotionele muziek tussen jullie?

Todd zegt bijvoorbeeld dat seks voor hem de beste manier is om verbinding te maken. Hij is in bed veel zekerder van zichzelf dan wanneer hij met zijn vrouw over zijn gevoelens praat. Hij onderkent zijn belangrijkste danspas in de polka: 'Ik ga achter je aan voor de seks. Maar heus niet alleen om aan mijn trekken te komen. Het is mijn manier om te voelen dat ik dicht bij je ben. En als je me afwijst, dring ik aan en zeur ik om een verklaring. En hoe meer ik dat doe, hoe meer jij je terugtrekt en afstand houdt.'

Zijn vrouw Bella antwoordt: 'Ja, en hoe meer jij mij bekritiseert en dingen gaat eisen, hoe meer druk ik ervaar. Dus ontwijk ik je steeds meer. En dan ga jij nog meer pushen en word je nog wanhopiger, en zo gaat het maar door. Bedoel je dat?'

Todd vindt dit wel een goede omschrijving van hun polka. Ze besluiten hem de 'maalstroom' te noemen. Die naam geeft naar hun idee aan hoe geobsedeerd Todd raakt door de seksuele beschikbaarheid van zijn vrouw, en hoe geobsedeerd zij raakt door haar poging om hem op afstand te houden. Vervolgens kan Todd tegen haar zeggen dat hij zich steeds meer afgewezen voelt en hoe boos hij daardoor kan worden, en Bella zegt dat ze zich 'verstijfd' en eenzaam voelt in hun huwelijk.

Hoe zou een gesprek tussen jou en je liefdespartner over jullie danspassen in jullie protestpolka verlopen? En mochten jullie in de polka vastlopen, zijn er dan toch momenten waarop jullie eruit kunnen stappen, de dans kunnen beëindigen en op een andere manier met elkaar kunnen communiceren? Zijn er momenten waarop je het aandurft om openlijk te vragen om toenadering en geborgenheid, of om je gevoelens en je behoeften aan je partner duidelijk te maken in plaats van je terug te trekken? Wat maakt zulke momenten mogelijk? Wat kun je doen om de polka te voorkomen? Probeer daar samen eens achter te komen. Bestaat er iets waardoor jullie je veiliger voelen, zodat het gevoel dat je niet meer met elkaar verbonden bent er niet meteen voor zorgt dat jullie polka in gang wordt gezet? Het is van belang de hechtingssignalen die achter de polka schuilgaan te herkennen. Juan kwam bijvoorbeeld tot de ontdekking dat het volstond om tegen zijn vrouw Anna te zeggen: 'Ik zie dat je echt overstuur bent en iets van me nodig hebt, maar ik weet niet hoe ik daarmee moet omgaan.'

## Duivelse dialoog 3 – Verstijf en vlucht

Soms hoor ik bij een echtpaar in mijn spreekkamer niet de vijandigheid die zo kenmerkend voor de 'zoek-de-boef'-dans is, of het krankzinnige ritme van de protestpolka, maar alleen een dodelijke stilte. Als we de vergelijking van een relatie met een dans nog even doortrekken, kunnen we zeggen dat beide partners in dit geval de dansvloer verlaten hebben. Het is alsof er niets meer op het spel staat, alsof niemand meer belang heeft bij de dans. Maar er hangt wel een voelbare spanning in de lucht en de pijn is van de gezichten van het betreffende stel af te lezen. Deskundigen op het gebied van emoties zeggen dat we wel kunnen proberen onze emoties te onderdrukken, maar dat dit gewoon niet lukt. Freud zei al dat ze uit al onze poriën naar buiten komen. Wat ik in zo'n situatie zie, is dat beide partners zich in een statische toestand van verdediging en ontkenning hebben teruggetrokken. Ze zijn allebei alleen nog maar gericht op zelfbescherming en proberen te doen alsof ze niets voelen of niets nodig hebben.

Dat is de 'verstijf-en-vlucht'-dans, die vaak uit de protestpolka voortkomt. Dat gebeurt op het moment waarop de kritische partner die de ander pusht zijn of haar best niet meer doet om de aandacht van de ander te trekken en zich stil gaat houden. Als dit patroon niet wordt doorbroken, zal de agressieve partner eerst om de relatieproblemen treuren en zich vervolgens losmaken en vertrekken. In deze fase zijn beide partners meestal heel beleefd tegen elkaar. Ze kunnen wat praktische dingen betreft best samenwerken, maar als er niets aan de relatieproblemen wordt gedaan, is het een gedane zaak. Soms komt de partner die zich het meest terugtrekt uiteindelijk tot het besef dat er geen enkele positieve of negatieve emotionele verbondenheid meer is, ook al lijkt alles koek en ei. Dat is vaak degene die ermee instemt om naar een therapeut te gaan of een boek als dit te gaan lezen.

De extreme afstandelijkheid die de 'verstijf-en-vlucht'-dans kenmerkt, is een reactie op het verlies van verbondenheid en de onmacht die wordt ervaren als beide partners weer proberen die verbondenheid te herstellen. Meestal probeert de ene partner de andere tot verbinding aan te zetten, en protesteert daarmee dus tegen het gebrek aan verbondenheid. Deze partner treurt in eenzaamheid en zegt dat hij of zij niet meer in staat is om nog iets te voelen; hij of zij voelt zich verstijfd. De andere partner is verstrikt geraakt in de teruggetrokken houding die op een gegeven moment een gewoonte is geworden en probeert de groeiende afstand tussen beide partners te ontkennen. Ze proberen elkaar niet meer te bereiken. Ze nemen geen risico's meer. Dus wordt er ook niet meer gedanst. Als het stel in kwestie geen hulp krijgt en dit patroon zo doorgaat, komt er een moment waarop het vertrouwen met geen mogelijkheid meer hersteld kan worden. De toch al afbrokkelende relatie is dan ten dode opgeschreven. Het 'verstijf-en-vlucht'-patroon heeft het einde van de relatie ingeluid.

Terry en Carol gaven toe dat ze nooit echt een 'heel intiem stel' waren. Maar Carol, een stille, intellectuele vrouw, hield vol dat ze herhaaldelijk had geprobeerd om met haar echtgenoot over zijn 'depressie' te praten. Zo zag ze hun emotionele vervreemding. Terry, een rustige en formele man, merkte op dat zijn vrouw al jarenlang wat op hem aan te merken had, met name als het over de opvoeding van de kinderen ging. Ze waren bij mij gekomen omdat ze stevig ruzie hadden gemaakt, wat iets heel bijzonders voor hen was. Het begon met het feit dat Carol voor een feestje een broek wilde aantrekken waar Terry een hekel aan had. Hij gaf te kennen dat als ze die broek toch zou aantrekken, hij daaruit zou concluderen dat ze niet van hem hield en dat ze dan maar moesten scheiden! Vervolgens zei hij op weg naar het feestje dat hij op het punt stond een verhouding met een collega te beginnen, maar dat hij aannam dat dit Carol niets zou kunnen schelen omdat ze toch nooit meer seks hadden. Op haar beurt biechtte Carol op dat ze verliefd was geworden op een oude vriend. Ze wees erop dat Terry haar nooit meer uit genegenheid of voor seks aanraakte.

Tijdens de sessie beschreven ze een leven dat vanwege hun carrières en verantwoordelijkheden als ouders boordevol verplichtingen zat, waardoor het steeds moeilijker was geworden om nog tijd te vinden voor intimiteit en seks. Carol zei dat ze, toen ze eenmaal had gemerkt dat ze 'vreemden' voor elkaar aan het worden waren, had geprobeerd om 'Terry wakker te schudden', zodat hij meer met haar zou praten. Toen dat niet bleek te werken, was ze heel boos geworden. Terry merkte op dat Carol inderdaad al een aantal jaren heel 'kritisch' was, met name over zijn rol als vader, maar dat ze, sinds ongeveer een jaar geleden, gewoon afstandelijk geworden was.

Carol legde uit dat ze uiteindelijk had besloten om haar woede te 'bedwingen' en te accepteren dat het met huwelijken nu eenmaal zo ging. Ze kwam tot de slotsom dat haar echtgenoot haar kennelijk niet aantrekkelijk of interessant genoeg meer vond om door haar geboeid te raken. In zijn reactie daarop sprak Terry verdrietig over Carols hechte band met hun twee kinderen en hij zei dat hij zijn vrouw kennelijk op de een of andere manier was kwijtgeraakt. Ze was moeder, geen echtgenote meer. Hij vroeg zich af of dat kwam doordat hij gewoonweg te serieus en 'te veel met zichzelf bezig' was om met een vrouw te kunnen leven.

Het eigenlijke probleem met het 'verstijf-en-vlucht'-patroon is de hopeloosheid waardoor het wordt gekenmerkt. Beide partners waren tot de conclusie gekomen dat het probleem door henzelf werd veroorzaakt, door hun aangeboren tekortkomingen. De natuurlijke reactie daarop is je verstoppen. Je vindt dat je de liefde van iemand anders blijkbaar niet waard bent en verbergt een deel van jezelf. Misschien weet je nog dat het volgens Bowlby's hechtingstheorie zo is dat de ogen van onze geliefden een spiegel zijn waarin we ons zelfbeeld weerspiegeld zien. De mensen van wie we houden, zijn een spiegel voor ons. Wat is er voor ons zelfbeeld nu belangrijker dan dat?

Doordat Carol en Terry zich steeds verder van elkaar verwijderd en hulpelozer voelden, verstopten ze zich steeds meer voor elkaar. De fundamentele hechtingssignalen die we tussen baby's en ouders en bij geliefden zien, zoals lang naar elkaar kijken en elkaar strelen, waren zwakker geworden en verdwenen uiteindelijk. Terry en Carol zochten tijdens de sessie geen enkele keer oogcontact en zeiden dat ze elkaar al in geen jaren meer spontaan hadden aangeraakt. Omdat ze allebei zo verstandelijk ingesteld waren, was het hun gelukt om het ontbreken van seksueel contact te rationaliseren en om de pijn van het niet meer door de ander begeerd te worden te ontkennen – meestal tenminste. Ze hadden het allebei over symptomen van depressie, en depressiviteit is inderdaad een natuurlijk onderdeel van het verlies van verbondenheid tussen liefdespartners. Na verloop van tijd werd de kloof tussen hen steeds groter en er was steeds meer moed voor nodig om toenadering tot elkaar te zoeken. Carol en

111

Terry beschreven de thema's, de danspassen en de gevoelens die ook naar voren komen bij degene die zich in de protestpolka het meest terugtrekt, maar ze hadden nog diepere twijfels: waren ze het wel waard om bemind te worden? Die twijfel verlamde hen en zorgde voor het 'verstijven' van het protest dat meestal wordt gebruikt om de aandacht van de ander op de destructieve afstandelijkheid tussen beide partners te wijzen.

Toen we in hun verleden doken, beschreven ze allebei een jeugd in een koud, rationeel gezin waarin emotionele afstandelijkheid de norm was. Als ze het gevoel hadden dat ze geen verbinding met de ander hadden, trokken ze zich automatisch terug en ontkenden ze hun behoefte aan emotionele intimiteit. Ons verleden met de mensen die dicht bij ons staan is medebepalend voor onze huidige relaties. Op momenten van verlies van verbondenheid, als we geen veilige toenadering tot onze geliefde kunnen zoeken, vallen we vaak terug op de manier waarop we als kind hebben geleerd om met zo'n situatie om te gaan. Dit maakte het toen mogelijk om ons in ieder geval nog een beetje met onze ouders verbonden te blijven voelen. Als we de emoties voelen die ons vertellen dat onze verbondenheid bedreigd wordt, proberen we die emoties te onderdrukken, vluchten we in verstandelijke redeneringen en zoeken we afleiding. In deze afstandelijke dans wordt het vermijden van emoties een doel op zich. Terry omschrijft het zo: 'Als ik kalm blijf, praten we nooit over gevoelens. Ik wil die doos van Pandora niet openmaken.'

Deze manier om met onze emoties en behoeften om te gaan wordt onze standaardkeuze. Dat gebeurt zo snel dat we niet eens het gevoel hebben dat we ervoor gekozen hebben. Maar als we eenmaal inzien hoe die keuze ons in een destructieve dans met onze geliefde gevangen houdt, kunnen we dat veranderen. De standaardkeuze vormt geen onlosmakelijk onderdeel van onze persoonlijkheid en we hebben geen jarenlange therapie nodig om inzicht in het proces te verwerven en andere keuzes te maken.

Terry sprak over zijn al wat oudere, vijandige vader en zijn moeder die een bekende politica was. Hij reageerde niet toen ik hem vroeg wanneer hij ooit het gevoel had gehad een hechte band met zijn moeder te hebben. Het enige wat hij zich kon herinneren was dat hij haar op tv zag. Hij móést wel leren omgaan met afstandelijkheid en zijn behoefte aan troost en intimiteit naast zich neerleggen. En hij had zijn les goed geleerd. Maar deze overlevingsstrategie, die hij als kind toepaste, was een ramp voor zijn huwelijk. En ook Carol zag nu in dat ze 'vanbinnen was verwelkt' toen ze haar behoefte aan aanraking en verbondenheid had 'uitgeschakeld'.

Het ging net als met de andere dansen. Toen Carol en Terry eenmaal hadden begrepen hoe hun eigen danspassen hen van elkaar vervreemdden, begonnen ze een beetje hoop te koesteren en konden ze elkaar hun gevoelens laten zien. Carol kon nu toegeven dat ze 'het had opgegeven' en dat ze 'een muur had opgetrokken' tussen haar en Terry, om het gevoel van afwijzing te verzwakken. Ze bekende dat ze zich op de kinderen had geconcentreerd om haar verlangen naar lichamelijke en geestelijke verbondenheid te bevredigen. En Terry zei hoe geschokt hij was toen hij dat hoorde en dat hij nog steeds hevig naar zijn vrouw verlangde. Ze zagen nu allebei hoeveel invloed ze op elkaar hadden en ze beseften dat ze nog steeds belangrijk voor elkaar waren. Na een paar nieuwe risico's genomen te hebben en na nog een paar ruzies vertelde Carol me: 'We voelen ons allebei veiliger. Zo'n ruzie is niet leuk, maar het is wel veel beter dan die ijzige leegte, die voorzichtige stilte.' En Terry merkte op: 'Ik denk dat we die vicieuze cirkel waarin we gevangenzaten, kunnen doorbreken. Het doet ons allebei pijn, we maken elkaar bang en we sluiten de ander buiten, maar dat hoeft niet zo te blijven.'

Om opnieuw te beginnen moeten we eerst ontdekken hoe we de kuil graven waar we steeds weer in vallen, hoe we onszelf hebben beroofd van de liefde die we zo hard nodig hebben. Het besluit om die negatieve spiraal van het verlies van verbondenheid, die ellendige dans te stoppen, is het begin van een hechtere band.

## SPEL EN OEFENING

Komt het 'verstijf-en-vlucht'-patroon je bekend voor? En zo ja, waar heb je geleerd je behoefte aan emotionele verbondenheid te n en als onbelangrijk te zien? Van wie heb je dat geleerd? Op welke momenten voel je je het eenzaamst? Kun je de moed opbrengen om de antwoorden op die vragen met je partner te delen? Als je dat aandurft, heb je een middel in handen tegen het afzwakken van je emoties of het weglopen voor je hechtingsbehoeften. Kan je partner jou daar op de een of andere manier mee helpen?

Kun je samen met je partner een signaal vinden dat jullie afstandelijke dans in gang zet? Dat kan iets heel eenvoudigs zijn, zoals het afwenden van je blik. En kun je ook precies onder woorden brengen hoe jij je partner van je af duwt of het voor hem of haar gevaarlijk maakt om dichterbij te komen?

Wat zeg je tegen jezelf als je je emotioneel hebt teruggetrokken om die verwijdering van elkaar te rechtvaardigen en om jezelf ervan te weerhouden om naar je partner uit te reiken? Soms kom je zo tot uitspraken over wat liefde voor jou inhoudt en hoe je je in een liefdesrelatie zou moeten gedragen. Deze zienswijze hebben we van onze ouders overgenomen of is ons door onze cultuur ingeprent. Kun je jouw zienswijze met je partner delen?

Kun je een lijst opstellen van alle dingen die deze dans je ontneemt? Als we verliefd worden en bereid zijn om alles in het werk te stellen om bij onze geliefde te kunnen zijn, maken we ons vaak een voorstelling van emotionele intimiteit. Dat is iets om te onthouden, net zoals we onze hoop en ons verlangen onthouden. Wat heeft deze negatieve dans met die gevoelens gedaan?

En de laatste oefening van dit hoofdstuk: ga na welke van de drie dansen (de 'zoek-de-boef'-dans, de protestpolka of de 'verstijf-en-vlucht'-dans) je huidige liefdesrelatie het meest bedreigt. Bedenk daarbij dat het niet gaat om de feitelijke aanleiding voor een ruzie (bijvoorbeeld de kinderen, jullie seksleven of jullie carrière). Uiteindelijk gaat het altijd om de sterkte en de veiligheid van de emotionele band tussen jou en je partner. Het gaat om toegankelijkheid, ontvankelijkheid en emotionele betrokkenheid. Probeer het patroon dat jullie relatie beheerst eens samen te vatten door de lege plekken in onderstaande zinnen in te vullen. Maak er vervolgens een verhaaltje van dat typerend is voor jou en je relatie. Deel dat verhaaltje met je partner.

**Als** _____**, ervaar ik onze verbinding niet als veilig.**
Vul het signaal in dat het verlies van verbondenheid veroorzaakt, bijvoorbeeld: 'als je zegt dat je te moe bent voor seks en we al een paar
weken niet hebben gevreeën', 'als we ruziemaken over jouw manier
van opvoeden', of: 'als we al dagenlang niet echt met elkaar gepraat
hebben'. Geen hoogdravende, algemene of abstracte verklaringen of
verhulde beschuldigingen, dus het mag niet iets zijn in de trant van
'als je weer eens moeilijk doet'. Dan speel je vals. Wees concreet en
specifiek.

**Ik heb de neiging om** _____**. Dat doe ik omdat ik**
**probeer om te gaan met moeilijke gevoelens en een manier pro-**
**beer te vinden om onze dans te veranderen.** (Vul hier een handeling in, bijvoorbeeld: te klagen, te vitten, me terug te trekken, jou te
negeren, weg te lopen).

**Wat ik dan over onze relatie zeg, is** _____**.** (Vul hier
de meest dramatische conclusie in die je je kunt voorstellen, bijvoorbeeld: 'dat onze relatie je niets kan schelen,' 'dat ik niet belangrijk
voor je ben,' 'dat ik het nooit goed doe in jouw ogen'.)

**Wat ik begrijp van de vicieuze cirkel die het steeds moeilijker**
**maakt om ons op een veilige manier met elkaar te verbinden is dat**
**als ik doe wat ik hierboven heb aangegeven, jij** _____**.**
(Kies een handeling, bijvoorbeeld: je afsluit, mij tot een reactie
dwingt.)

**Hoe meer ik** _____**, hoe meer jij**_____**.**
**En dan zitten we allebei opgezadeld met pijn en voelen we ons**
**alleen.** (Vul hier werkwoorden in die jouw eigen danspassen en die
van je partner beschrijven.)

**Misschien kunnen we elkaar waarschuwen als de dans weer be-**
**gint. We kunnen de dans** _____ **noemen. Het her-**
**kennen van de dans is de eerste stap op weg naar het doorbreken**

**van de vicieuze cirkel die ons verlies van verbondenheid in stand houdt.**

Als het je eenmaal lukt om deze negatieve patronen te identificeren en in te zien dat jullie er allebei in gevangenzitten, kun je leren ze te doorbreken.

Het volgende gesprek gaat dieper in op de sterke emoties die deze negatieve dansen maar laten doorgaan, met name hechtingsangst.

# Tweede gesprek:
# De pijnplekken vinden

*'Onderbrekingen van hechting zijn gevaarlijk... net als een beschadigd*
*hoornvlies leidt een breuk in de relatie tot heftige pijn.'*
– Thomas Lewis, Fari Amini en Richard Lannon,
A General Theory of Love

*'Alleen gewonde soldaten kunnen de liefde dienen.'*
– Brennan Manning, Abba's Child: The Cry of the Heart
for intimate Belonging

Op het gebied van de liefde zijn we allemaal kwetsbaar; dat hoort
er gewoon bij. In onze omgang met de mensen van wie we houden
voelen we ons op emotioneel vlak naakt, dus is het onvermijdelijk
dat we elkaar soms kwetsen als we niet goed letten op wat we zeggen of doen. Dat steekt, maar de pijn is meestal oppervlakkig en van
voorbijgaande aard. We hebben bijna allemaal minstens één speciaal
overgevoelig plekje, een pijnplekje op onze emotionele huid, waar
anderen niet aan mogen komen, dat gemakkelijk beschadigd raakt
en buitengewoon pijnlijk is. Als die pijnplek een schaafwond op-
loopt, kan het bloed door onze relatie heen sijpelen. We verliezen
ons emotionele evenwicht en storten ons in duivelse dialogen.

Wat is een pijnplek precies? Ik definieer een pijnplek als een overgevoeligheid die is ontstaan door momenten in iemands vroegere
of huidige relaties waarop een hechtingsbehoefte herhaaldelijk verwaarloosd, genegeerd of weggewimpeld is, wat ertoe heeft geleid
dat die persoon wat ik dan noem de twee V's voelt: (emotionele)

verwaarlozing en verlatenheid. Die twee V's kunnen voor iedereen pijnplekken worden.

Deze gevoeligheden komen dikwijls voort uit vroegere pijnlijke relaties met personen die belangrijk voor ons waren, met name onze ouders, die ons het eerste voorbeeld gaven van wat een liefdevolle relatie is. Maar denk bijvoorbeeld ook aan broers en zussen en andere familieleden, en natuurlijk aan vroegere en huidige partners. Zo vielen kortgeleden de ogen van mijn echtgenoot John dicht terwijl ik hem nota bene iets aan het vertellen was. Ik ontplofte, ik was razend. Hij was moe en slaperig, maar ik zat ineens weer in het verleden, toen een ex van mij van het ene op het andere moment in slaap viel als ik een serieus onderwerp probeerde aan te snijden. Dat in slaap vallen was een niet al te subtiele manier van zich terugtrekken, waardoor onze verbinding ernstig werd aangetast. Die ervaring maakte me extra waakzaam: zo'n plotselinge slaapaanval betekent voor mij dat ik me emotioneel in de steek gelaten voel.

François, een van mijn cliënten, is zeer gevoelig voor signalen die hem zouden kunnen vertellen dat zijn vrouw Nicole hem wellicht niet meer aantrekkelijk vindt, of dat ze interesse in een andere man krijgt. In zijn – slechte – eerste huwelijk was zijn vrouw hem talloze malen openlijk ontrouw geweest. Nu raakt hij hevig in paniek als Nicole op een feestje bijvoorbeeld vriendelijk tegen zijn beste vriend staat te lachen, of als ze niet thuis is als hij dat wel verwacht.

Linda klaagt dat ze zich echt gekwetst voelt als haar man Jonathan 'me niet regelmatig vertelt dat ik er leuk uitzie of dat ik iets goed gedaan heb. Ik voel me ineens overweldigd door pijn en dan word ik rancuneus en ga op je vitten,' zegt ze tegen hem. Volgens Linda is haar overgevoeligheid op haar moeder terug te voeren. 'Die heeft me nooit een complimentje gegeven of me voor iets geprezen, en ze zei altijd dat ik lelijk was. Ze vond dat je mensen nooit moet prijzen, want dan doen ze hun best niet meer. Ik snakte naar haar erkenning en nam het haar kwalijk dat ze me die niet gaf. Ik denk dat ik die erkenning nu van jou verlang. Dus als ik me helemaal heb opgedoft en je vraagt hoe ik eruitzie en jij me wegwuift, dan doet dat pijn. Je weet dat ik behoefte heb aan een pluimpje, maar dat wil je me niet geven.

Zo voelt het tenminste. Ik kan die dingen niet in het juiste perspectief zien; daarvoor steken ze te veel.'

Mensen kunnen diverse pijnplekken hebben, maar meestal is er een die de vicieuze cirkel waarin liefdespartners verzeild kunnen raken veroorzaakt. Voor Steve is het bijvoorbeeld een flinke klap als zijn vrouw Mary zegt dat ze wel wat vaker seks zou willen hebben. Je zou dat verlangen als zeer positief kunnen zien, maar Steve ervaart het als een geleid projectiel dat zijn zelfvertrouwen op seksueel gebied aan flarden schiet. Zijn amygdala schreeuwt uit: 'Dekking zoeken!' en dat doet hij dan ook. Steve reageert op Mary door zich af te sluiten en haar buiten te sluiten. 'Het voelt dan opeens weer alsof ik in mijn eerste huwelijk zit, toen ik te horen kreeg dat ik een enorme teleurstelling was en twijfels kreeg over vrijwel alles wat ik deed, maar vooral over mijn prestaties in bed.' Een herinnering uit zijn jeugd maakt die pijnplek nog gevoeliger: Steve was de kleinste van de klas en zijn vader vroeg hem in het bijzijn van zijn broers steeds: 'Heb ik het nu tegen Steve of tegen Stefanie?' Die ervaring gaf hem het gevoel dat hij 'niet mannelijk genoeg was voor een vrouw'.

Pijnplekken herinneren je niet altijd aan wonden uit het verleden. Ze kunnen ook ontstaan in je huidige relatie, als je je emotioneel verwaarloosd of verlaten voelt, zelfs wanneer je relatie gelukkig te noemen is. Pijnplekken kunnen ontstaan bij grote veranderingen of crises, zoals het krijgen van een kind of ziekte, of het verlies van een baan, dus in situaties waarin we een sterke behoefte hebben aan de steun van onze partner terwijl die uitblijft. Ze kunnen zich ook ontwikkelen als een partner voortdurend onverschillig lijkt te zijn, wat een sterk gevoel van pijn veroorzaakt, die zelfs bij kleinigheden al kan opspelen. Als je partner niet op je signalen reageert, kan je emotionele huid flink beschadigd raken.

Jeff en Milly hadden een uitstekende relatie, totdat Jeffs beste vriend de promotie kreeg waar Jeff zo hard voor gewerkt had en Jeff in een depressie terechtkwam. In plaats van hem troost en geruststelling te bieden, drong Milly er in haar bezorgdheid voortdurend op aan dat hij 'het gewoon van zich af moest zetten'. Ze hadden deze crisis overwonnen en hun hechte band weer hersteld, maar de ervaring had Jeff gevoelig gemaakt voor de reactie van zijn vrouw als hij liet zien dat hij ergens mee zat. Zijn plotselinge, ogenschijnlijk onredelijke woede-uitbarstingen op momenten dat hij vindt dat Milly hem niet voldoende steunt, zorgen er binnen de kortste keren voor dat zij zich in een defensief zwijgen terugtrekt en dat ze het gevoel heeft dat ze als echtgenote tekortschiet. Je ziet al aankomen wat er gebeurde: ze raakten verzeild in een duivelse dialoog.

Helen was helemaal kapot toen ze van een therapeut te horen kreeg dat zij schuld had aan het drankprobleem van haar zoon, een puber. Tijdens een sessie waarin de problemen in kaart werden gebracht, onderschreef Sam, Helens doorgaans zo liefhebbende echtgenoot, de visie van de therapeut. Toen Helen later tegen hem zei hoezeer ze zich gekwetst had gevoeld, liet Sam zich verleiden tot het rechtvaardigen van zijn mening. Dat leidde tot een reeks pijnlijke discussies. Helen besloot toen haar 'dwaze' trots opzij te zetten en zich te concentreren op de mooie kanten van haar huwelijk, en ze dacht dat haar dat ook was gelukt. Maar het is moeilijk om belangrijke emoties te onderdrukken, en dergelijke pogingen hebben vaak een toxisch effect op een relatie. Helens gekwetstheid weet zich toch een weg naar buiten te banen. Ze blijft maar zeuren om Sams mening over alles wat ze doet en laat, en Sam weet dan niet zo goed wat hij moet zeggen, dus zegt hij steeds minder. En voor ze het weten, maken ze ruzie over van alles en nog wat. Sam beschuldigt Helen ervan dat ze steeds meer op haar 'paranoïde' moeder gaat lijken. Helen voelt zich steeds ellendiger en eenzamer.

De pijnplekken van Jeff en Helen worden aangeraakt, maar dat hebben ze zelf niet in de gaten. Wonderlijk genoeg overkomt ons dat ook vaak. We weten zelfs niet eens dat we pijnplekken hebben. We zijn ons alleen bewust van onze secundaire reactie op een irritatie: we stompen af, worden defensief en trekken ons terug, of we reageren met een boze uithaal. Dit terugtrekken en deze woede zijn de belangrijkste kenmerken van de duivelse dialogen, en ze maskeren de emoties die in onze kwetsbaarheid centraal staan: verdriet, schaamte en vooral angst.

Als je merkt dat jij en je partner voortdurend in een duivelse dialoog vervallen, kun je er zeker van zijn dat dit wordt aangewakkerd door pogingen om de pijn van een van jouw zere plekken te verwerken of, waarschijnlijker, van zere plekken van jullie beiden. En jammer genoeg is het haast onvermijdelijk dat jullie elkaars pijnplekken raken. Als jij er een bij je geliefde raakt, raakt zijn of haar reactie er meestal een in jou.

Kijk eens naar Jessie en Mike, die sinds Jessies twaalf jaar oude dochter bij hen is komen wonen bijna niets anders meer doen dan ruziemaken. Jessie zegt: 'Van het ene op het andere moment is Mike veranderd van een warme en tedere man in een tiran. Hij commandeert en legt mijn kind allerlei leefregels op. Als hij thuis is, schreeuwt hij alleen nog maar. Hij lijkt sprekend op al die gewelddadige kerels in mijn familie. Ik kan er absoluut niet tegen als iemand de hele tijd loopt te schreeuwen en bevelen uitdeelt. Niemand heeft mij ooit beschermd, maar ik kan mijn eigen kind wel beschermen.'

Mike gaat heen en weer tussen droevige liefdesbetuigingen aan zijn vrouw, ook al wil ze soms dagenlang niet met hem praten, en verontwaardigde tirades waarbij hij roept dat hij nooit de rol van vader voor haar onmogelijke en brutale dochter voor zijn rekening heeft willen nemen. Hij ontsteekt helemaal in woede als hij vertelt dat hij Jessie jarenlang in de watten heeft gelegd om vervolgens te merken dat hij 'voor haar niet bestaat als dat kind in de buurt is'. Hij herinnert zich dat hij ooit een aanval van gordelroos heeft gehad, maar Jessie had het volgens hem toen zo druk met de probleempjes van haar dochter dat ze hem geen aandacht gaf. Door voltreffers op elkaars pijnplekken af te vuren, zijn Jessie en Mike in de protestpolka terechtgekomen.

Tom en Brenda's pijnplekken hebben hen in een andere duivelse dialoog gestort, de 'verstijf-en-vlucht'-dans. Brenda is helemaal geobsedeerd door hun pasgeboren baby. Toms pogingen om ook wat aandacht te krijgen irriteren haar, en op een avond komt het tot een uitbarsting. Ze heeft genoeg van zijn eisen, zegt ze, en ze noemt hem 'oversekst' en 'een stumper'.

Tom is helemaal uit het veld geslagen. Hij mag er dan wel aantrekkelijk uitzien, maar hij is nogal verlegen en onzeker met vrouwen. Hij heeft het altijd nodig gehad om zich door Brenda begeerd te voelen. Hij reageert: 'Oké, oké. Kennelijk houd je niet meer van me en was alles wat we de laatste jaren hebben gehad alleen maar komedie. Ik heb jouw omhelzingen niet nodig. Ik hoef helemaal niet bij jou te zijn. Ik ga dansen, dan kun jij lekker voor de baby zorgen.' Hij laat sporen in huis achter die erop wijzen dat hij wat met een vrouw in zijn ballroomdansgroep heeft.

Brenda heeft zich altijd een niet al te aantrekkelijk meisje gevoeld en heeft zich steeds afgevraagd waarom een knappe en succesvolle vent als Tom voor haar gekozen heeft. Ze is doodsbang en richt zich steeds meer op de baby. Tom en Brenda spreken nauwelijks nog met elkaar. Doordat ze hun pijnplekken voortdurend afschermen, is de liefdevolle ontvankelijkheid waar ze allebei zo naar verlangen onbereikbaar.

Als we deze destructieve dynamiek een halt willen toeroepen, moeten we niet alleen de duivelse dialoog onderkennen en ombuigen (zie het eerste gesprek), maar ook onze pijnplekken vaststellen en er aandacht aan besteden. Daarnaast moeten we onze partner helpen en aanmoedigen om dat ook te doen. Mensen die zijn opgegroeid in de beschutte omgeving van veilige en liefdevolle relaties kunnen die open wonden gemakkelijker laten genezen. Ze hebben er niet zo veel en niet zulke diepe. En als ze eenmaal begrijpen wat er aan die negatieve interactie met hun geliefde ten grondslag ligt, kunnen ze er snel een einde aan maken en hun pijn verzachten. Maar voor mensen die getraumatiseerd zijn of ernstig verwaarloosd door de mensen van wie ze hielden of van wie ze afhankelijk waren, is dat een langduriger en moeizamer proces. Hun pijnplekken zijn zo groot en gevoelig, dat het voor hen een enorme opgave is om hun angsten onder ogen te zien en te vertrouwen op de steun van hun partner.

Kal, een oorlogsveteraan die in zijn jeugd misbruikt is, zegt: 'Ik ben één grote open wond. Ik hunker naar troost, maar als mijn vrouw me echt aanraakt, weet ik niet of het een streling is of een nieuwe wond.'

Toch zijn we geen gevangenen van ons verleden. We kunnen op een positieve manier veranderen. Recent onderzoek van onder meer Joanne Davila, psychologe aan de State University van New York in

Stony Brook, bevestigt wat ik ook in mijn spreekkamer zie: dat we met behulp van een liefhebbende partner ook diepe wonden kunnen helen. We kunnen met de hulp van een ontvankelijke partner die ons helpt bij het omgaan met pijnlijke gevoelens, een basisgevoel van veilige verbondenheid 'verdienen'. Liefde kan ons echt transformeren. En aangezien God de ultieme liefdesbron is, kan ons geloof ons helpen bij het omgaan met pijnplekken. Hierdoor kan er weer een positieve verbinding ontstaan. Uitreiken naar God en geruststelling vinden in onze relatie met Hem kunnen ervoor zorgen dat we ons weer gewaardeerd en bijzonder voelen, zodat onze kwetsbaarheid wordt verzacht. Als William wordt geraakt doordat zijn vrouw zijn inspanningen om haar te plezieren kennelijk afwijst, wendt hij zich door middel van gebed tot God. Hij put kracht uit zijn geloof en wordt eraan herinnerd dat hij in Gods ogen bijzonder is.

## Hoe weet je dat er een pijnplek wordt geraakt?

Er zijn twee signalen die erop duiden dat jouw pijnplek of die van je partner is geraakt. In de eerste plaats treedt er plotseling een radicale verandering op in de emotionele toon van het gesprek. Jullie zaten net nog grappen te maken en nu is een van jullie van streek of woedend, of juist afstandelijk en koel. Je bent uit je evenwicht geslagen. Het is alsof de spelregels zonder dat je het in de gaten hebt zijn veranderd. De gekwetste partner zendt nieuwe signalen uit en de ander probeert te begrijpen wat er aan de hand is. Ted zegt bijvoorbeeld: 'We zitten in de auto gewoon wat te praten en ineens daalt de temperatuur in de auto tot ver onder nul. Dan kijkt ze bijvoorbeeld weg van me, naar buiten, haar mond in een strakke lijn, nors, alsof ze liever had dat ik niet bestond. Hoe komt zoiets nou toch?'

In de tweede plaats lijkt de reactie op wat de ander doet of zegt volledig buiten proporties. Marla vertelt bijvoorbeeld: 'Meestal vrijen we op vrijdagavond. Dus ik wachtte op Pierre, maar toen raakte ik verwikkeld in een telefoongesprek met mijn zus, die erg van streek was. Dat duurde ongeveer een kwartier. Pierre kwam naar beneden en ontplofte zowat. Zoals gewoonlijk kregen we weer ruzie. Hij is gewoon onredelijk als hij zo doet.' Maar dat is niet zo. Marla begrijpt gewoon de logica van de liefde nog niet en Pierre kan zijn pijn niet verklaren, niet aan zichzelf en niet aan zijn vrouw. Hij zegt: 'Mijn verstand zegt: "Waar maak je je eigenlijk druk om? Doe even rustig, joh!" Maar ik zit dan al tegen het plafond.'

Dit zijn allemaal signalen van het feit dat er plotseling basale hechtingsbehoeften en -angsten de kop opsteken. Onze diepste en sterkste emoties krijgen ons plotseling in hun macht.

Om onze pijnplekken echt te begrijpen, moeten we de diepere emoties achter die gevoeligheid nader bekijken, ze met zachte hand blootleggen en stap voor stap onderzoeken, zodat we ermee kunnen leren omgaan. Als we dat niet doen, schieten we heel snel in een defensieve reactie, meestal woede of verlamming. Hierdoor krijgt onze partner een volkomen verkeerd signaal. In een onveilige relatie verbergen we onze kwetsbaarheid, zodat onze partner ons nooit echt ziet.

Laten we eens stap voor stap nagaan wat er gebeurt als onze pijnplek wordt geraakt.

1. Een hechtingssignaal eist onze aandacht op, activeert ons hechtingssysteem, en legt onze verlangens en angsten bloot. Een hechtingssignaal kan van alles zijn wat je emoties losmaakt, zoals een blik, iets wat je partner zegt of een verandering van de emotionele toon van een gesprek met je partner. Hechtingssignalen kunnen positief of negatief zijn en goede of slechte gevoelens opwekken. Een hechtingssignaal dat een pijnplek raakt, activeert een alarm. 'Er gebeurt iets vreemds, iets slechts, iets pijnlijks,' zegt je brein. Het alarmbelletje kan gaan rinkelen als je een 'kritische' toon in de stem van je geliefde hoort of als je partner zich precies op het moment dat jij om een knuffel vraagt van je afwendt. Marie zegt tegen haar man Eric: 'Ik weet dat je zorgzaam voor me wilt zijn en dat ben je ook. Je praat met me over mijn problemen. En alles gaat prima, totdat je zegt: "Luister…," op dat toontje alsof ik een dom kind ben dat niets weet. Dan is het net alsof ik door een speld geprikt word. Ik krijg dan het gevoel dat je geen geduld met me hebt, dat je denkt dat ik dom ben. En dat doet pijn.' Dat is nieuw

voor Eric: hij dacht dat ze ruzie hadden omdat ze het niet eens was met zijn opvattingen.

2. Ons lichaam reageert. Mensen zeggen dan: 'Mijn maag draait om en ik hoor dat mijn stem schril wordt,' of: 'Ik word koud en stil.' Soms kunnen we alleen door naar ons lichaam te luisteren achterhalen hoe we ons voelen. Een heftige emotie mobiliseert het lichaam. Het wordt bliksemsnel in zijn overlevingsmodus gebracht. Elke emotie heeft haar eigen fysiologische kenmerken. Als we bang zijn, stroomt het bloed naar de benen; als we boos worden, stroomt het naar de handen.

3. Ons verstand, voor in ons brein, in de prefrontale cortex, reageert wat traag. Maar als het verstand het emotionele brein, de amygdala, eenmaal heeft 'ingehaald', gaat het analyseren wat er precies aan de hand is. Dan beoordelen we onze eerste indruk nog eens en gaan we na wat het hechtingssignaal ons te zeggen heeft over de veiligheid van de band die we met onze partner hebben. Carrie komt langs die weg tot catastrofale conclusies. Ze zegt: 'Net als het lijkt dat we zover zijn dat we gaan vrijen, zeg je dat je te moe bent. Dan raak ik helemaal van streek. Alsof je me niet meer wilt. Alsof ik gewoon een van je kameraadjes ben. Ik ben niet bijzonder voor je.' Haar man Derek zegt: 'Mag ik niet gewoon moe zijn?' En Carrie antwoordt: 'Niet als je de hele avond met me hebt zitten flirten en bepaalde verwachtingen gewekt hebt. Als het er dan toch niet van komt, heb ik wat hulp nodig om daarmee om te gaan. Ik wil dan niet in mijn boosheid blijven hangen.'

4. We komen op een bepaalde manier in beweging, naar onze geliefde toe, of juist weg van haar of hem, of tegen hem of haar in. Die actiebereidheid zit in elke emotie ingebakken. Woede beweegt ons ertoe naar de ander toe te gaan en te gaan vechten. Schaamte zorgt ervoor dat we ons terugtrekken en ons verstoppen. Angst doet ons vluchten of verstijven, of in extreme omstandigheden omdraaien en de tegenaanval inzetten. Verdriet zet ons aan tot treuren en loslaten. Hannah zegt over de ruzies met haar man: 'Ik wil alleen maar wegrennen. Ik kan dan niet bij hem in de buurt zijn. Als ik zijn boze gezicht zie, ben ik al weg. Hij zegt dat ik hem

dan afwijs, maar ik hoef de woede in zijn stem maar te horen of mijn voeten komen al in beweging. Ik kan dan niet naar hem blijven staan luisteren.'

Dit alles gebeurt in een fractie van een seconde. Charles Darwin, die gefascineerd was door de heftigheid van emoties en hun rol in de strijd om te overleven, wilde weleens weten hoeveel controle hij over zijn eigen emoties had. Daarvoor nam hij plaats voor de glazen wand van het terrarium in de Londense dierentuin, waarin een reuzenadder was ondergebracht, en probeerde telkens om niet terug te deinzen als de adder hem aanviel. Dat lukte hem nooit. Zijn lichaam reageerde altijd met de angstreflex, ook al zei zijn gezonde verstand hem dat hij volkomen veilig was.

Hoe werkt dat in een relatie? Op een open en teder moment hoor ik mijn partner opeens een kritische opmerking maken. Ik voel hoe mijn lichaam verstijft. Het voelen van de pijn en mijn terugtrekkende beweging hebben minder dan tweehonderdste van een seconde in beslag genomen (dat is ongeveer de tijd die volgens wetenschappers nodig is om iemands emotie van zijn of haar gezicht af te lezen). Het moment van tederheid is weg. Emoties vertellen ons wat belangrijk is. Ze geven richting aan ons handelen, als een intern kompas.

### SPEL EN OEFENING

*Je pijnplekken ontdekken*

Kun je je een moment in je huidige relatie herinneren waarop je ineens van je stuk werd gebracht, toen een niet bijzonder heftige reactie of juist het uitblijven van een reactie ervoor zorgde dat je je niet veilig voelde bij je partner? Of herinner je je een moment waarop je je liet verleiden tot een reactie waarvan je wist dat die op een duivelse dialoog zou uitdraaien? Wellicht staat je nog een moment voor de geest waarop je heel boos reageerde, of je verlamd voelde. Dan moeten we onder die oppervlakkige reactie op zoek naar de diepere emoties en het moment dat je je herinnert stap voor stap ontrafelen.

- Wat gebeurde er in de relatie?
- Wat was voor jou het negatieve hechtingssignaal, de directe aan-leiding voor het gevoel dat je emotioneel niet meer met je partner verbonden was?
- Hoe voelde je je vlak voordat je reageerde en boos werd, of je ver-lamd voelde?
- Wat deed of zei je partner precies waardoor die reactie werd ver-oorzaakt?

Anne, een jonge geneeskundestudente die nog maar een paar maan-den met Patrick, een advocaat, samenwoont, zegt bijvoorbeeld: 'Het gebeurde afgelopen donderdagavond. We kwamen helemaal vast te zitten en hebben er nog dagenlang een rotgevoel over gehad. Het be-gon toen ik Patrick vertelde dat ik het moeilijk had met mijn studie-opdrachten. Ik raakte uiteindelijk helemaal buiten mezelf. Ik voelde de boze reactie opkomen, die mijn aandeel in ons patroon is. Even denken. Ik herinner me dat zijn stem dat afstandelijke en belerende toontje kreeg. Dat gebeurt wel vaker. En toen zei hij dat hij me niet kon helpen als ik er zo obsessief en dwaas mee omging. Dat toontje is voor mij een alarmsignaal. Daardoor verandert een verschil van mening in een crisis.'

- Wat gebeurt er met je lichaam op het moment dat je pijnplek wordt geraakt? Voel je je versuft, afstandelijk, krijg je het heet, raak je buiten adem, heb je een beklemmend gevoel in je borst, voel je je heel klein, leeg, sta je te trillen, moet je huilen, krijg je het koud of slaan de vlammen je uit? Kunnen je lichamelijke ge-voelens je helpen om die ervaring te benoemen?

Anne zegt: 'Ik wind me gewoon op. Ik reageer als een blazende kat. Patrick zou zeggen dat ik razend word. Zo ziet hij het. Maar diep vanbinnen ben ik angstig en bang.'

- Hoe interpreteert je brein dit allemaal? Wat zeg je in dit soort situaties tegen jezelf?

Anne zegt: 'Ik zeg tegen mezelf: "Hij heeft kritiek op me." En dat zorgt ervoor dat ik boos op hem word. Maar dat klopt ook niet helemaal. Het is eerder iets van: "Hij staat niet achter me. Ik sta er alleen voor." Mijn behoefte aan steun lijkt er niet toe te doen. En dat maakt me angstig.'

- Wat doe je dan? Hoe ga je tot actie over?

Anne zegt: 'O, ik begon te gillen en te schreeuwen en zei dat hij een schoft was omdat hij me niet wilde helpen en dat hij naar de hel kon lopen. Dat ik zijn hulp sowieso niet nodig had. En toen heb ik een paar dagen in mijn sop zitten gaarkoken. Dan is het net alsof ik de hele tijd gif drink. Alsof ik mijn diepste gevoelens uit de weg wil gaan. En dan kom ik tot de conclusie dat je gewoon niemand kunt vertrouwen. Dat er niemand voor je is.'

- Probeer al die elementen eens samen te brengen door de lege plekken in de volgende zinnen in te vullen:

**In dit incident was** _____ **de directe aanleiding voor mijn pijnervaring. Aan de buitenkant leek het alsof ik** _____ **, maar diep vanbinnen voelde ik alleen maar** _____ **.**
(Noem hier een van de negatieve basisemoties: verdriet, woede, schaamte, angst.)

'De directe aanleiding is dat toontje van Patrick,' zegt Anne. 'Ik hoor daar kritiek in. Ik voel me dan opzijgezet. Ik liet hem waarschijnlijk alleen boosheid zien, maar vanbinnen voelde ik me bang en alleen. Ik verlangde naar zijn geruststelling, dat hij zou zeggen dat het helemaal niet gek is om je zorgen te maken over je studie, om onzeker te zijn en om steun te vragen. De voornaamste boodschap die ik over onze relatie oppikte, was dat ik bij hem niet voor aandacht en begrip hoefde aan te kloppen.'

- Wat leer je in deze situatie over je pijnplek?

128

Anne zegt: 'Ik kan er nu eenmaal niet tegen dat hij me lijkt af te wijzen als ik te kennen geef dat ik hem nodig heb en tegen hem zeg dat ik zijn hulp nodig heb. Hij zegt zelfs dat ik dat helemaal niet zou moeten willen of nodig zou moeten hebben. Dan voel ik angst.'

- Probeer je ook eens andere momenten te herinneren waarop je pijnplek werd geraakt.
- Is de pijnplek die je hierboven beschreef de enige voor jou in deze relatie of zijn er meer? Mensen kunnen meer dan één pijnplek hebben, maar meestal is één hechtingssignaal het belangrijkst. Dit signaal is in meerdere situaties aanwezig.

### De oorsprong van je pijnplek ontdekken

- Kijk eens terug naar je eigen verleden. Is je pijnplek ontstaan in de relatie met je ouders, je broers en zussen, in een eerdere liefdesrelatie, of in de relatie met de vrienden en vriendinnen met wie je bent opgegroeid? Of is het een gevoelige plek die in je huidige relatie is ontstaan? Je kunt de vraag ook op een andere manier stellen: als je pijnplek zeer doet, staan er dan spoken achter je liefdespartner? Hoe je de vraag ook formuleert, kun je je een pijnlijke reactie van iemand uit je verleden herinneren en daarmee de oorsprong van je kwetsbaarheid achterhalen?

Anne zegt: 'Mijn moeder heeft me altijd voorgehouden dat het met mij nooit wat zou worden en dat alleen mijn zus het ver zou schoppen. Ik stond er thuis altijd alleen voor. Mijn verlangens deden er niet toe. Toen ik Patrick leerde kennen, leek hij in mij te geloven. Voor het eerst voelde ik me veilig. Maar telkens wanneer hij zich kritisch opstelt en mijn behoefte aan steun afwijst, komt het oude gevoel dat niemand om me geeft weer boven. Dan komt die pijn weer helemaal terug.'

- Denk je dat je partner die pijnlijke kwetsbaarheid in jou ziet? Of ziet hij alleen je reactie en het gevoel dat daarbij hoort?

Anne zegt: 'O nee! Ik laat hem die pijnplek niet zien. Die gedachte is nog nooit bij me opgekomen. Hij ziet alleen maar hoe ik doorsla en dan wordt hij boos.'

• Heb je enig idee wat een van de pijnplekken van je partner zou kunnen zijn? Ben je je ervan bewust als je die pijnplek raakt?

## DELEN MET JE PARTNER

We deinzen er van nature voor terug om onze kwetsbare plekken onder ogen te zien. Binnen onze samenleving wordt er van ons verwacht dat we sterk en onkwetsbaar zijn. We hebben daarom de neiging onze zwakke punten te negeren of te ontkennen. In plaats van haar verdriet en haar verlangens te erkennen, houdt Carey vast aan haar woede. 'Anders word ik zo'n miezerige huilebalk,' zegt ze. We zijn ook bang om in onze pijn te blijven steken. Mijn cliënten zeggen vaak tegen me: 'Als ik mijn tranen de vrije loop laat, kan ik misschien niet meer stoppen. Stel je voor dat ik de controle over mezelf verlies en nooit meer stop met huilen?' Of: 'Als ik dat soort gevoelens toelaat, doet het alleen maar meer pijn. Dan neemt de pijn bezit van me en wordt hij ondraaglijk.'

We deinzen er misschien nog wel meer voor terug om onze broosheid aan onze partner toe te geven. We denken dat dat ons minder aantrekkelijk maakt. We hebben ook heel goed in de gaten dat we met het tonen van onze kwetsbaarheid aan onze partner de persoon die ons het meest pijn kan doen een machtig wapen in handen lijken te leggen. Misschien gebruikt onze partner dat wapen wel tegen ons. Ons instinct zegt ons dat we onszelf moeten beschermen.

Soms zijn we er niet zo happig op om stresssignalen van onze partner te erkennen, zelfs niet wanneer die signalen overduidelijk zijn. We weten dan niet goed wat we moeten doen of voelen, vooral als we geen voorbeeld hebben van een effectieve manier van reageren – sommige mensen hebben nog nooit een veilige band met iemand gehad. Of we willen niet betrokken raken bij de kwetsbaarheid van onze partner omdat we daardoor ook met onze eigen kwetsbaarheid worden geconfronteerd. Het fascineert me altijd om te zien dat we direct reageren als een kind huilt. We geven er gehoor aan. Onze kinderen vormen nu eenmaal geen bedreiging voor ons en we aanvaarden dat ze kwetsbaar zijn en ons nodig hebben. We kijken vanuit een hechtingsperspectief naar hen. Maar we hebben geleerd om niet op deze manier naar volwassenen te kijken. Toch zullen we nooit een sterke en veilige band met onze liefdespartner kunnen opbouwen als we hem of haar niet in ons hart en onze ziel laten kijken, of als hij of zij ons niet echt wil leren kennen. Mijn cliënt David, een topmanager, begrijpt dat. Hij zegt: 'Tja, in mijn hart weet ik wel dat ik de boel een beetje voor de gek houd als ik die heftige emoties, mijn verdriet en mijn angsten, altijd op afstand houd. Als ik onverstoorbaar blijf en elk signaal van andermans pijn vermijd, en altijd op mijn hoede ben voor negatieve signalen zodat ik het zo nodig op een lopen kan zetten, beperk ik daarmee op de een of andere manier onze verbinding.'

We willen dat onze liefdespartner op onze pijn reageert – en dat hebben we ook nodig. Maar dat lukt niet als we de pijn niet laten zien. Echt van iemand houden vraagt om moed en vertrouwen. Als je reële en grote twijfels hebt over de goede bedoelingen van je partner, bijvoorbeeld als je bang bent voor je partner, dan kun je hem of haar maar beter niet in vertrouwen nemen. (Dan zouden jullie eigenlijk een therapeut moeten zoeken, of je zelfs moeten afvragen of je wel bij elkaar moet blijven.)

Als je eraan toe bent om je kwetsbaarheid te delen, begin dan voorzichtig. Je hoeft niet ineens je hele ziel en zaligheid op tafel te leggen. Het is vaak een goed begin om te praten over het delen zelf: 'Ik vind het moeilijk om je dit te vertellen...' is een heel goede openingszin. Dan is het makkelijker om door te gaan en iets over je kwetsbare plekken te vertellen. En als je je eenmaal op je gemak voelt, is het makkelijker om over de oorsprong van je pijn te praten. Dat zou voor je partner de deur moeten openen om hetzelfde te doen en iets over zijn of haar pijnplekken en de oorsprong ervan te vertellen.

Dit soort openheid stuit vaak op verbazing. Als een van de partners tijdens een sessie voor het eerst echt zijn of haar kwetsbaarheid erkent en erover spreekt, reageert de ander meestal geschokt en vol ongeloof. De ander had tot dan toe altijd alleen maar de oppervlakkige emotionele reacties van zijn of haar partner gezien, die de onderliggende kwetsbaarheid verhullen en verborgen houden.

Natuurlijk neemt het alleen maar erkennen en bespreekbaar maken van onze kwetsbaarheid die niet zomaar weg. Ze is een ingebouwd alarmsignaal geworden, dat afgaat wanneer onze emotionele verbondenheid met belangrijke dierbaren gevaar loopt. Dit alarmsignaal kan niet zomaar worden uitgeschakeld. Dat geeft aan hoe belangrijk hechting voor ons is; de commando's van onze basale overlevingsprogramma's kunnen niet zomaar worden verwijderd.

De sleutelemotie hierbij is angst, angst voor verlies van verbondenheid. Joseph LeDoux van het Centrum voor Neurowetenschappen aan de Universiteit van New York wijst erop dat ons zenuwstelsel er heel goed in is om de verbindingen tussen alarmsignalen en de amygdala in stand te houden. De amygdala is het hersengebied dat een 'archief' van emotionele gebeurtenissen bijhoudt. Het hele systeem is erop gericht informatie toe te voegen, en dus niet op het gemakkelijk verwijderbaar maken van informatie. Voor onze eigen veiligheid kunnen we nu eenmaal beter een positief signaal per abuis als negatief interpreteren dan omgekeerd. Maar in het volgende hoofdstuk zullen we zien dat die alarmverbindingen toch kunnen worden afgezwakt.

Alleen al het praten met onze partner over onze diepste angsten en verlangens kan een enorme opluchting zijn. Ik vraag aan David: 'Voel je meer pijn of angst als je die moeilijke gevoelens toelaat en erover praat?' Hij moet lachen en kijkt verbaasd. 'Nee,' zegt hij, 'eigenlijk wel grappig. Toen ik eenmaal doorhad dat er niks mis met me was, dat je die gevoelens bij je geboorte meekrijgt, was het niet zo moeilijk meer. Eigenlijk helpt het zelfs om de confrontatie met de angst aan te gaan en die gevoelens vast te pinnen. Als je ze eenmaal kunt duiden, verdwijnen de scherpe randjes.' Hij ziet er letterlijk evenwichtiger uit, en zit duidelijk beter in zijn vel dan toen hij met een wijde bocht om zijn angsten en de 'angstaanjagende' signalen van zijn vrouw heen liep. Dit doet me denken aan de woorden van mijn tangoleraar Francis: 'Als je evenwichtig op je voeten staat en goed op jezelf bent afgestemd, kun je naar me luisteren en met me meebewegen. Dan kunnen we samen bewegen.'

Vincent en Jane zijn ook tot die ontdekking gekomen. Vincent trekt zich terug en valt stil als er problemen met Jane opduiken. 'Wat kan ik ervan zeggen?' zegt Vincent. 'Ik weet niet wat ik voel. Ik weet niet wat er gebeurt als zij maar blijft doorgaan over het feit dat onze relatie niet zo geweldig is. Jane wil het dan "uitpraten". Maar hoe kan ik nu praten over dingen die ik niet weet? Dus dan blokkeer ik, houd ik mijn mond en laat haar maar praten. Maar ze wordt daar steeds nerveuzer van.' We weten dat we, als onze geliefde geen veilige haven meer voor ons biedt, worden overspoeld door hulpeloosheid en verdriet, schaamte over onze gevoelens van onmacht en mislukking en wanhopige angst voor afwijzing, verlies en verlating. De grondtoon hierbij is paniek.

Zoals al eerder gezegd, gaat ons hechtingsalarm af als we ons emotioneel verwaarloosd voelen: we hebben emotioneel gezien geen toegang meer tot onze geliefde en worden daardoor beroofd van de aandacht, zorg en troost (het soort troost dat Harry Harlow 'contacttroost' heeft genoemd) die we zo hard nodig hebben. De tweede knop die het alarm in werking stelt, is het gevoel van verlatenheid. Dat gevoel kunnen we hebben doordat we ons emotioneel aan ons lot overgelaten voelen ('Ik krijg geen antwoord als ik om hulp vraag, er komt geen reactie. Ik ben in nood en voel me alleen') of afgewezen ('Ik ben ongewenst en krijg alleen maar kritiek. Ik word niet op mijn waarde geschat. Ik sta nooit op de eerste plaats'). Ons brein reageert met gevoelens van hulpeloosheid op verwaarlozing en verlating.

Vincent is niet in staat om die gevoelens te onderkennen en onder woorden te brengen, en ook niet om Jane om hulp te vragen bij het verlichten van die gevoelens, die nu verse pijnplekken zijn geworden. Deze pijnplekken duiden op direct gevaar en bewegen hem ertoe om uit zelfbescherming afstand te nemen.

Maar wat gebeurt er als Vincent de emoties die hem overspoelen wanneer zijn pijnplek wordt geraakt eens goed onder de loep neemt? Dan wordt hij alert op wat er met hem gebeurt vlak voor de gebruikelijke 'blokkade' waar Jane zo bang voor is. Wat is het specifieke signaal voor die blokkade precies? Als hij even de tijd neemt om erover na te denken, komt Vincent tot dit inzicht: 'Haar gezicht, denk ik. Ik zie hoe ze haar wenkbrauwen fronst. Daar lees ik frustratie in en dan weet ik dat ik het weer gedaan heb. En als ik luister naar wat ik in mijn lijf voel nu ik erover praat, dan ervaar ik een gevoel van nervositeit, alsof ik vlinders in m'n buik heb, of alsof ik een onvoldoende voor een proefwerk heb gehaald. Als ik me afvraag wat dat allemaal betekent, dan denk ik dat we tot mislukken gedoemd zijn. Het is hopeloos. Wat ze ook lijkt te willen, ik kan het haar kennelijk niet geven.'

Jane vraagt: 'En wat voel je dan precies?'

Vincent antwoordt rustig: 'Nou, angst is het goede woord.'

Ik zie dat zijn gezicht ontspant. Ook al is het geen goed nieuws, het geeft wel een goed gevoel als je je binnenwereld kunt ordenen.

Hij gaat verder: 'Dus als de volgende vraag is wat dat gevoel met me doet, waartoe het me beweegt, dan is het antwoord makkelijk: ik doe gewoon niets. Want wat ik ook doe, het zou de boel alleen maar erger maken. Daarom houd ik me doodstil en wacht tot Janes frustratie voorbij is.'

Dus Vincent is nu in staat om de pijnplek te omschrijven die in hem wordt geraakt en maakt duidelijk waarom hij dan onmogelijk nog op zijn partner kan reageren. Hij voelt zich verdrietig, bang en hopeloos en zegt niets, in de hoop dat het probleem dan zal verdwijnen. Hij zegt dat zijn emoties voor hem 'onbekend terrein' zijn en dat het nieuw voor hem is om zich erop af te stemmen.

Ik geef hem een compliment voor zijn moed en openheid en leg hem uit dat die strategie van zich afsluiten in veel gevallen heel goed werkt. Maar in een liefdesrelatie werkt die alleen maar als een noodalarm voor zijn partner, met alle negatieve gevolgen van dien. We praten over de oorsprong van zijn pijnplek. Hij herinnert zich dat hij zich in het begin van hun liefdesrelatie heel zeker voelde bij Jane en dat hij soms zijn gevoelens kon uiten. Maar in de loop der jaren zijn ze uit elkaar gegroeid. De kloof werd nog groter toen Jane een rugletsel opliep waardoor ze zo veel pijn had dat ze geen aanraking kon verdragen. Vincent voelde zich steeds minder zeker in de relatie en was steeds meer op zijn hoede voor negatieve signalen van Jane.

Jane antwoordt: 'Tot nu toe heb ik je angst nooit gezien. Echt nooit. Ik zie alleen maar iemand die emotioneel afhaakt en dan raken we verzeild in dat duivelse gedoe. Het is heel frustrerend om tegen een muur aan te moeten praten, hoor.' Maar ze zegt nu ook dat ze begint te begrijpen hoe moeilijk het voor Vincent is om emotioneel gezien niet af te haken als zij zo gauw boos wordt. En het lukt haar om ook over haar eigen pijnplek te praten: dat ze het gevoel heeft dat Vincent haar 'in de steek heeft gelaten' zodat hij zich op zijn opwindende carrière als acteur kon storten. En als Vincent dan tegen haar zegt: 'Op het toneel ben ik misschien heel wat, maar ik raak nog steeds helemaal overstuur van jouw woedeaanvallen,' gaat hij op een totaal andere manier met zijn kwetsbaarheid om. Hij is meer aanwezig, toegankelijker.

In de regel is het delen van emoties – ook negatieve emoties, als ze niet uit de hand lopen – nuttiger dan emotionele afwezigheid. Het uitblijven van een reactie wakkert alleen maar de oerpaniek van de andere partner aan. Of zoals Jane het tegen Vincent zegt: 'Op een gegeven moment wil ik alleen nog maar naar je uithalen om je te laten zien dat je me niet zomaar aan de kant kunt schuiven.' Vincent en Jane betreden nu elkaars emotionele wereld. Doordat het niveau van het gesprek is veranderd, worden onze emotionele reacties duidelijker en geven we onze partner helderdere boodschappen over onze hechtingsbehoeften. Op die manier geven we hem of haar de beste kans om op een liefdevolle manier op ons te reageren.

Laten we eens kijken naar een paar momenten waarop Jane haar eigen pijnplek herkent, en waarop Vincent haar in dit proces bijstaat. Vincent vraagt naar het signaal dat bij Jane het gevoel van frustratie teweegbrengt. Jane zegt na enig nadenken: 'Ik zit er gewoon op te wachten dat het weer gebeurt, dat je onze plannen om wat tijd samen door te brengen "vergeet".' Maar vervolgens dwaalt Jane af met allerlei details over de manier waarop die 'gewoonte' van Vincent is begonnen. Dus Vincent stelt voor dat Jane zich meer richt op de vraag hoe ze weet dat zoiets op het punt staat te gebeuren. Wat is voor Jane het eerste signaal dat er iets mis is?

Als Jane haar ogen even sluit, kijkt ze wat dieper. 'Vincent kijkt dan verstrooid. Hij ziet me helemaal niet,' zegt ze terwijl ze tegen haar tranen vecht. Als we ons rustig op onze emoties afstemmen, ontvouwen ze zich meestal vanzelf. Vergelijk het maar met een vaag beeld dat steeds scherper wordt. Jane gaat verder: 'Dan krijg ik een brok in mijn keel. Ik ben verdrietig, denk ik. Mijn verstand zegt: "Daar gaat ie weer. Weg, in zichzelf gekeerd, met zijn boek. En ik zit hier, alleen." We hebben zo'n mooi leven, met alles wat ons hartje begeert. Maar ik sta er helemaal alleen voor.'

In eerdere sessies reageerde Vincent op dit soort opmerkingen door Jane te wijzen op wat hij haar allemaal heeft gegeven. Daarnaast benadrukte hij dat Jane hoe dan ook wat zelfstandiger moest worden. Nu luistert hij echter met volle aandacht.

Ik onderschrijf Janes eenzaamheid en haar verlangen naar liefdevolle verbondenheid met Vincent. Jane blijft luisteren naar haar gevoelens en probeert de boodschap die achter haar emoties zit te achterhalen.

Haar stem wordt nog zachter en ze draait zich meer naar Vincent toe: 'Als ik niet boos word, word ik bang. Ik voel me nu ook onveilig en verdrietig. En ik wil je niet aankijken. Dat komt doordat ik denk dat je nu van streek bent. Je werk is je echte liefde. Dat probeer ik te accepteren, maar mijn angst en verdriet gaan over in bitterheid.' Ze strijkt met haar hand over haar gezicht en ineens is er een opstandige woede waar ik kort daarvoor nog verdriet en kwetsbaarheid zag. 'Ik wil hier helemaal niet zijn. Misschien zouden we gelukkiger zijn als we uit elkaar gingen.'

Oei! Haar boosheid komt weer aan de oppervlakte. Het is ook moeilijk om bij je diepste gevoelens te blijven. Maar Vincent is geweldig. Hij ziet dat Jane vecht en hij helpt haar erdoorheen. 'Dus onder die frustratie, zeg je, voel je je onveilig en verdrietig. Je wilt de bevestiging dat mijn leven niet alleen om mijn werk draait. Het klopt dat ik niet zo goed over mijn behoeften kan praten. Dat ben ik nu aan het leren. Maar je moet echt ophouden met dat geklets over "gelukkiger als we uit elkaar gaan". Dan ben ik nog liever doodongelukkig mét jou, als het mag.'

Jane barst in lachen uit.

Ze zijn op de goede weg. Ze leren met hun pijnplekken om te gaan op een manier die hen dichter bij elkaar brengt.

## SPEL EN OEFENING

Probeer eens terug te denken aan een keer dat je je gevoel van kwetsbaarheid of emotionele pijn met je partner hebt gedeeld, en je partner reageerde op een manier die ervoor zorgde dat jullie dichter tot elkaar kwamen. Wat deed je partner precies om dit verschil te maken?

En probeer nu samen een situatie terug te halen waarin jullie allebei voelden dat de verbinding weg was en jullie in een duivelse dialoog terechtkwamen. Wie stookte in die situatie het emotionele vuurtje op, of probeerde het te doven om heftige emoties te vermijden? Probeer te beschrijven hoe je gewoonlijk met kwetsbare gevoelens in moeilijke situaties omgaat en deel dit met je partner. Een paar voorbeelden: ik versteen, ik bevries, ik zet mijn stekels op, ik ren weg, en verstop me.

Als dat de gebruikelijke manier is waarop je met je partner omgaat, komt dat waarschijnlijk doordat dat voor jou in eerdere liefdesrelaties de enige haalbare optie was. Hoe hielp deze manier van omgaan met emoties je bij het in stand houden van de belangrijkste relaties in je leven? Hielp deze benadering je bijvoorbeeld om de aandacht van je geliefde te trekken, of werd je minder duidelijk afgewezen of genegeerd?

Bleef het in die recente situatie bij oppervlakkige gevoelens, of lukte het je uiteindelijk om ook naar diepere gevoelens te kijken en deze te delen? Bepaal samen met je partner op een schaal van 1 tot 10 hoe moeilijk het voor je was om over je diepere emoties te praten. En hoe moeilijk is dat nu, op dit moment? Kan je partner je op de een of andere manier helpen bij het delen van die gevoelens? Bedenk wel dat we allemaal in hetzelfde schuitje zitten en proberen om ons emotionele leven zoals dat zich ontvouwt te begrijpen. We doen allemaal ons best en we maken allemaal fouten.

Als je terugdenkt aan die situatie waarin jullie vastliepen, kunnen jullie dan allebei het signaal benoemen dat ertoe leidde dat je je emotionele evenwicht verloor en in een pijnlijke onzekerheid werd teruggeworpen? Probeer dat in de vorm van een feit tegen je partner te vertellen. Verwijten maken mag niet. Anne zegt bijvoorbeeld: 'Dat ik huilde en jij gewoon je mond hield.' En Patrick: 'Ik zag je gezicht. De pijn die op je gezicht te lezen was. Ik voelde me zo rot vanbinnen. Ik weet niet wat ik in zo'n situatie moet doen.'

De pijn die we voelen wanneer onze pijnplekken worden geraakt, heeft slechts een beperkt aantal nuances. Gebruik onderstaande beschrijvingen om aan je partner duidelijk te maken welke zachtere gevoelens tijdens die recente situatie bij jou naar boven kwamen. Als je het te moeilijk vindt om de woorden uit te spreken, omcirkel ze dan en laat ze aan je partner zien.

*Hoe voelde je je in die situatie? Eenzaam, terzijde geschoven en onbelangrijk, gefrustreerd en hulpeloos, op mijn hoede en ongemakkelijk, bang, geraakt, hopeloos, hulpeloos, geïntimideerd, bedreigd, in paniek, afgewezen, of ik er niet toe doe, genegeerd, een mislukkeling, buitengesloten en alleen, in de war en de weg kwijt, gegeneerd, beschaamd, leeg, angstig, geschokt, bedroefd, verloren, teleurgesteld, geïsoleerd, in de steek gelaten, verdoofd, vernederd, verpletterd, klein en onbetekenend, ongewenst, kwetsbaar, verontrust.*

Kun je die gevoelens met je partner delen? Als dat op dit moment te moeilijk is, kun je dan tegen je partner zeggen wat het ergste is wat er zou kunnen gebeuren als je die gevoelens wel met hem of haar zou delen? Kun je tegen je partner zeggen:

**Als ik denk aan het vertellen van mijn kwetsbaarste gevoelens, dan vind ik dat moeilijk. Het ergste wat er dan zou kunnen gebeuren is dat _____?**

Kun je je partner vragen hoe hij of zij zich voelt als je dit met hem of haar deelt? Hoe kan hij of zij je helpen om je veilig genoeg te voelen om het te delen? Wat voor gevolgen kan dit delen voor jullie relatie hebben?

Kunnen jullie samen een nieuwe versie bedenken van die moeilijke situatie waarmee je deze oefening bent begonnen? Kunnen jullie om de beurt beschrijven wat jullie voornaamste beweging in die dans was (bijvoorbeeld: ik sluit me af en ontwijk), en de oppervlakkige, voor jullie beiden gemakkelijkst zichtbare gevoelens benoemen (bijvoorbeeld: ik voelde me ongemakkelijk en gespannen, alsof ik weg wilde lopen; ik voelde me bekritiseerd)?

**Ik bewoog me in de dans door** _____ **en ik voelde me**_____.

Nu kunnen we wat meer de diepte in gaan. Probeer nu eens om het specifieke hechtingssignaal eraan toe te voegen dat de heftige gevoelens die je in de lijst hierboven hebt omcirkeld losmaakte – misschien was het iets wat je in de stem van je partner meende te horen. En voeg daar dan de gevoelens aan toe die je uit die lijst hebt gekozen.

**Toen ik hoorde/zag dat** _____, **voelde ik me gewoon** _____.

Houd het bij eenvoudige en concrete bewoordingen. Grote of onduidelijke woorden of labels kunnen dit soort gesprekken verstoren. Als je vastloopt, zeg dat dan tegen elkaar, ga terug naar het laatste moment waarop alles nog helder was, en begin opnieuw.

Nu kunnen we alle elementen bij elkaar brengen.

**Als we in ons patroon vastlopen en ik** _____ (zeg iets wat je doet, bijvoorbeeld **aandringen**), **dan voel ik** _____ (oppervlakkige emotie). **Het emotionele signaal dat ervoor zorgt dat ik voel dat de verbinding tussen ons verdwijnt, is als ik zie/hoor/voel** _____ (het hechtingssignaal). **Op een dieper niveau voel ik** _____.

Wat hebben jullie nu geleerd over de pijnplekken van de ander? Je raakt die plekken om de eenvoudige reden dat jullie van elkaar houden.

Zelfs wanneer je allebei echt je best doet, kun je niet op elk moment waarop je samen bent perfect op elkaar afgestemd blijven. Je mist weleens een signaal en er zullen momenten zijn waarop je hechtingskwetsbaarheid naar voren komt. Waar het om gaat, is dat je pijnplekken herkent en ermee omgaat op een manier die je niet in een negatief patroon verzeild doet raken.

In het volgende hoofdstuk leer je meer over de manier waarop je met die hechtingsgevoelens kunt omgaan, zodat de negatieve patronen waarin je terecht kunt komen niet escaleren.

# Derde gesprek:
# Op een crisis terugkijken

*'Waar het om gaat is het herstellen van fouten, of zelfs alleen maar de bereidheid om het nog eens te proberen.'*
– DEBORAH BLUM, LOVE AT GOON PARK

*'Een vriendelijk antwoord doet woede bedaren, krenkende woorden wakkeren toorn aan.'*
– SALOMO, SPREUKEN 15:1

Tante Doris, een forse dame met geblondeerd haar en haartjes op haar kin, goot rum over een enorme kerstpudding. Ze had woorden met oom Sid, die al flink aangeschoten was. Ze draaide zich naar hem om en zei: 'Zo krijgen we mot. Dat wordt weer zo'n ruzie waar we niet uitkomen. Jij bent al bezopen en ik voel me ook geen kerstengeltje. Dus gaan we door? Dan deel ik zoals altijd de klappen uit en jij duikt weg als het je lukt. En we voelen ons allebei rot. Moet dat nou echt? Of zullen we opnieuw beginnen?' Oom Sid knikte plechtig en mompelde zachtjes: 'Geen mot, geen geduik,' en dan: 'Heerlijke pudding, Doris.' Hij gaf tante een tik op haar achterste en stommelde de andere kamer in.

Ik herinner me dat kleine drama nog levendig omdat ik wist dat oom Sid die avond de kerstman zou zijn en 'mot' zou waarschijnlijk hebben betekend dat ik mijn cadeautjes zou mislopen. Mijn kerst werd gered door een complimentje en een klopje. Maar nu, na al die jaren, kijk ik op een andere, wat minder egocentrische manier naar die woordenwisseling. Op een moment van conflict en verlies van verbinding waren oom Sid en tante Doris in staat om een negatief patroon te herkennen, een staakt-het-vuren af te kondigen en een warmere verbinding te maken.

Waarschijnlijk was het voor Doris en Sid niet zo moeilijk om hun ruzie in de kiem te smoren en van koers te veranderen omdat hun relatie meestal een veilige plek van liefdevolle ontvankelijkheid was. We weten dat mensen die zich veilig voelen bij hun partner het makkelijker vinden om dit te doen. Ze kunnen een stapje terug doen en analyseren wat er tussen hen gaande is, en ze kunnen hun eigen rol daarin ook goed onderkennen. Voor partners tussen wie er vaak spanningen zijn, is dat veel moeilijker. Ze raken verstrikt in de emotionele chaos die binnen hun relatie aan de oppervlakte zichtbaar is en zien elkaar als een bedreiging, als vijand.

Om de verbinding te herstellen, moeten liefdespartners voorkomen dat een conflict escaleert, en moeten ze actief een basis van emotionele geborgenheid creëren. Ze moeten in staat zijn om samen te werken en een einde te maken aan hun negatieve dialogen. Daarnaast moeten ze hun basisonzekerheden ontmantelen. Dan zijn ze wellicht nog niet zo dicht bij elkaar gekomen als ze zouden willen, maar ze kunnen in ieder geval de schade binnen de perken houden wanneer ze elkaar op de tenen trappen. Ze kunnen meningsverschillen hebben zonder dat ze in een duivelse dialoog verzeild raken. Ze kunnen elkaars pijnplekken raken zonder angstig eisen te gaan stellen of zich emotioneel terug te trekken. Ze kunnen beter omgaan met het verwarrende en dubbelzinnige gegeven dat hun geliefde, die een eind zou moeten maken aan hun angst, plotseling ook een bron van angst kan worden. Kortom, ze kunnen heel wat gemakkelijker en vaker hun emotionele evenwicht in stand houden dan partners die zich bij elkaar niet veilig voelen. Dat schept een basis om scheurtjes in de relatie te herstellen en om echt liefdevol met elkaar in verbinding te staan.

In dit gesprek leer je momenten van verlies van emotionele verbondenheid aan te pakken. Dit zijn momenten van 'verkeerde afstemming', zoals hechtingstheoretici ze noemen. Je leert ook hoe je uit de gevarenzone kunt komen, terug naar veiligheid en zekerheid. Om te leren hoe dat moet, neem ik stellen mee terug naar crises die ze in hun relatie hebben meegemaakt. Ze leren de lessen die ze uit de eerste twee gesprekken hebben geleerd – over hun manier van communiceren en over hun hechtingsangsten – toe te passen. Daardoor kunnen ze ontdekken hoe ze weer rust in hun relatie kunnen brengen.

In mijn praktijk spelen we heftige ruzies na, maar ook rustigere situaties waarin de verbinding tussen beide partners werd aangetast. Ik breng telkens wat rust in de tent, stel vragen ('Wat gebeurde er zojuist?') en begeleid de partners naar sleutelmomenten waarop hun onzekerheden snel toenamen. Vervolgens laat ik zien hoe ze hun conflict in de kiem kunnen smoren en een andere, positievere weg kunnen inslaan.

Als Claire en Peter ruziemaken, gaat het er hard aan toe. Ze zouden zo genomineerd kunnen worden voor de Oscar voor echtelijke ruzies. Deze keer begint het als Claire Peter wijst op het feit dat hij haar wel wat meer had kunnen helpen toen ze met hepatitis tobde. 'Je deed gewoon alsof er niets bijzonders aan de hand was,' zegt ze. 'Toen ik voorstelde dat jij een paar klusjes zou doen, reageerde je heel hatelijk en geïrriteerd. Ik zou niet weten waarom ik dat zou moeten pikken.'

'Pikken!' roept Peter uit. 'Voor zover ik kan zien pik jij nooit wat! Jij zorgt er wel voor dat ik voor elk klein foutje moet boeten. En het feit dat ik net keihard aan het werk ben geweest met een megaproject zullen we maar even vergeten. Ik ben gewoon één grote teleurstelling voor je! Dat maak je me maar al te duidelijk. En zo ziek was je nu ook weer niet toen je me een lesje wilde leren over het schoonmaken van badkamers.' Hij verschuift zijn stoel alsof hij wil opstappen.

Claire gooit haar hoofd in haar nek en roept gefrustreerd uit: 'Kleine foutjes! Je bedoelt zeker dat je me toen volkomen genegeerd hebt, dat je twee dagen lang niet met me wilde praten. Bedoel je dat soms? Je bent gewoon een gluiperd.'

Peter kijkt naar de muur en zegt droogjes: 'Oké, deze "gluiperd" heeft er geen behoefte aan om met de opzichter door te praten.'

Hier wordt een liefdesrelatie deskundig om zeep geholpen.

## Het de-escaleren van het verlies van verbinding

Laten we dit drama nog eens afspelen om te zien of ze er een andere dans van kunnen maken. De volgende stappen kunnen Peter en Claire op weg helpen naar meer harmonie:

### 1. Het spelletje stoppen

Claire en Peter zaten in hun ruzie helemaal verstrikt in aanvallen en verdedigen: wie heeft gelijk en wie niet; wie is de boef, wie het slachtoffer? Ze zijn elkaars tegenstanders en gebruiken eigenlijk alleen nog maar de persoonlijke voornaamwoorden 'ik' en 'jij'. 'Ik heb er recht op dat je om me geeft,' zegt Claire op vijandige toon. 'En als je dat niet kunt, dan doe ik het wel zonder jou.' Maar dit is een overwinning zonder glans, want in wezen wil ze dat helemaal niet. Peter antwoordt rustig: 'Kunnen we hier niet mee ophouden? We zijn toch allebei verliezers in deze neerwaartse spiraal?' Hij is nu overgestapt op 'wij'. Claire slaakt een zucht. Ze kiest ook een ander perspectief en een andere toon. 'Ja,' zegt ze nadenkend. 'We komen steeds weer op dit punt uit. Hier lopen we vast. We willen allebei ons gelijk halen, dus daar zijn we mee bezig tot we allebei niet meer kunnen.'

### 2. De verantwoordelijkheid voor je eigen stappen aanvaarden

Claire klaagde dat Peter haar buitensloot, dat hij zich helemaal niet inspande om naar haar kant van het verhaal te luisteren toen de spanning tussen hen opliep. Ze benoemen nu samen hun danspassen. Claire merkt op: 'Het begon ermee dat ik me beklaagde en heel erg boos werd, en wat deed jij toen?' 'Ik begon mezelf te verdedigen en ging over tot de tegenaanval,' antwoordt hij. Claire vervolgt: 'En toen sloegen bij mij de stoppen door en beschuldigde ik je nog meer, maar eigenlijk protesteerde ik tegen het feit dat je je van me leek terug te trekken.' Peter is nu wat rustiger en waagt het om een grapje te maken: 'Je vergeet nog wat. Je begon te dreigen, weet je nog? Dat je het best zonder mij kon stellen.' Claire moet glimlachen. Samen komen ze tot een korte samenvatting van hun danspassen: bij Claire slaan de stoppen door, terwijl Peter zich als onverstoorbaar voordoet. Claire gaat dan schreeuwen en dreigen; Peter vindt haar onmogelijk en probeert te vluchten. Peter lacht. 'De onverstoorbare rots en de bazige meid. Wat een gesprek. Nou, ik kan me voorstellen dat praten tegen een rots nogal frustrerend is.' Claire maakt gebruik van die opening en erkent dat haar boze, kritische toon waarschijnlijk zijn defensieve houding oproept en ertoe bijdraagt dat hij zich na zo'n ruzie terugtrekt. Ze zijn het erover eens dat het moeilijk is om eerlijk te zijn.

### 3. De verantwoordelijkheid voor je eigen gevoelens aanvaarden

Claire is nu in staat om over haar eigen gevoelens te praten in plaats van 'me op Peter te richten en mijn gevoelens in de vorm van één groot verwijt' te verhullen, zoals ze het zelf omschrijft. Ze kan haar gevoelens nu met hem delen: 'Er zit woede. Een deel van me wil zeggen: "Nou, als het dan zo moeilijk is om met me samen te leven, dan zal ik het je laten zien ook. Mij krijg je niet klein." Maar vanbinnen ben ik helemaal in de war. Begrijp je wat ik bedoel?' En Peter mompelt: 'O ja hoor, ik ken dat gevoel.' Als je dit soort kolkende emoties die aan de oppervlakte zichtbaar zijn, toegeeft – bijvoorbeeld je woede en je verwarring – ben je toegankelijker voor je partner. Soms helpt het als je bij dergelijke bekentenissen de taal van de 'delen' gebruikt. Dat kan helpen om aspecten van onszelf waar we niet bepaald trots op zijn te onderkennen, en het helpt ook om ambivalente gevoelens onder woorden te brengen. Peter zou dan kunnen zeggen: 'Ja, een deel van mij voelt afgestompt aan. Dat is mijn automatische reactie als we weer zo bezig zijn. Maar ik denk dat er ook een deel van me in de war is.'

### 4. Onder ogen zien hoe jij mede vorm geeft aan de gevoelens van je partner

We moeten erkennen dat de manier waarop we gewoonlijk met onze emoties omgaan onze partner uit evenwicht brengt en diepe hechtingsangsten aanwakkert. Als we goed in verbinding staan met elkaar, ligt het voor de hand dat mijn gevoelens de jouwe beïnvloeden. Maar als we in onze eigen emoties verstrikt zijn geraakt, kan het heel moeilijk zijn om het effect te zien dat we op onze geliefde hebben, zeker als angst onze waarneming vertroebelt.

Bij een ruzie gaan de dingen zo snel en is Claire zo van de kook, dat ze echt niet ziet hoe haar kritische toon en woorden als 'dat ik dat zou moeten pikken' een pijnplek bij Peter raken en hem in de verdediging drukken. Ze beweert zelfs dat zijn gedrag volledig voortkomt uit zijn tekortkomingen. Hij is een gluiperd! Op dat moment heeft Peter niet in de gaten dat zijn opmerking dat hij er geen behoefte aan heeft 'met de "opzichter" door te praten' Claire ertoe aanzet om over te gaan tot de onheilspellende woorden dat ze het ook zonder hem kan stellen. Om die duivelse dialoog echt onder controle te krijgen en de pijnplekken te verzachten, moeten beide partners inzien hoe ze de ander meesleuren in een negatieve spiraal, waarmee ze hun narigheid over zichzelf afroepen. Nu kan Peter dat. Hij zegt: 'Bij zulke ruzies schiet ik in de verdediging en dan houd ik mijn mond. En als ik me zo voor je afsluit, word jij ontzettend boos, toch? Dan krijg je het gevoel dat ik er niet meer voor je ben. Ik sluit me inderdaad af. Ik weet niet wat ik anders zou moeten doen. Ik wil gewoon niet meer horen dat je zo boos op me bent.'

### 5. Naar de diepere gevoelens van je partner vragen

Tijdens de ruzie en de periode van afstandelijkheid die daar gewoonlijk op volgt, hebben Peter en Claire het veel te druk om af te stemmen op elkaars diepere emoties en te erkennen dat ze elkaars pijnplekken raken. Maar als ze het grotere verband kunnen zien en zich een beetje inhouden, kunnen ze nieuwsgierig worden naar de zachtere onderliggende emoties van de ander, letten ze niet alleen maar op hun eigen gekwetstheid en angsten en denken ze ook niet meer het ergste van hun partner.

Peter zegt nu tegen zijn vrouw: 'Ik denk dan dat je er alleen maar op uit bent om mij op mijn nummer te zetten. Maar in zo'n toestand ben je toch niet alleen maar woedend? Onder al dat geraas en getier heb je pijn, hè? Dat zie ik nu wel in. Ik weet dat jouw kwetsbare plek te maken heeft met aan je lot overgelaten worden. Ik wil je geen pijn doen. Ik denk dat ik je vooral zag als de arrogante directrice die voortdurend mijn waardeloosheid als echtgenoot stond te bewijzen.' Als Claire Peter vraagt welke zachte gevoelens tijdens de ruzie bij hem naar boven kwamen, lukt het hem om naar binnen te kijken en nauwkeurig aan te geven dat het de woorden 'waarom ik dat zou moeten pikken' waren die zijn angst om tekort te schieten aanwakkerden.

En nu ze terugdenkt aan het gesprek over de pijnpunten, voegt Claire daaraan toe: 'Dus jij denkt dat ik hoe dan ook in je teleurgesteld zal zijn. En dat is zo'n rotgevoel dat je het maar liever opgeeft en wegloopt.' Peter bevestigt dat.

Het is natuurlijk wel een stuk makkelijker als beide partners in eerdere gesprekken heel open zijn geweest over hun pijnplekken, maar het helpt zeker ook als je ervan uitgaat dat je veel invloed hebt op je partner en als je oprecht nieuwsgierig bent naar zijn of haar kwetsbaarheden.

### 6. Je diepere, zachtere emoties delen

Hoewel het onder woorden brengen van je diepste emoties – soms verdriet en schaamte, maar meestal angst voor het verlies van de verbinding met je liefdespartner – misschien wel de moeilijkste stap voor je is, is het ook de meest lonende. Hij maakt je partner duidelijk wat er echt voor jou op het spel staat als jullie ruzie hebben. We zien de hechtingsbehoeften en -angsten die achter onze steeds weer terugkerende strijd over alledaagse dingen schuilgaan zo vaak over het hoofd. Door dergelijke momenten van verlies van verbondenheid laagje voor laagje te ontleden kan Claire naar haar eigen gevoelens kijken en de moed opbrengen om die met Peter te delen. Claire haalt eens diep adem en zegt tegen Peter: 'Ik heb ook pijn, maar ik vind het moeilijk om dat aan jou te vertellen. Ik heb een gevoel van angst; die voel ik als een brok in mijn keel. Als ik niet meer naar jou zou komen om je aandacht te krijgen, zou jij misschien gewoon staan toe te kijken hoe we steeds verder uit elkaar worden gedreven. Dan zou je gewoon staan toekijken hoe onze relatie steeds meer wordt aangetast, en er uiteindelijk niets meer van over is. En dat is angstaanjagend.'

Peter luistert en knikt. Hij reageert: 'Het helpt me dat je me dat durft te vertellen. Het voelt alsof ik je op een andere manier leer kennen als je zo praat. Je lijkt dan meer op mij. Dan is het makkelijker om de band die we met elkaar hebben te voelen. En dan wil ik je geruststellen. Ik trek me weleens terug, maar ik zou je nooit van me weg laten drijven.'

### 7. Naast elkaar staan

Als liefdespartners de bovengenoemde stappen zetten, groeit er een hernieuwd en wezenlijk gevoel van partnerschap tussen hen. Het stel heeft dan een gemeenschappelijke basis en een gemeenschappelijk doel. Beide partners zien elkaar niet meer als tegenstanders, maar als bondgenoten. Ze kunnen escalerende negatieve discussies die hun onzekerheden aanwakkeren onder controle houden en die onzekerheden samen onder ogen zien.

Peter zegt tegen zijn vrouw: 'Ik vind het fijn als we ons kunnen inhouden en de volumeknop wat lager draaien. Ik vind het fijn als we het erover eens zijn dat het gesprek te heftig verloopt, uit de hand loopt en voor ons allebei beangstigend wordt. We hebben het gevoel dat we het heft in eigen hand hebben als we het erover eens zijn dat we niet weer gaan vastlopen, zoals dat zo vaak het geval is geweest. We weten nog niet welke kant het op gaat, maar dit is in ieder geval al een stuk beter dan hoe het was. We hoeven niet meer elke keer in onze pijn verstrikt te raken.'

Dit betekent nog niet dat Peter en Claire echt op elkaar zijn afgestemd en veilig met elkaar verbonden zijn, maar het betekent wel dat ze nu een ruzie in de kiem kunnen smoren voordat die op een onoverbrugbare kloof uitloopt. Ze zijn zich bewust van twee cruciale onderdelen van de-escalatie. Ten eerste weten ze dat de manier waarop de ene partner op een sleutelmoment van conflict en verlies van verbondenheid reageert, zeer pijnlijk en bedreigend op de ander kan overkomen. Ten tweede beseffen ze dat de negatieve reactie van een partner een wanhopige poging kan zijn om met hechtingsangsten om te gaan.

148

Het zal liefdespartners niet altijd lukken om die kennis toe te passen en de vereiste stappen te zetten wanneer de verbinding tussen hen wordt aangetast. Dat moet je leren, bijvoorbeeld door een vervelend conflict uit het verleden nog eens door te nemen, keer op keer, totdat beide partners begrijpen wat er precies gebeurde en, in tegenstelling tot hoe het vroeger ging, een bemoedigende reactie van de ander krijgen. Als stellen dat eenmaal onder de knie hebben, kunnen ze die stappen in het dagelijkse ritme van hun relatie integreren. Als ze nog eens ruzie hebben of zich van elkaar verwijderd voelen, kunnen ze een stapje terug zetten en zich afvragen: 'Hé, wat gebeurt hier?'

Dit zal niet altijd lukken, ook niet bij partners die er al een tijdje mee bezig zijn. Soms lopen de gemoederen te hoog op. Als mijn man mijn signalen voor verbinding niet herkent, kan ik meestal even een stapje terug zetten en over de situatie nadenken. Dan ben ik nog steeds in balans en kan ik zelf mijn reactie bepalen. Maar soms doet het zo'n pijn en voel ik me zo kwetsbaar dat de hele wereld in een oogwenk ineenschrompelt tot wat een gevecht op leven en dood lijkt te zijn. Ik reageer dan scherp, om mezelf een gevoel van controle te geven, om mijn hulpeloosheid binnen de perken te houden. Mijn man ziet echter alleen maar mijn vijandigheid. Als ik gekalmeerd ben, wil ik meer weten: 'Zeg, kunnen we het niet overnieuw doen?' vraag ik dan. En dan drukken we in gedachten op de herhaalknop en draaien we het incident nog eens af.

Als partners dat maar vaak genoeg doen, hebben ze het heel goed door wanneer ze zich op glad ijs begeven. Ze voelen eerder dat het de verkeerde kant op gaat en zijn beter in staat om een veiligere route te kiezen. Ze gaan vertrouwen op hun vermogen om het verlies van verbondenheid aan te pakken en op die manier vorm te geven aan hun waardevolle relatie. Maar het duurt wel even voordat je de verkorte de-escalatietaal, haast in steno, van tante Doris en oom Sid beheerst.

## JE INVLOED OP JE PARTNER HERKENNEN

Kerrie en Sal illustreren tot in detail de ins en outs van het de-escalatieproces. Ze hebben allebei een goede baan, zien er modern uit en zijn al twintig jaar getrouwd. Het enige waarover ze het eens zijn is dat de laatste vier jaar een 'hel' zijn geweest. Ze komen telkens in een negatieve spiraal terecht doordat Kerrie veel later dan Sal naar bed gaat. Nadat ze jarenlang voor de kinderen gezorgd heeft, is ze weer gaan werken en sinds die tijd blijft zij 's avonds langer op. Ze hebben erover gepraat, maar afspraken worden net zo gemakkelijk gemaakt als geschonden.

Ze zitten elkaar nu alweer tien minuten in mijn spreekkamer onder vuur te nemen. Ik vraag of dit gevit kenmerkend is voor de manier waarop ze met elkaar omgaan.

Kerrie, een lange, elegante vrouw, tot aan haar Italiaanse leren tas toe in het rood gekleed, zegt op snijdende toon: 'Nee. Meestal blijf ik heel kalm. Ik blijf liever beleefd. Ik trek me in mezelf terug als hij zo agressief wordt. Maar de laatste tijd voel ik me steeds meer in een hoek gedrukt, dus schiet ik uit mijn slof om hem een tijdje koest te houden.' Ik opper dat het patroon van over en weer elkaar aanvallen, waarvan ik getuige ben geweest, misschien een variant is op een patroon waarbij Kerrie zich emotioneel inhoudt en Sal probeert een vorm van controle te krijgen, en meer betrokkenheid van zijn vrouw. Daar kunnen ze zich wel in vinden.

Sal, een bedrijfsjurist met een vlotte babbel en boven de oren al wat grijzend haar, doet zijn felle beklag over de manier waarop zijn vrouw hem naar zijn idee verwaarloost. Hij krijgt geen liefde, geen aandacht, geen seks. Zijn vrouw luistert niet naar hem. Hij is woedend en daar heeft hij het volste recht op.

Kerrie kijkt naar het plafond, vouwt haar benen over elkaar en beweegt haar in een rode hooggehakte schoen gestoken voet heen en weer. Ik wijs hen erop dat het patroon zich ook nu weer ontvouwt. Hij wordt boos en vraagt om aandacht en zij geeft 'mij krijg je niet klein'-signalen.

Nu doorbreekt Kerrie de spanning doordat ze hardop moet lachen als ze haar eigen strategie herkent. Dan komt Sal met het inzicht dat Kerries opvoeding haar vermogen tot empathie heeft beperkt en hij geeft haar enkele adviezen over wat ze daaraan zou kunnen doen. Kerrie hoort natuurlijk alleen maar dat zij het probleem is en aan haar tekortkomingen moet werken. De spanning bouwt zich weer op.

We praten wat over hechting en liefde en over het feit dat ons oerinstinct ervoor zorgt dat Sal, als hij voelt dat hij geen verbinding heeft, Kerrie op een agressieve manier probeert te bereiken en dat zij dan alleen maar op zijn boosheid let. Dan trekt ze zich terug, in een poging zichzelf en de relatie rustig te houden. De boodschap die hier in zit, namelijk: 'Het ligt niet aan jullie onvolkomenheden, zo zitten we nu eenmaal in elkaar', lijkt enorm te helpen.

Het gedragspatroon van dit stel – 'je moet en zult luisteren'/ 'je kunt me niet dwingen' – is al zo oud als hun huwelijk, maar is heviger en toxischer geworden toen Kerrie met haar succesvolle carrière als makelaar begon. Ze gingen allebei hun ruzies, hun meningsverschillen en hun dagelijkse kwetsuren in dat patroon inpassen. Verstandelijk begrijpen ze heel goed dat hun relatie nu door dat patroon wordt beheerst en dat ze uiteindelijk allebei 'het slachtoffer zijn van die emotionele duikvlucht', zoals Sal het uitdrukt. Maar het is duidelijk dat Kerrie een beperkte kijk op Sal heeft; ze wantrouwt hem. Ze onderkent niet echt de invloed die haar afstandelijkheid op hem heeft en hoe de vicieuze cirkel – waarin ze vast komen te zitten – daardoor in het leven wordt geroepen. Ze ziet niet goed hoe zij zelf, onbedoeld, aan zijn reactie op haar bijdraagt.

Op een gegeven moment vraagt ze op scherpe toon: 'Waarom ga je dan zo pushen? Oké, we hebben dus die aangeboren behoefte aan verbondenheid en ik kan wat koel overkomen, dat is nu eenmaal mijn stijl. Maar ik ben toch altijd een goede vrouw voor je geweest, vind je ook niet?'

Sal knikt plechtig, met zijn blik naar de grond gericht.

'Maar neem nu vanochtend. Je begon ineens weer over het feit dat ik het druk heb en dat ik gisteren zo laat naar bed ging. Dat is echt een punt bij ons. Elke keer komen we daarop terug. Als ik niet tegelijk met jou naar bed ga, of later dan jij wilt, word je boos. Daar kan ik gewoon niet bij. Dan is het alsof wat jij wilt het enige is wat telt, ook al hebben we overdag wel degelijk tijd samen doorgebracht.'

Sal zet uitvoerig, punt voor punt, uiteen dat hij helemaal niet zo veeleisend is. Nog voordat hij zijn eerste verstandige zin heeft afgemaakt, zit Kerrie al in een andere wereld.

We moeten het niveau van het gesprek veranderen en wat meer
emotionele betrokkenheid zien te bereiken. Ik vraag hem of hij kan
beschrijven hoe hij zich voelt als hij in bed op Kerrie ligt te wachten.
Hij denkt even na en antwoordt dan vinnig: 'Nou, het is natuurlijk
geweldig als je de hele tijd op je vrouw moet wachten. Dat je je moet
afvragen of en wanneer ze zich zal verwaardigen om eens te komen
opdagen!' Op het eerste gezicht ziet hij er precies uit zoals hij is: een
man die eraan gewend is de touwtjes in handen te hebben en iedereen naar zijn pijpen te laten dansen. Maar onder die boze reactie
hoor ik zijn twijfel over haar 'opdagen' zodat ze samen zijn. Ik vraag:
'Wat gebeurt er nu met je, nu je erover praat? Je klinkt boos, maar
er gaat ook bitterheid achter je sarcasme schuil. Hoe voelt het om op
haar te liggen wachten, als je het gevoel hebt dat het haar niet kan
schelen hoe lang je moet wachten en dat ze misschien wel helemaal
niet komt?' Ik spreek hem nu op zijn dieperliggende emoties aan.

Na een lange stilte geeft hij antwoord. 'Het voelt bitter,' geeft Sal
toe. 'Dat is het juiste woord. Dus lig ik me geweldig op te fokken.
Maar hoe het voelt om maar te liggen wachten?' En ineens breekt
zijn masker. 'Het is een enorme kwelling, dat is het.' Hij slaat zijn
hand voor zijn ogen. 'En ik kan er niet tegen als ik me zo voel.'

Kerries hoofd veert op van verbazing. Ze fronst haar wenkbrauwen in ongeloof.

Ik vraag Sal zachtjes om me uit te leggen wat hij precies met 'een
enorme kwelling' bedoelt. En als hij begint te praten, verdwijnt elk
spoor van de Sal die het schrikbeeld van de rechtszaal is. 'Ik heb het
gevoel dat ik dan verbannen ben naar de zijlijn in Kerries leven. Ik
voel dat ik totaal onbelangrijk voor haar ben. Ik word ergens tussen
geschoven in haar overvolle agenda. We waren altijd intiem voordat
we gingen slapen. Maar nu het uren duurt voordat ze naar bed komt,
voel ik me aan de kant geschoven. En als ik probeer erover te praten,
word ik afgewezen. Als ik alleen in bed lig, voel ik me zo onbelangrijk. Ik weet echt niet wat er is gebeurd. Het is niet altijd zo geweest.
Ik heb het gevoel dat ik er helemaal alleen voor sta.'

Ik haak in op de woorden 'helemaal alleen' en 'aan de kant geschoven'. En op zijn gevoel dat hij mist hoe het vroeger was. Ik her-

inner me dat hij tijdens de eerste sessie over zijn eenzame jeugd vertelde, die hij voornamelijk in dure kostscholen doorbracht, terwijl zijn ouders, diplomaten, de wereld rondreisden. Ik herinner me dat hij zei dat Kerrie de enige persoon was met wie hij ooit een hechte band heeft gehad, de enige die hij ooit heeft vertrouwd, en dat hun ontmoeting een volledig nieuwe wereld voor hem heeft geopend.

Door hem weer op zijn eigen gedachten en woorden van toen te wijzen, legitimeer ik zijn pijn. Vervolgens vraag ik hem hoe het voelt om nu over het aan de kant geschoven worden te praten. Hij zegt: 'Ik word er verdrietig van en voel me hopeloos.'

Ik vraag: 'Voelt het alsof een deel van je zegt dat je je plekje in haar leven bent kwijtgeraakt? Dat je niet meer precies weet hoe belangrijk je voor Kerrie bent?'

'Ja,' zegt Sal zacht. 'Ik weet niet wat ik moet doen en dus word ik boos en maak ik een heleboel herrie. Dat gebeurde gisteravond ook.'

Ik merk op: 'Je probeert Kerries aandacht te trekken. Maar je voelt je ellendig. Voor de meeste mensen is het angstaanjagend als ze niet zeker zijn van hun verbondenheid, als het hun niet lukt om een reactie te krijgen van degene van wie ze houden.'

'Ik wil me zo niet voelen,' voegt Sal daar nog aan toe. 'Maar je hebt gelijk, het is angstaanjagend. En het is ook verdrietig. Zoals gisteravond. Ik lag daar in het donker en mijn verstand zei: "Ze heeft het druk. Geef haar de tijd." En hier lig ik dan in mijn eentje, en ik voel me een stumper.' Als hij dat zegt, vullen zijn ogen zich met tranen.

Als ik nu naar Kerrie kijk, zie ik dat haar ogen wijd open staan. Ze leunt naar voren, naar haar man.

Ik vraag naar haar reactie op de dingen die hij met haar heeft gedeeld.

'Ik ben helemaal in de war,' zegt ze. Ze draait zich naar Sal en vraagt: 'Meen je dat nou? Ja, ik zie het. Je wordt kwaad op me omdat je het gevoel hebt dat je niet belangrijk voor me bent! En je voelt je alleen? Dat heb ik nooit in de gaten gehad. Ik kon me niet indenken...' Haar stem sterft even weg. 'Ik zie alleen maar de strijdlustige kerel die me wil pakken.'

We bespreken hoe vreemd het voor haar is om te horen dat haar verminderde toegankelijkheid zo'n invloed op hem heeft, dat hij nu leeft in een wereld waarin hij haar mist, en bang is dat hij zijn plekje in haar leven is kwijtgeraakt.

'Ik begrijp heus wel dat je me zo ziet,' gaat Sal door. 'Ik probeer die gevoelens uit de weg te gaan. Maar het is gewoon gemakkelijker om boos of sarcastisch te zijn, dus dat krijg je altijd te zien.'

Kerrie ziet eruit alsof ze in tweestrijd verkeert. Haar man is niet de persoon die ze dacht dat hij was. Ik kan niet nalaten om hen erop te wijzen dat Sals woede Kerrie juist afstoot, en dat als zij afstand neemt, ze allebei in een negatieve spiraal van onzekerheid en isolement terechtkomen.

'Ik wist echt niet dat je je zo voelde,' zegt Kerrie. 'Ik wist niet dat mijn afstandelijkheid, waarmee ik al die boze woordenwisselingen probeerde te vermijden... Ik wist niet dat je je zo rot voelt als je op me ligt te wachten. Ik wist niet dat dat zo pijnlijk voor je is, dat het zo belangrijk voor je is dat ik naar bed kom. Als we ruzie hebben, klinkt het alsof het je alleen maar om meer seks gaat.' Haar gezichtsuitdrukking en haar stem zijn nu zachter geworden. En dan fluistert ze vol verbazing: 'Ik wist niet dat ik zo belangrijk voor je was. Ik dacht dat je gewoon de baas wilde spelen.'

Ik vraag haar of ze nu kan inzien dat haar afstandelijkheid, waarmee ze Sals woede probeerde te ontlopen, zijn hechtingsangsten aanwakkerde, een pijnplek bij hem blootlegde en zijn woede opriep, waardoor hij in de spiraal van ellende werd getrokken.

'Ja, dat zie ik,' bekent ze. 'Daarom kan hij waarschijnlijk niet gewoon een einde aan zijn woede maken, ook al hebben we het erover gehad en weet hij dat ik het vervelend vind. Ik hoor nu dat mijn afstandelijkheid en mijn werk bij hem al die gevoelens oproepen. En dan wordt zijn boosheid me te machtig en trek ik me nog meer terug. En dan lopen we vast.' Ze draait zich naar Sal. 'Maar ik... ik heb nooit geweten dat je daar in het donker op me lag te wachten. Ik had niet door dat ik zo veel invloed op je had. Ik zag gewoon niet dat jij je eenzaam zou kunnen voelen in het donker.'

Kerrie en Sal beginnen zich bewust te worden van de invloed die ze op het emotionele niveau van hechting op elkaar hebben. Ze begrijpen steeds beter dat ze allebei angsten in de ander oproepen en de protestpolka in gang houden. Hij protesteert tegen haar afstandelijkheid. Zij protesteert tegen de agressieve manier waarop hij verbinding met haar probeert te maken. Sal en Kerrie leren heel concreet in te zien hoe ze elkaar in hun negatieve patroon meesleuren.

## INZIEN DAT JE PARTNER DOOR ANGST WORDT GEDREVEN

In een latere sessie kijken Kerrie en Sal terug naar een andere crisis. Ditmaal had Kerrie Sal om zijn mening gevraagd over de jurk die ze wilde dragen bij een bruiloft in de familie. In dat gezelschap voelde ze zich nogal een buitenstaander. Kerrie viste naar zijn steun, maar Sal ving het signaal niet op. In plaats daarvan uitte hij vage kritiek, die erop neerkwam dat ze al wist dat hij die jurk niet mooi vond en dat zijn mening, of wat hij aantrekkelijk vond, er sowieso niet toe deed. Dat escaleerde al snel tot een discussie over de kwaliteit van hun seksleven. En zo begon de bekende dans met Kerrie die zich terugtrok om een steeds woedendere Sal uit de weg te gaan. Maar omdat ze dat patroon nu herkenden, namen ze die woordenwisseling nog eens door om inzicht te krijgen in de manier waarop hun beider hechtingsangsten hen tot wanhoop dreven en elkaar op afstand hielden.

'Nou, je vroeg me iets over die jurk,' zegt Sal. '"Kan dat zo?" vroeg je. En ik heb mijn mening gegeven. Dat is alles.'

Kerrie staart uit het raam, vechtend tegen haar tranen.

Als ik haar vraag wat er aan de hand is, draait ze zich om en haalt uit naar Sal. 'Ja, dat vroeg ik je. En je weet dat het belangrijk voor me is hoe ik er in dat gezelschap uitzie. Ik voel me daar niet veilig. Je had iets kunnen zeggen om me te steunen. Maar nee hoor. Ik krijg een zuur commentaar over dat ik het jou niet naar de zin wil maken. Ik stelde de vraag toch? Ik wilde steun, geen kritiek. Wat wil je eigenlijk van me? Ik doe ook nooit iets goed. Dat is zo'n moment waarop ik gewoon wil verdwijnen, zoiets als *"Beam me up*, Scotty!" En uiteindelijk draait alles alleen maar om het feit dat jij meer seks wilt.' Ze draait van hem weg en kijkt nadrukkelijk naar de andere muur.

'Je hebt gelijk,' zegt hij hortend en stotend met gespannen stem. 'Jij vroeg erom. Maar sinds wanneer doet mijn mening er echt toe? Je trekt toch aan wat jij wilt. Wat ik wil, doet er niet toe. En inderdaad, het feit dat je in bed zo koel bent, helpt ook niet echt. Maar dat is slechts een deel van het verhaal. Het gaat er echt niet alleen maar om dat ik meer seks wil.'

Ik vraag Sal en Kerrie om hier even te pauzeren en de herhaalknop in te drukken. Wat zou een filmcamera die paar laatste minuten hebben vastgelegd? Ik wist dat ze het konden! Nog geen week geleden had ik hen ook zo uit hun negatieve spiraal zien stappen.

Sal glimlacht en leunt achterover in zijn stoel. Dan schetst hij een beeld van de manier waarop ze vastlopen. 'Ja, kijk maar. Daar heb je dat pushen en terugtrekken weer. Het gaat eigenlijk niet om die jurk, hè? Het gaat zelfs niet eens over seks.'

Ik vind het geweldig dat hij dat zegt. Hij begrijpt dat ze nog steeds voorbijgaan aan de kern van de zaak: de hechtingsgevoelens en -behoeften die het drama telkens veroorzaken. Hij ziet de negatieve spiraal in werking. Maar nu moet hij uit zijn kritische houding stappen.

Hij zegt tegen Kerrie: 'Ik word dan nogal pusherig, denk ik. Ik geloof dat ik nog steeds de pijn van gisteravond voel. Weet je nog dat ik voorstelde om even in de werkkamer te knuffelen? Maar jij was te moe.' Hij stopt met praten en kijkt naar de vloer. 'Dat gebeurt best vaak.'

Sal heeft het niveau van het gesprek ingrijpend veranderd. Hij richt de aandacht op zijn eigen werkelijkheid en vraagt haar daarin mee te gaan.

Nu wacht ik op Kerries reactie. Blijft ze afstandelijk en ontoegankelijk, zal ze van de gelegenheid gebruikmaken om terug te slaan met een opmerking als: 'Ach, jíj voelt pijn. Nou, luister eens, kerel...'? Of zal ze ingaan op zijn poging om niet in hun gebruikelijke vicieuze cirkel terecht te komen, waarbij de een uit angst probeert de ander ergens toe te dwingen en waarbij de ander zich gekwetst terugtrekt?

Kerrie haalt diep adem en laat de lucht weer ontsnappen. Haar stem is zacht. 'Goed. We hebben het er nu over dat jij naar me uit reikt terwijl ik moe ben. Dan voel jij je zwaar gekwetst en gaat het ineens over het feit dat ik jouw mening niet op prijs stel en niet even kwam knuffelen.'

Ze heeft het hechtingsverhaal rond, de plot achter het drama van het moment. Ze stelt vast om welke emoties hun ruzie draaide. Ze gaat verder: 'Ik wilde echt jouw mening over die jurk, maar jij zat vast in je boosheid, denk je niet? Zoiets hebben we al duizend keer meegemaakt. We hebben het uitgepraat. Waarom kunnen we daar niet gewoon mee stoppen?'

Ik kan het niet laten om hen erop te wijzen dat dat nu precies is wat ze aan het doen zijn. Ze zien nu het grotere patroon in plaats van zich te concentreren op de negatieve zetten van de ander en daarop te reageren.

Kerrie zet nog een stap om meer veiligheid te creëren. Ze buigt zich naar Sal toe. 'Kijk, ik leer nog steeds bij over je pijnplekken. Ik zie nu wel in dat je gisteravond moet hebben gedacht dat ik koel reageerde. Ik was gewoon doodop. Ik durfde dat eigenlijk allemaal niet uit te leggen. Ik wist dat je naar intimiteit verlangde. Misschien was ik bang dat we weer in zo'n negatieve spiraal terecht zouden komen en daarom sloot ik me in mezelf op.'

'Was dit nu een van die gevallen waarover we het hebben gehad,' vraagt Sal, 'dat jij denkt dat het enige wat mij tevreden stelt is twee uur lang met elkaar vrijen? Zo'n keer dat jij het gevoel hebt dat je onder druk staat, dat je niet kunt beantwoorden aan mijn verlangens?'

Die reactie verbaast me. Nu ze hun duivelse dialoog langzaam doornemen, komt er ruimte voor nieuwsgierigheid, voor het verkennen van de werkelijkheid van de ander. Sal probeert niet alleen zijn eigen gedachten helder te krijgen, hij verplaatst zich ook in Kerries positie en leeft zich in haar gedachten in.

Kerrie is hier zichtbaar door geraakt en ik zie dat ze zich even bukt en haar rode 'stekelige' schoenen, zoals ze die zelf noemt, uitdoet. Die schoenen zeggen tegen de wereld dat ze een sterke persoon is met wie je maar beter rekening kunt houden. Ze schuift haar stoel naar die van Sal. 'Ja, ik voelde die druk inderdaad. En ik ben bang dat ik me inderdaad helemaal in mezelf opsloot. Maar nu weten we dat zo'n moment voor jou heel beladen is, toch? Jij gaat in de aanval en ik trek me nog verder terug. Zo gaat het meestal.'

Er klinkt een nieuw geluid in de kamer. Beide partners analyseren hun dans en benoemen hun passen. En nog belangrijker: ze zien ook precies hoe ze elkaar meeslepen. Maar onderkennen ze ook echt de gevolgen daarvan, hoe dat patroon hen allebei gevangen houdt in isolement en angst?

Mijn commentaar: 'Dat maakt het zo moeilijk voor jullie. Uiteindelijk zorgt het ervoor dat jullie je alleen voelen.'

'Ja,' zegt Sal. 'Dan word ik somber en bang. Dat probeerde ik met mijn boze opmerkingen te zeggen. "Waarom vraag je om mijn mening, alsof die er iets toe doet?" En als dat gevoel eenmaal de boventoon gaat voeren...' Hij valt stil.

'Dan word je bang en onzeker over hoe belangrijk je voor Kerrie bent,' zeg ik. 'En zo vergaat het ons allemaal. Die angst hoort gewoon bij de liefde. Maar het is moeilijk om daarmee te leven en die angst onder ogen te zien; het is makkelijker om op boosheid terug te vallen.'

Kerrie is nu een en al aandacht voor haar man en ze praat op een rustige, neutrale toon. 'Dus het is die angst die je naar die donkere plek brengt...'

'Ja,' antwoordt Sal, 'en ik kan daar zo slecht mee omgaan dat ik helemaal doorsla. Dan word ik woedend.'

'Maar dan, Sal, versterkt jouw woede Kerries eigen angsten juist weer,' merk ik op.

'Klopt,' beaamt Kerrie. 'Dan overvalt me weer de angst dat ik in de ogen van die man nooit eens iets goed kan doen. Dat ik tekortschiet. En het gekke is dat ik het juist heerlijk vind om samen op de bank te zitten en te knuffelen. Ik vind dat we fijn vrijen. Maar we worden op scherp gezet door die stomme dans en die doet ons allebei de das om.'

Ik wijs hen erop dat ze zojuist de duivel van hun dialoog hebben weten te pakken en hem in de houdgreep hebben. Ze zijn nu op een andere manier met hun angsten omgegaan, op een manier die hun angsten heeft verzacht in plaats van dat ze er volledig door uit evenwicht raken. Maar Sal wil nog iets belangrijks zeggen. Het lijkt erop dat hij groeit in zijn stoel, alsof hij ineens vastere grond onder de voeten heeft gekregen. 'We beginnen te leren hoe we dit moeten aanpakken. Als we inzien waar we vastlopen, en als we iets kunnen doen aan die pijnplekken en hoe die de boel op gang brengen, nou, dan lukt het ons misschien wel om' – hij stopt even om naar de juiste woorden te zoeken – 'nou, om nog dichter bij elkaar te komen,' rondt hij af en hij glimlacht.

Kerrie lacht en pakt zijn hand.

Wat hebben Sal en Kerrie in deze laatste twee gesprekken nu eigenlijk gedaan?

- Ze zijn verder gegaan dan het herhalen van de passen van hun negatieve dans. Ze zien nu het patroon dat hun relatie dreigt over te nemen.
- Ze herkennen hun eigen danspassen die aan de dans bijdragen.
- Ze leren in te zien hoe die danspassen hun hechtingsbehoeften en -angsten opwekken.
- Ze beginnen een idee te krijgen van de enorme invloed die ze op elkaar hebben.
- Ze begrijpen, verwoorden en delen de pijn van afwijzing en angst.

Dit alles betekent dat ze nu in staat zijn om een conflict te de-escaleren. Bovendien is het zo dat ze elke keer dat ze dat doen verder werken aan een gemeenschappelijke en veilige basis waarop ze kunnen terugvallen als ze proberen om te gaan met de diepe emoties die nu eenmaal bij de liefde horen.

Nu je gezien hebt hoe de-escalatie werkt, wordt het tijd om er in je eigen relatie mee aan de slag te gaan.

## Spel en oefening

1. Kies samen met je partner een kort, ontregelend (maar niet al te heftig) incident uit jullie relatie uit de afgelopen twee of drie weken en schrijf in eenvoudige bewoordingen op wat er is gebeurd. Doe dat vanuit het gezichtspunt van een vlieg op de muur. Hope-

lijk kunnen jullie het eens worden over deze beschrijving. Schijf nu onder elkaar de danspassen op die jullie in deze situatie hebben gezet. Hoe speelden jouw danspassen in op die van je partner en hoe lokten ze die van je partner uit? Vergelijk wat jullie hebben opgeschreven en maak een gezamenlijke versie waarover jullie het eens kunnen worden. Houd het eenvoudig en beschrijvend.

2. Zet er nu de gevoelens bij die jullie hadden en ook hoe je de emotionele reactie van je partner mede bepaalde. Bespreek je antwoorden en maak een gemeenschappelijke versie. Vraag nu naar de diepere, zachtere gevoelens die je partner daar wellicht bij had. Wees nieuwsgierig, want dan kun je waardevolle informatie krijgen. Als je partner het moeilijk vindt om zijn of haar zachtere gevoelens op te roepen, probeer er dan eens naar te raden en gebruik daarbij als richtlijn wat je van zijn of haar pijnplekken weet. Vraag je partner of het klopt en herzie eventueel wat je raadde.

3. Probeer samen met behulp van bovenstaande informatie te beschrijven of op te schrijven wat jullie aan het einde van het incident tegen elkaar hadden kunnen zeggen als jullie in staat waren geweest om elkaar te steunen en het incident zodanig hadden kunnen afronden dat het jullie allebei een veilig gevoel had gegeven. Hoe zou dat voor jullie geweest zijn? Hoe zouden jullie je met betrekking tot elkaar en jullie relatie hebben gevoeld?

4. Probeer de eerste drie stappen nu ook met een echt beladen, onopgelost incident. Als je vastloopt, geef dan gewoon toe dat een bepaald onderdeel van de oefening moeilijk voor je is. Als je partner het moeilijk vindt, vraag dan of jij op de een of andere manier kunt helpen. Soms hebben mensen gewoon even wat geruststelling nodig om deze opdracht vol te houden.

5. Wat betekent de wetenschap dat je momenten van conflict of verlies van verbondenheid op deze manier kunt ontmantelen of bespreekbaar kunt maken in het algemeen voor jullie relatie? Deel dit met je partner.

Met wat je in de eerste drie gesprekken hebt geleerd, kun je conflicten de-escaleren. Dat is al heel wat. Jullie zijn nu in staat om negatieve patronen die je onzeker maken over je hechting te doorbreken, en om elkaars hechtingsprotesten te herkennen en te accepteren. Maar om echt een sterke, liefdevolle en gezonde relatie tot stand te brengen, moeten jullie ook in staat zijn om effectieve en positieve gesprekken te voeren die tot wederzijdse toegankelijkheid, ontvankelijkheid en betrokkenheid leiden. Daar gaan we in de volgende gesprekken aan werken.

# Vierde gesprek:
# Houd me vast – betrokkenheid
# en verbondenheid ontwikkelen

*'Als iemand je lief vindt, dan zeggen ze je naam anders. Je weet gewoon dat jouw naam veilig is in hun mond.'*
– BILLY, VIER JAAR OUD, MET ZIJN DEFINITIE VAN LIEFDE, GEVONDEN OP HET INTERNET

Moge uw liefde mij vertroosten, zoals u aan uw dienaar hebt beloofd.
*Heb mededogen met mij, en ik zal leven, uw wet verheugt mij.*
– PSALM 119:76-77

Er is één beeld dat Hollywood van de liefde schetst dat in mijn ogen juist is. Dat is het moment waarop twee mensen elkaar diep in de ogen kijken, langzaam in elkaars armen glijden en samen in volmaakte synchronie dansen. Als we dit zien, weten we meteen dat deze twee mensen belangrijk voor elkaar zijn, dat ze met elkaar verbonden zijn.

Dergelijke momenten op het witte doek geven bijna altijd aan dat twee geliefden de eerste dagen van een bedwelmende romance beleven. Je ziet dat soort beelden zelden als het om een later stadium van de liefde gaat. En daar zit Hollywood ernaast. Want zulke momenten van intense ontvankelijkheid en betrokkenheid zijn in elk stadium van een relatie van vitaal belang. Daar kun je gelukkige en 'veilige' stellen aan herkennen.

Als we verliefd worden, zijn we als vanzelfsprekend en spontaan op onze partner gericht. We zijn ons intens van elkaar bewust en op een verrukkelijke manier gevoelig voor elk gebaar, elk woord en elke gevoelsuiting van onze partner. Maar na verloop van tijd worden veel mensen minder aandachtig, ze worden zelfgenoegzamer en raken zelfs afgestompt. Er ontstaat een storing in hun emotionele antenne, of misschien worden de signalen van hun partner zwakker.

Om een veilige band te smeden en te onderhouden, moeten we in staat zijn om ons net zo zuiver op onze geliefde te blijven afstemmen als in het begin van onze relatie. Hoe doen we dat? Door bewust momenten van betrokkenheid en verbondenheid te creëren. In dit gesprek zet je de eerste stap in die richting, en de hierop volgende gesprekken zullen je laten zien hoe je actief een gevoel van intimiteit kunt bevorderen, zodat je in staat bent om naar believen jullie eigen 'Hollywoodmoment' in het leven te roepen.

Het 'houd-me-vast'-gesprek bouwt voort op het gevoel van veiligheid dat je samen met je partner als gevolg van de eerste drie gesprekken bent gaan ontwikkelen. In die gesprekken heb je geleerd hoe je negatieve interactiepatronen met je partner kunt doorbreken of in toom kunt houden. Jullie hebben ook geleerd om tenminste een van de diepere gevoelens te benoemen die opkomen als jullie in een negatieve spiraal zitten en op momenten waarop de verbinding tussen jullie beiden wordt aangetast. Het is moeilijk om effectief verbinding te zoeken en de ander te steunen als er geen basisveiligheid is. In dit gesprek leer je hoe je positieve patronen kunt ontwikkelen waarbij je je hand naar je geliefde uitstrekt en je jezelf ontvankelijk voor hem of haar opstelt. In feite leer je hier de hechtingstaal spreken.

Zie het maar zo: als je de eerste drie gesprekken vergelijkt met een gezamenlijke wandeling in het park, dan leer je in het vierde gesprek de tango te dansen. We gaan naar een hoger niveau van emotionele betrokkenheid. Alle vorige gesprekken vormen een voorbereiding op dit vierde gesprek, en alle hierop volgende gesprekken hangen af van de vraag of beide partners in staat zijn om dit gesprek te voeren. Het 'houd-me-vast'-gesprek is de essentiële brug die de kloof tussen twee eenzame plekken kan overbruggen.

Het kan moeilijk zijn, en soms zelfs pijnlijk, om ons los te maken van de manieren waarop we onszelf doorgaans beschermen, en onze diepste behoeften te erkennen. De reden om dit toch aan te durven is eenvoudig: als we niet leren om op een open en authentieke manier onze hechtingsbehoeften aan onze partner te laten zien, is de kans dat die behoeften bevredigd worden minimaal. We moeten de boodschap goed duidelijk maken, zodat onze partner die kan ontvangen.

Als andere mensen veilige rustpunten voor ons zijn gebleken, en als we een veilige band met onze geliefde hebben, is het gemakkelijker om ons emotionele evenwicht te bewaren als we ons kwetsbaar voelen. Bovendien kunnen we dan gemakkelijker bij onze diepste gevoelens komen en het verlangen naar hechting – dat altijd in ons aanwezig is – uiten. Maar als we ons onzeker voelen over onze relatie, is het moeilijker om onze verlangens te vertrouwen en ons kwetsbaar op te stellen. In dat geval proberen sommigen om hun emoties ten koste van alles onder controle te houden, ze te verstoppen en te eisen wat ze nodig hebben. Andere mensen ontkennen zelfs het bestaan van die emoties en behoeften. Maar ze zijn er wel. Zoals de slimme maar moorddadige schurk in de film *In The Cut* Meg Ryan toefluistert, de heldin die intimiteit met anderen vermijdt: 'Je wilt het zo graag dat het pijn doet.'

Het vierde gesprek bestaat uit twee delen. In het eerste deel, 'Waarvoor ben ik het bangst?', moeten we de diepere gevoelens die je in de vorige gesprekken hebt benoemd nader verkennen en tot in detail uitdiepen. Toen keerde je verder naar binnen, naar je emoties. Maar om je hechtingsprioriteiten te ontdekken, moet je nog dieper gaan.

Het tweede deel, 'Wat heb ik het meest van je nodig?', is van cruciaal belang: het omslagpunt binnen EFT. Daarin leer je open en helder je behoeften uitspreken, zodat je partner wordt uitgenodigd tot een nieuwe dialoog, die wordt gekenmerkt door toegankelijkheid, ontvankelijkheid en betrokkenheid; we noemen dit een T.O.B.-gesprek.

Christelijke stellen kunnen in dit gesprek een voordeel hebben. In het gebed leren we ons hart te openen en tonen we onze diepste kwetsbaarheden aan degene van wie we houden: God. Vanuit die diepste kwetsbaarheid richten we ons tot God en laten we Hem ons hart en onze verlangens zien. Doordat Hij zich over ons ontfermt, worden we getroost door onze verbinding met Hem en voelen we ons in zijn geliefde geborgen. Veel christelijke stellen vinden het zeer waardevol om in tijden van twijfel en kwetsbaarheid naar God uit te reiken. We kunnen op deze manier ook naar onze levenspartner uitreiken. Timothy Keller herinnert ons er in zijn boek *Bidden – Vertrouwelijke omgang met de ontzagwekkende God* aan we dat als we bidden niet alleen meer zegeningen van Hem willen ontvangen, maar ook een manier zoeken om meer van God zelf te ontvangen en om dichter tot Hem te komen. Ons vermogen om vanuit ons hart naar God uit te reiken staat model voor de manier waarop we ons voor onze partner kunnen openstellen en naar hem of haar kunnen uitreiken.

## Een stel door de hel

Charlie en Kyoko zijn een jong immigrantenstel uit een Aziatische cultuur waarin de man duidelijk het hoofd van het gezin is en het laten zien van je emoties niet zo wordt gewaardeerd. Kyoko heeft van haar huisarts antidepressiva voorgeschreven gekregen toen ze 'hysterisch' werd doordat ze niet tot een masteropleiding werd toegelaten. Charlie probeerde haar te helpen door haar goede raad te geven, maar die bestond voornamelijk uit opmerkingen over hoe ongeschikt ze was voor de carrière die ze had gekozen. Dat hielp dus niet echt. Dat is hun situatie als ze bij mij aankloppen.

Het is voor Charlie en Kyoko niet moeilijk om hun duivelse dialoog te benoemen. Hij blijft emotioneel afstandelijk en leest haar de les over wat ze wel en niet moet doen. Daarbij blijft hij zeer rationeel. Zij verzandt daarop in lange tirades en wanhopige huilbuien. Na een paar sessies beginnen ze elkaars pijnplekken in beeld te krijgen, al vinden ze het nog steeds moeilijk om echt goed naar hun kwetsbaarheden te kijken. Kyoko, een kleine, exotisch uitziende vrouw die in een hoog tempo zangerig Engels spreekt, vertrouwt me toe dat ze in haar jeugd onderworpen is geweest aan strenge regels en door haar familie gemeden werd als ze zich niet aan die regels hield.

Ik opper dat Kyoko nu allergisch is voor verhalen over hoe ze 'moet' zijn, en zich door Charlies afstandelijkheid gestraft voelt.

Ze probeert het Charlie uit te leggen: 'Het is alsof ik al op de grond zit en me klein voel, en dan kom jij ook nog even zeggen wat ik allemaal wel en niet moet doen. Dan zeg je: "Ja, je zou je ook klein moeten voelen; en doe nu maar dit en dat." En daar protesteer ik dus tegen. Jouw advies kleineert me alleen maar. Ik voel me gekwetst en boos. En dan kom jij met weer andere regels, dat ik niet boos mag zijn en zo. En ik ben alleen. Troosteloos alleen.' Ze geeft toe dat haar echtgenoot in veel opzichten 'geweldig' is. Hij is een verantwoordelijke en plichtsgetrouwe man en ze heeft veel respect voor hem. Maar hun ruzies en zijn fysieke en emotionele afstandelijkheid 'maken me gek. Jullie noemen dat, geloof ik, mesjokke. Ik raak er alleen nog maar depressiever van.'

Charlie, een begaafde natuurkundige, vindt het in het begin heel moeilijk om die boodschap te begrijpen. Zijn idee van liefde is altijd geweest dat hij zijn vrouw tegen haar eigen 'overstuurheid' moest beschermen en haar in deze nieuwe Noord-Amerikaanse wereld 'de weg moest wijzen'. En wat zijn eigen emoties betreft, geeft hij op een gegeven moment toe dat zijn hart door Kyoko's 'woedende explosies verbrijzeld wordt'. Maar meestal wuift hij zijn eigen pijn weg en concentreert hij zich op de 'problemen' van zijn vrouw.

Langzaam maar zeker lukt het Charlie om zijn vrouw minder te bekritiseren ('Kyoko heeft een psychisch probleem; ze is zo veranderlijk als het weer') en kijkt hij ook naar zijn eigen reacties ('Ik bescherm mezelf inderdaad. Ik kan niet omgaan met haar onredelijke uitbarstingen. Zo spraken we thuis nooit met elkaar. Deze manier van praten ben ik niet gewend'). Uiteindelijk kan hij zijn eigen emoties en drijfveren verkennen ('Ik voel me dan helemaal verpletterd. Dus geef ik haar raad, om te voorkomen dat ze zo boos wordt').

Kyoko begint te begrijpen hoe ze 'doordramt' om haar bedoeling duidelijk te maken en Charlie ervan te weerhouden dat hij afstand van haar neemt. Ze geeft toe dat Charlies kritiek haar pijn doet. Vervolgens vertelt ze dat ze zich 'afgedankt' voelt sinds Charlie niet meer met haar vrijt en haar niet meer aanraakt. Woorden als 'verpletterd' en 'afgedankt' lijken wel in mijn spreekkamer na te galmen.

Aan het einde van de sessie concludeert Charlie: 'Ik denk dat ik Kyoko met mijn raadgevingen en mijn logica alleen maar pijn doe en kleineer. En als ik probeer haar gevoelens terzijde te schuiven, maakt dat de boel alleen maar erger.'

Op haar beurt zegt Kyoko dat ze nu inziet dat Charlie met zijn afstandelijkheid en logica probeert te maskeren hoe ongemakkelijk hij zich voelt als ze overstuur is.

Ze gaan verder met een gesprek waarin ze op een crisis terugkijken. Het incident deed zich voor toen Charlie bij een vriend op bezoek was en Kyoko, die zich eenzaam voelde, hem opbelde. Hoewel hij de emotie in haar stem wel had gehoord, onderbrak Charlie haar en zei hij dat hij bezig was en moest ophangen. Nu ze dat incident opnieuw de revue laten passeren, kunnen ze bespreken wat er precies gebeurde. Kyoko zegt nu dat ze had zitten nadenken over hun relatieproblemen en toen ineens, in een opwelling, had gebeld omdat ze geruststelling nodig had. Charlie legt uit dat hij, toen hij de intense emotie in haar stem hoorde, 'bang' werd en gewoon was gevlucht voor de bui die hij al zag hangen. Kyoko geeft toe dat ze inderdaad 'knettergek' wordt als Charlie afstand neemt, en dat ze wel inziet dat hij daarvan in de war raakt en zich overweldigd voelt. Ze hebben er allebei een goed gevoel over dat ze nu met elkaar kunnen delen dat ze in hun huwelijk af en toe 'het spoor bijster raken' en vast blijven zitten in geklaag over de ander.

Het wordt nu tijd voor Charlie en Kyoko om het vierde gesprek aan te gaan en het risico te nemen dat gepaard gaat met het erkennen van hun diepere behoeften.

## Waarvoor ben ik het bangst?

Dit deel van het gesprek heeft als doel om op emotioneel vlak meer helderheid te krijgen. Ik vraag Charlie hoe Kyoko hem kan helpen om het veilige, liefdevolle gevoel dat ze ooit ervaren hebben weer in hun relatie terug te brengen. 'Nou, ik zou niet meer bang zijn en haar de les niet meer lezen als zij niet meer zo zou ontploffen,' antwoordt hij. Vervolgens vraag ik hem wat over zichzelf en zijn gevoelens te vertellen. Hij zegt dat hij niet goed weet waar hij moet beginnen. Die wereld van gevoelens is hem 'vreemd'. Maar hij ziet nu wel in – en hij lacht me breeduit toe – dat er misschien wel een 'logica' schuilt in het luisteren naar gevoelens en het delen ervan.

Hij richt zich tot Kyoko en zegt dat hij haar nu voorspelbaarder vindt, 'veiliger', nu hij begrijpt dat ze zich terzijde geschoven en gestraft voelt door zijn raadgevingen. Maar hij weet niet goed hoe hij bij zijn eigen diepere gevoelens moet komen.

Ik vraag hem hoe hij zijn gevoelens in de vorige gesprekken heeft herkend. Waar begon hij?

Hij is heel slim en vertelt me iets waar wij, therapeuten, vaak pas na jaren achter komen. Hij zegt: 'Nou, ik kijk eerst naar wat me blokkeert, wat het moeilijk maakt om me op mijn gevoelens te concentreren. Ik kijk naar het moment waarop ik mijn gevoelens op afstand houd en in mijn hoofd naar "formules" ga graven.'

Daar kan ik me in vinden en Kyoko springt behulpzaam in: 'Het zal wel net zoiets zijn als toen ik Engels leerde. Als gevoelens een vreemde taal voor je zijn, is het moeilijk om je op je gemak te voelen. We proberen vreemde dingen op afstand te houden. Vreemd is eng.'

Charlie lacht en antwoordt: 'Ja. Ik loop weg voor gevoelens omdat ze vreemd zijn. Ik heb ze niet onder controle. Het is gemakkelijker om voor jou een verbeteringsprogramma op te stellen.'

Nu wendt hij zich tot mij en brengt nog iets naar voren. 'In onze beste gesprekken hielp het om gebruik te maken van wat jij "handvatten" noemt en om daar eens goed bij stil te staan.'

Kyoko en ik herinneren Charlie aan enkele handvatten die hij heeft gebruikt om zijn reacties op Kyoko te beschrijven: een verbrijzeld hart, overdonderd, bang, doorslaan en vluchten.

Charlie knikt, maar kijkt aarzelend. 'Ik vind het moeilijk om rustig bij die handvatten stil te staan,' fluistert hij. 'Ook om ze alleen maar voor mezelf te verkennen. Om te luisteren naar de signalen die mijn gevoelens en gedachten op gang brengen. Ik weet niet waar dat toe kan leiden. Ik heb meer vertrouwen in rationeel denken. Maar dat is hier waarschijnlijk niet genoeg.'

Ik knik en vraag hem welk handvat hem nu bezighoudt.

Hij zegt zacht: 'Nou, dat ligt voor de hand. Ik trek me terug in mijn hoofd als ik de onrust, het akelige voorgevoel niet meer aankan.'

Kyoko en ik leunen allebei even achterover. 'Wat heeft "onrust" – zo'n groot, abstract woord – hier nu mee te maken?' vraag ik me hardop af.

Dan mengt Kyoko zich opnieuw in het gesprek. Ze heeft uit eerdere gesprekken geleerd om grote abstracte termen als deze te ontrafelen, zodat ze het gesprek niet saboteren. Ze buigt zich naar voren en vraagt: 'Charlie, blijf je weg van je emoties en van de mijne omdat je ergens heel bang voor bent?'

Charlie staart naar de grond en knikt langzaam. Hij zucht. 'Ik wil altijd alles onder controle houden, dus ik denk dat er grote angsten in het spel zijn. Ik voel me inderdaad overdonderd als Kyoko door mij zo overstuur raakt en dan raak ik de weg kwijt. Ik weet dan niet wat ik moet doen.'

Als we zover gekomen zijn, wil ik tot de oorsprong van de angst doordringen, dus ik vraag: 'En wat is dan het ergste wat er zou kunnen gebeuren, Charlie? Waar ben je het bangst voor?'

Maar voor ik uitgepraat ben geeft Charlie het antwoord al.

'Het woord "verbrijzeld" komt maar steeds bij me op,' zegt hij. 'Als ik hoor dat Kyoko overstuur raakt, word ik verbrijzeld. Ik verlies de controle. De explosie zal voor ons allebei het einde betekenen.'

Charlie heeft veel gezegd. We moeten dit moment verder uitspitten. Dus ik probeer het stukje bij beetje te ontrafelen om Charlie te helpen er dieper in te duiken. Het is altijd het beste om te beginnen met het benoemen van de emotie.

Ik vraag: 'Charlie, de primaire emotie die ik hoor, is angst. Klopt dat?'

Hij knikt plechtig. 'Ik voel het hier,' zegt hij en tikt op zijn borst.

Dus ik ga door: 'Maar wat heeft die angst je te zeggen? Wat voor vreselijke bedreigingen zie je? Misschien dat ze nog verder doordraait als jij niet volstrekt kalm blijft? Of dat je te horen krijgt dat ze iets van je wil wat jij haar niet kunt geven? Dat jij niet de volmaakte echtgenoot bent die je zou moeten zijn als jij je openstelt en merkt dat je vrouw pijn heeft? En dat je haar dan helemaal kwijtraakt?'

Charlie knikt heftig. 'Ja, dat allemaal. Allemaal. Ik heb het zo geprobeerd. Maar wat ik kan doen, werkt niet. Hoe meer ik probeer om haar redelijkheid bij te brengen, hoe erger het wordt. Dus voel ik me hulpeloos. Echt hulpeloos. Ik ben goed in alles wat ik doe en ik doe alles volgens de regels. Maar nu...' Hij spreidt zijn handen in een gebaar van verslagenheid.

We verlangen allemaal naar die paar onfeilbare regels over de manier waarop je moet beminnen en bemind moet worden. Maar liefde is improvisatie. En Charlie maakt daarbij geen gebruik van de beste leidraad, namelijk zijn eigen emoties en die van zijn vrouw.

Ik vraag: 'Als je luistert naar dat gevoel van angst en hulpeloosheid, wat is dan de grootste bedreiging, de meest angstaanjagende boodschap? Kun je dat tegen Kyoko zeggen?'

Hij schiet overeind en schreeuwt uit: 'Ik weet niet hoe ik dat moet doen. Ik kom er niet uit!' Hij draait zich naar Kyoko en gaat verder: 'Ik weet niet hoe ik ermee moet omgaan als jij ongelukkig met me bent. En ik weet nooit wanneer je weer ontploft. Ik voel me nooit zeker van mezelf met jou. En dat heb ik wel nodig. Ik ben zo verdrietig. We zijn samen van de andere kant van de wereld gekomen. Als ik jou niet heb...' Hij huilt.

En Kyoko huilt met hem mee.

Wat is hier gebeurd? Charlie is doorgedrongen tot zijn diepere emoties en heeft ze blootgelegd. Ze gaan over zijn behoefte aan een veilige emotionele verbondenheid met zijn vrouw. Hij zet zijn emotionele verwarring om in een heldere hechtingsboodschap.

Als ik hem aankijk, moet hij zowaar glimlachen. Hij ziet er zeker niet hulpeloos of overdonderd uit. Ik vraag: 'Hoe is het nu, Charlie, nu je dat allemaal hebt gezegd?'

'Zo raar,' antwoordt hij. 'Het voelt goed om die dingen te kunnen zeggen. Ik ben niet "verbrijzeld", Kyoko is er nog steeds en ik voel me op de een of andere manier sterker.'

Als we onze ervaringen onderzoeken en weten te plaatsen – of, zoals ik het noem, ordenen en zuiveren – ontstaat er een gevoel van opluchting: we zijn sterker geworden, ongeacht hoe pijnlijk het proces zelf ook kan zijn.

Dit is een andere, toegankelijkere Charlie.

Nu is de reactie van Kyoko van cruciaal belang. Als een van de partners in een ongelukkige relatie de moed opbrengt om zich open te stellen, gebeurt het maar al te vaak dat de ander dat niet ziet of deze onthulling niet vertrouwt. Als een van beide partners nieuwe stappen in de richting van zijn of haar geliefde zet, kan de ander hier op verschillende manieren op reageren, bijvoorbeeld afwijzend of bedenkelijk, zoals 'Dat is belachelijk' en 'Bewijs dat eerst maar eens.' En dan vallen ze weer terug in hun duivelse dialoog.

Het is nu eenmaal zo dat iemand pas het risico neemt om afgewezen te worden door zichzelf kwetsbaar op te stellen, zoals Charlie nu heeft gedaan, als de ander heel belangrijk voor hem of haar is. En soms moet de zich openstellende partner bereid zijn om vol te houden en zijn of haar boodschap net zo lang herhalen tot de ander eraan gewend is om zijn of haar partner in een nieuw licht te zien. Stellen die in een duivelse dialoog zijn blijven steken kunnen ook weer in beweging komen door de eerste drie gesprekken nog eens over te doen.

Gelukkig voor Charlie en Kyoko reageert zij bemoedigend op het feit dat hij zijn diepere gevoelens nu laat zien. 'Ik begrijp nu veel beter waarom je zo koel en rationeel wordt en mij dan instructies gaat geven,' zegt ze. 'Ik heb nooit geweten dat ik zo belangrijk voor je was dat ik je zo'n pijn zou kunnen doen. Ik heb heel veel respect voor je, omdat je dit met me deelt. Daardoor voel ik me meer met je verbonden.'

Charlie grijnst naar haar en draait met zijn stoel tweemaal in de rondte.

Het vermogen om aandacht te schenken aan de diepste ontboezemingen van je partner is het begin van een wederzijdse ontvankelijkheid en betrokkenheid.

Kyoko heeft haar hand naar Charlie uitgestoken. Nu is het haar beurt om haar emoties te laten zien en erachter te komen of Charlie zijn hand ook naar haar zal uitsteken. Ze kijkt terug op de eerder besproken crisis en zegt: 'Toen je thuiskwam, vertelde ik je dat ik ontdaan was en toen zei je: "Nou moet je niet weer zo doordraaien," en dat je zou weggaan als ik niet zou ophouden met mijn uitbarstingen.

Toen had ik het helemaal gehad. Ik kan niet altijd kalm en logisch zijn.'

Charlie voelt zich ongemakkelijk en stamelt: 'Het spijt me.' Hij geeft toe dat hij haar pijn op dergelijke ogenblikken niet echt kan begrijpen.

Kyoko gaat nog dieper naar binnen. Ze zegt: 'Ik ben zo vreselijk verdrietig, het lijkt erop dat we niet meer echt samen kunnen zijn.'

Charlie knikt en antwoordt: 'Je hoeft niet verdrietig te zijn, want we werken aan onze relatie.' Hij onderbreekt zichzelf, schudt zijn hoofd en vervolgt: 'Ik zal proberen je pijn te leren begrijpen. Wat was het ergste moment voor je, het rotste gevoel?'

Dat is een heel goede vraag en door die te stellen, helpt Charlie Kyoko om tot de kern door te dringen. Maar Kyoko kan geen antwoord geven. Ze blijft zwijgen en er stromen grote tranen over haar wangen.

Charlie legt zijn hand op haar knie. 'Als ik zeg dat je doordraait, is dat alleen maar omdat ik bang ben voor de negatieve gevoelens tussen ons,' fluistert hij.

Dan zegt Kyoko: 'De ergste ogenblikken waren toen je het telefoongesprek beëindigde, en later, toen je zei dat je zou weggaan. Je vond dat ik zo "onredelijk" was.'

Charlie zit er erg over in en zegt: 'Ik weet niet hoe ik dat kan herstellen. Wat moet ik doen?' vraagt hij terwijl hij zich naar mij keert.

'Om het te herstellen moet Kyoko voelen dat je hier bij haar bent,' antwoord ik. 'Je moet haar laten weten dat je geeft om haar pijn.'

Hij spert zijn ogen vol ongeloof open.

En zij zegt: 'Als ik bedroefd ben, of bang, of van streek, dan sluit jij je af. Je troost me niet. En nu vrij je ook niet meer met me en omhels je me niet meer. Net wanneer ik je nodig heb, verdwijn jij met die afkeurende houding van het toneel. Je keert je af en dankt me af. Ik ben niet de vrouw die jij wilt hebben.'

Het is pijnlijk om Kyoko's ontboezeming over haar gevoel van afwijzing en verlatenheid aan te horen. Geen wonder dat ze zo nu en dan haar evenwicht verliest en woedend protesteert of gedeprimeerd raakt. Maar nu is ze glashelder en beschrijft ze haar gevoelens zeer nauwkeurig. 'Ik vind het verschrikkelijk als je me links laat liggen en met je regeltjes aankomt. Ik ben nog nooit zo eenzaam geweest als dan.' Nu kijkt ze hem recht in de ogen aan. 'Charlie, je bent er niet voor me, je bent niet bij me. Dus raak ik in paniek. Hoor je wat ik zeg?'

Hij pakt haar handen vast. Hij knikt en knikt. 'Ja, ja, ja.' Heel zacht zegt Charlie nu: 'Ik word verdrietig als ik dit hoor. Ik ben heel bedroefd.'

En dat is hij. Zijn emotionele aanwezigheid is even tastbaar als de stoel waarop hij zit. Kyoko heeft het duidelijke besef van haar diepe emoties weten om te zetten in een duidelijk hechtingssignaal voor haar partner. Ze heeft haar diepste pijn gezuiverd, het oeralarm van verlies en paniek dat afgaat als onze geliefde er niet voor ons is, en hij heeft haar gehoord.

Beide partners hebben verbinding gemaakt met hun eigen emotionele werkelijkheid en ze hebben zich voor elkaar opengesteld.

## SPEL EN OEFENING

Charlie heeft een aantal dingen gedaan die verandering hebben gebracht in de manier waarop hij zich met zijn diepere emoties verbindt en ze met zijn partner deelt. Kijk eens of jij je ze kunt herinneren of lees even terug om voorbeelden van de volgende punten te vinden:

• Charlie richt zich op het hier en nu en onderzoekt hoe moeilijk het is om in verbinding met zijn gevoelens te komen. Wat weerhoudt hem ervan om te zeggen hoe hij zich voelt?

• Charlie noemt een paar handvatten uit eerdere gesprekken en houdt deze beelden, woorden en gevoelens tegen het licht. Als hij goed kijkt, ziet hij dat het eigenlijk gaat om beschrijvingen van angst, schaamte, droefheid en verlies.

• Charlie stelt vast waar hij zich het meest bedreigd door voelt, de ergste dingen die zouden kunnen gebeuren als hij de gevoelens van zijn partner erkent. Als hij die catastrofale gevolgen opsomt,

komen zijn diepste angsten naar boven: dat hij hulpeloos en alleen zal zijn. Dat is een sleutelmoment in het vierde gesprek.
* Charlie onthult zijn angsten aan zijn vrouw en denkt na over de vraag hoe het is om deze diepe gevoelens met haar te delen.

Kijk nu naar Kyoko's onthullingen en probeer de volgende vragen te beantwoorden:

* Wat was het ergste moment voor Kyoko?
* Tot welke rampzalige conclusie komt ze?
* Noem vier dingen die Charlie doet als Kyoko verdrietig en bang is en die haar angst om de verbinding te verliezen alleen maar versterken. Kyoko beschrijft ze in eenvoudige woorden die handelingen aanduiden.
* Wat zijn Kyoko's twee kernemoties?

Kijk terug op een crisis in je huidige relatie, ga na wat je eigen handvatten zijn en noteer ze. Vraag je partner om dat ook te doen en ga er samen voor zitten. Degene die het meest teruggetrokken is, begint het gesprek, omdat het voor de meer actief protesterende partners, die meestal meer in verbinding staan met hun eigen pijn en angsten, moeilijker is hun (meer gereserveerde) partner te bereiken als die geen betrokkenheid laat zien. Als jij de meest gereserveerde partner bent, volg dan Charlies stappen en stem af op je wezenlijkste angsten, deel ze met je partner en zeg hoe het voelt om ze te verwoorden.

Als jij de luisterende partner bent, reageer dan door te zeggen hoe het voelde om deze onthullingen aan te horen. Was het moeilijk of makkelijk om de boodschap op te pikken? Als het moeilijk was, op welk punt werd het dan pijnlijk om te luisteren? Wat voor gevoel kwam er toen in je op? Probeer die gevoelens samen te onderzoeken.

Nu herhaalt de luisterende partner het proces van onthullingen.

Dit gesprek is met name heilzaam voor partners die in de problemen zitten, maar is ook waardevol voor mensen in een veilige relatie. We hebben allemaal aan hechting gerelateerde angsten, ook al zijn ze op dit moment niet voelbaar.

Onthoud vooral dat dit een gevoelig gesprek is, waarin jullie allebei je diepste kwetsbaarheid blootleggen. Jullie moeten allebei het risico dat de ander neemt respecteren. Bedenk dat jullie deze stap zetten omdat jullie bijzonder zijn voor elkaar en proberen om een zeer bijzondere band met elkaar te vormen.

## WAT HEB IK HET MEEST VAN JE NODIG?

Als je in staat bent om je angst voor hechtingsverlies te uiten, leidt dat vanzelf tot de erkenning van je primaire hechtingsbehoeften. Angst en verlangen zijn de twee zijden van dezelfde medaille.

In het tweede deel van het vierde gesprek gaat het erom dat je de hechtingsbehoeften formuleert waaraan op dit moment alleen door je partner tegemoet kan worden gekomen.

Dit gesprek kan heel soepel en gemakkelijk verlopen, maar het kan ook door twijfel worden gekenmerkt. Je eigen emotionele werkelijkheid onder ogen zien en aanvaarden is één ding, maar je partner erin toelaten is heel iets anders. Dit is een grote sprong voor mensen die weinig echte veiligheid bij anderen ervaren hebben. Waarom zouden ze die sprong dan toch wagen? Omdat ze hevig verlangen naar echte verbondenheid en omdat ze een triest en leeg leven hebben als ze defensief blijven en hun isolement in stand houden. De schrijfster Anaïs Nin zegt het heel mooi: 'En de dag kwam dat het risico om in de knop te blijven pijnlijker was dan het risico om te gaan bloeien.'

Rosemary, een van mijn cliënten, zegt het weer anders. In Canada is ijshockey heel populair en soms zien we het leven zelfs als een ijshockeywedstrijd! Rosemary, een fanatiek ijshockeyspeelster, zegt tegen haar partner André: 'Ik draag een gezichtsbeschermer, dat ik moet afdoen als ik jou wil laten begrijpen wat ik nodig heb en je duidelijk wil maken wat ik wil. Een deel van me zegt dat ik, als ik me zo blootgeef, erom vraag een klap in mijn gezicht te krijgen, net als vorige maand tijdens die wedstrijd. Als ik mijn gezichtsbeschermer ophoud, doe ik dat niet omdat ik niet van je houd of omdat jij een slechte partner bent. Dat doe ik omdat ik altijd een verdedigende tactiek toepas. Me omdraaien en jou iets vragen is iets nieuws voor mij. Dat is eng. Maar eerlijk gezegd ben ik achter mijn gezichts-beschermer leeg. En zo kan ik de wedstrijd ook niet winnen.'

Laten we teruggaan naar Charlie en Kyoko en eens kijken hoe het hen in dit cruciale deel van het vierde gesprek vergaat. Ik spoor Charlie aan: 'Wat heb je op dit moment van Kyoko nodig om je "veilig en zeker" te voelen, zoals jij dat noemt? Waar verlang je naar, Charlie? Kun je Kyoko precies vertellen wat je van haar nodig hebt?'

Hij denkt even na, draait zich naar haar toe en steekt van wal: 'Ik moet weten dat je bij me wilt blijven, ook al ben ik geen ideale echtgenoot, of ook al raak ik in de war en weet ik niet wat ik moet doen. En misschien ook wel als je van streek bent. En zelfs wanneer ik me verbrijzeld voel en fouten maak en je gevoelens kwets. Ik moet weten dat je niet bij me weggaat. Soms, als je in een dip zit of heel boos bent, is het alsof je al weg bent. Ja, zo is het. Ik heb het goed gezegd.' En dan, alsof hij zich plotseling bewust wordt van het risico dat hij heeft genomen, draait hij van haar weg en begint zenuwachtig over zijn knieën te wrijven. Hij zegt zachtjes: 'Dat was heel moeilijk voor me om te vragen. Ik heb nog nooit iemand zoiets gevraagd.'

De duidelijke emotie op Charlies gezicht laat Kyoko niet onberoerd. Ze antwoordt zachtjes, maar met overtuiging: 'Charlie, ik ben hier samen met jou. Dat is alles wat ik wil: samen met jou zijn. Ik heb geen behoefte aan een volmaakte echtgenoot. Als we zo met elkaar kunnen praten, kunnen we weer dicht bij elkaar zijn. En dat is precies wat ik altijd heb gewild.'

Charlie kijkt opgelucht en een beetje verbouwereerd. Hij grinnikt en zegt: 'Nou, dat klinkt wel goed, echt heel redelijk.'

En zij grinnikt met hem mee.

Als het Kyoko's beurt is om haar behoeften onder woorden te brengen, zegt ze dat ze nu beseft dat haar verlangen naar geruststelling en troost 'normaal en zelfs natuurlijk' is. Dat helpt haar als ze nadenkt over wat ze van Charlie nodig heeft. Maar dan raakt ze het spoor een beetje bijster. Ze kijkt naar het plafond. 'Ik denk dat ik wil dat hij...'

Ik onderbreek haar, vraag haar om goed te luisteren naar haar diepste gevoelens, haar stoel naar Charlie te draaien, hem aan te kijken en hem rechtstreeks aan te spreken.

Kyoko draait zich naar Charlie en haalt diep adem. 'Ik wil dat je aanvaardt dat ik emotioneler ben dan jij en dat daar niets mis mee is. Het is geen gebrek. Er is niets mis met me als ik geen troost kan vinden in redeneringen en in dingen die ik zou moeten. Ik wil dat je bij me blijft, dicht bij me, dat je me laat merken dat je om me geeft als ik me niet sterk voel. Ik wil dat je me aanraakt en me omhelst en dat je tegen me zegt dat ik belangrijk voor je ben. Ik wil gewoon dat je bij me bent. Dat is alles wat ik nodig heb.'

Charlie staat helemaal perplex. Hij zegt: 'Bedoel je dat je alleen maar wilt dat ik dicht bij je kom?'

Kyoko vraagt: 'Hoe voelt het als je me zulke dingen hoort zeggen?'

Hij schudt zijn hoofd. 'Het lijkt wel alsof ik zo hard mijn best heb gedaan om ons op een bepaald spoor te houden, dat ik die eenvoudige en gemakkelijke weg pal daarnaast niet gezien heb.' Dan lacht hij zachtjes. 'Dat voelt goed. Beter. Dat kan ik wel. Samen met jou.'

Charlie en Kyoko hebben nu verbinding gemaakt met hun fundamentele behoeften en kunnen daarover duidelijke signalen naar elkaar afgeven. Ze kunnen nu wat veilig gehechte partners kunnen. Nu ze hun eigen emoties kennen en vertrouwen en dwars door hun angsten heen zijn gegaan, zijn ze sterker, niet alleen als individu, maar ook als stel. Als liefdespartners dit kunnen, zijn ze ook beter in staat om conflicten en onenigheden bij te leggen en een voedende en liefdevolle band te ontwikkelen.

Charlie en Kyoko zijn niet alleen toegankelijker en ontvankelijker voor elkaar geworden, en meer bij elkaar betrokken, ze hebben ook een ruimere kijk gekregen op wie ze als individu zijn. Kyoko is assertiever, Charlie flexibeler. Nu ze weten hoe ze samen een T.O.B.-gesprek kunnen voeren, kunnen ze elkaar helpen om ook als persoon te groeien.

Laten we eens kijken naar een aantal sleutelmomenten in het 'houd-me-vast'-gesprek van twee andere stellen. Zij hebben een problematischere persoonlijke voorgeschiedenis en een brozer gevoel van emotionele veiligheid dan Charlie en Kyoko. Toch zijn ook zij in staat deze hartenkreet te uiten.

Diane en David hebben al 35 jaar voor hun relatie gevochten, dwars door een mist van angst, verwaarlozing en depressie, die is blijven hangen uit hun verleden van misbruik en verkrachting door degenen die ze het hardst nodig hadden. Aan het begin van onze sessies zei Diane tegen David: 'Ik moet weg. Ik wil me niet steeds weer op de kast laten jagen als jij bang wordt. Het helpt me niet meer om dagen achter elkaar in mijn eigen kamer te zitten. Ik kan niet meer achter die muur leven.' Nu, in het 'houd-me-vast'-gesprek, zegt ze tegen David: 'Ik houd van je. Ik wil dicht bij je zijn, maar je kunt dat niet afdwingen. Ik wil me veilig voelen bij je. Ik wil dat je me de ruimte geeft en dat je me hoort als ik je zeg dat ik me overweldigd voel. Jij probeert me met jou in de pas te laten lopen en dat werkt niet. Ik wil dat je me na al die jaren gelooft als ik zeg dat ik je niet laat gaan, dat ik ons niet laat gaan. Ik vind het heerlijk om samen te dansen. Ik wil dat je me helpt om me veilig te voelen bij jou en dan moet je me uitnodigen, je hand naar me uitsteken. Dan kan ik bij je komen en kunnen we dansen.'

Als het Davids beurt is om over zijn behoeften te spreken, zet hij zijn angst om haar te verliezen niet om in vijandige opmerkingen over haar, maar praat hij over zijn angst en over de andere kant van die angst, namelijk zijn verlangen naar echte verbondenheid. Hij vertelt een samenhangend verhaal, houdt rekening met zijn vrouw en verwoordt zijn diepste emoties en behoeften. Dat is echt 'veilige taal'. Hij vervalt niet in een woedeaanval en gaat moeilijke dingen ook niet uit de weg door middel van abstract gefilosofeer. Hij is in staat om zijn hand naar zijn vrouw uit te steken.

'Ik weet niet hoe ik het moet zeggen,' begint hij. 'Het is alsof ik weer in het leger zit, toen ik uit vliegtuigen moest springen. Maar nu heb ik geen parachute! Ik heb veel angst, Diane. Ik heb geleerd om altijd op mijn hoede te zijn voor dreigend gevaar. Het is heel moeilijk voor mij om niet meteen de touwtjes in handen te nemen. Maar nu weet ik dat jij het daar moeilijk mee hebt en je in een hoek gedrukt voelt.' Hij stopt even en vervolgt dan: 'Een deel van me is altijd bang dat je niet echt van me kunt houden. En ik dring altijd aan op die erkenning, op de bevestiging dat ik belangrijk voor je ben.

Die bevestiging heb ik steeds weer nodig. Ik moet zeker weten dat je van me houdt, met al mijn problemen en mijn opvliegende karakter. Ik heb die zekerheid nodig. Maar ik vind het zo moeilijk om erom te vragen. Dan zit ik midden in een vrije val! Kun je van me houden, met al mijn problemen?'

Dianes gezicht laat zien dat ze zijn pijn en angst onderkent. Ze leunt naar hem toe en zegt langzaam en nadrukkelijk: 'Ik houd van je, David. Al vanaf mijn zestiende. Zelfs als ik het zou willen, zou ik niet bij je weg kunnen gaan. En als je praat zoals nu, wil ik je voor altijd omhelzen.'

Ze lachen allebei breeduit.

Phillipe en Tabitha zijn heel anders dan David en Diane. Ze hebben allebei een ongelukkig eerste huwelijk achter de rug en hebben veel geïnvesteerd in hun zeer succesvolle carrières waarin ze allebei flink aan de weg timmeren. De crisis in hun vijf jaar durende relatie wordt veroorzaakt door het feit dat Phillipe elke keer van gedachten verandert als ze besluiten om samen te gaan wonen. Ze zijn zeer intellectuele, talentvolle mensen, die de neiging hebben om in hun schulp te kruipen als er spanningen komen. Phillipe trekt zijn dure gleufhoed over zijn ogen en verdiept zich in zijn religie en zijn platonische vriendschappen met andere vrouwen, terwijl Tabitha op jacht gaat naar nog meer elegante kleding en kunstvoorwerpen of zich in drukke projecten op haar werk stort. Ze zijn allebei enigszins verbaasd omdat het hun niet lukt om uit elkaar te gaan en Tabitha heeft Phillipe nu eindelijk een ultimatum gesteld: je trekt bij me in of de relatie is voorbij.

Phillipes oorspronkelijke houding wordt goed verwoord door zijn stelling: 'Ik geloof niet in een behoefte aan andere mensen. Ik ben lang geleden tot de conclusie gekomen dat dat absurd is. Ik heb veel vrienden en voel me het fijnst als ik op mezelf ben. Ik heb nooit mee kunnen doen met die tortelduifjes-flauwekul.' Maar nu zegt hij tegen Tabitha: 'Ik zie in dat elke keer als we echt dicht bij elkaar komen, als ik voor de beslissing sta om me te binden, een deel van mij in paniek raakt en de deur dichtsmijt. Ik denk dat ik lang geleden besloten heb om niet alles op één kaart te zetten, om niemand de macht te geven om me weer pijn te doen of te verpletteren. Het is heel moeilijk voor me om toe te geven dat ik er behoefte aan heb dat je om me geeft, en om mijn lot in jouw handen te leggen. Zelfs nu ik dat zeg, voel ik dat er een zee van tranen achter deze woorden zit. Ik moet er zeker van kunnen zijn dat je me nooit zomaar links zult laten liggen en me zult buitensluiten. Ik zie weer hoe ik als klein jongetje werd weggestuurd toen mijn moeder ziek werd. In zekere zin is het dat kleine jochie dat tegen me zegt dat ik weg moet wezen als ik die behoefte aan jou ga voelen. Ik wil je graag dicht bij me hebben. Kun je me helpen om vertrouwen te hebben? Kun je me beloven dat je niet bij me weg zult gaan, wat er ook gebeurt?'

Dat doet Tabitha en ze wil het blijven beloven als ze naar een innigere verbondenheid doorgroeien. Als het haar beurt is om een t.o.b.-gesprek te beginnen, lukt het haar om te zeggen: 'Ergens weet ik dat het je angst is die je van me wegtrekt. Maar ik moet er zeker van kunnen zijn dat ik zo belangrijk voor je ben dat je tegen die angst zult vechten. Ik kan niet tegen al die onzekerheid. Dat doet me te veel pijn. Ik wil dat jij ook investeert in ons, in onze verbintenis. Ik houd van je en ik weet dat je me kunt vertrouwen. Maar ik heb wel vastigheid nodig: een plek bij jou, waarop ik kan rekenen. Ik vind het moeilijk om dit te zeggen. Ik ben vaak bang dat ik niet goed genoeg ben, niet volmaakt genoeg om zo'n claim op je te leggen. Dan word ik overvallen door de twijfel of het misschien mijn schuld is dat je nog steeds bang bent en of ik misschien wel te veel vraag. Dat zal me in het verleden belet hebben om die grens te trekken. Verdien ik dit wel echt? Heb ik er recht op? Nou, of dat nu wel zo is of niet, ik wil dat je mij belooft dat ik belangrijk voor jou mag zijn! Zonder die veiligheid kan ik geen risico's meer nemen. Dat is te bedreigend, te pijnlijk. Ik wil dat jij ook risico's neemt en je voor me openstelt. Ik zal je niet laten vallen.'

Phillipe is zichtbaar geraakt door haar woorden en antwoordt zachtjes: 'Ja, ik geloof dat je bij me wilt zijn. En je bent het echt waard dat ik dat risico neem. Ik zat verstrikt in mijn eigen angsten, ik was te bang om me echt open te stellen. Maar ik kan jou niet verliezen. Dus investeer ik in ons. Dat is eng, maar ik ben er voor je.'

Als Phillipe eenmaal in staat is Tabitha op een betrokken en lief-devolle manier gerust te stellen, groeit deze relatie voor beiden uit tot een veilige basis.

Brett en Monica zijn als zendingsechtpaar met verlof terug uit West-Afrika. Ze zijn al 23 jaar getrouwd en willen graag therapie omdat ze voortdurend conflicten hebben over de vraag of ze weer terug naar Afrika moeten gaan om daar hun missie voort te zetten. Monica wil graag in Amerika blijven. Ze zegt dat ze zich in Afrika eenzaam en depressief voelt. Brett zegt dat hij Gods werk doet en dat vereist van hen beiden nu eenmaal een offer en de nodige worsteling. Monica fluistert dat hij dan maar alleen naar Afrika terug moet gaan. Brett scheldt haar vervolgens de huid vol en herinnert haar eraan dat ze voor dit leven tekende toen ze met elkaar trouwden, en dat het met zijn werk als predikant gedaan is, dat zijn leven geen zin meer heeft en dat ze hun belofte aan God hebben gebroken als ze hem ver-laat, en dat alleen maar vanwege haar emotionele problemen.

Het lukt dit stel niet om uit hun patroon te stappen dat wordt ge-kenmerkt door zwijgend protest en stilte, gevolgd door verwerping en veroordeling.

Brett zegt: 'Dat soort dingen kun je niet tegen mij zeggen. God heeft jou ook geroepen. Je keert niet alleen mij de rug toe, maar ook God. Als je niet lekker in je vel zit, moet je niet zo veel van mij ver-wachten, maar je heil in het gebed zoeken. God is de enige die aan je behoeften tegemoet kan komen.'

Monica vindt haar stem terug en zegt: 'Ik wend me ook wel tot God, maar ik geloof niet dat Hij wil dat ik me zo eenzaam voel in dit lege huwelijk. Moet je volgens Gods wet geen zachte, liefhebbende partner zijn? Je geeft meer om de mensen die je helpt dan om mij. Je luistert echt naar hun pijn en bekritiseert hen niet.'

Ze gooien allebei hun geloof in de strijd om de ander van de eigen zienswijze te overtuigen. Maar uiteindelijk draait dat uit op weder-zijdse bedreigingen.

Langzaam maar zeker lukt het Brett en Monica om gesprek één, twee en drie te gebruiken voor het creëren van een veilige basis en om zich voor elkaar open te stellen. De sleutelmomenten in hun 'houd-me-vast'-gesprek ontvouwen zich als volgt:

Als Monica haar angsten en behoeften met Brett deelt, zegt ze tegen hem: 'Als ik te horen krijg dat er in deze relatie geen ruimte voor mij en mijn pijn is, heb ik het gevoel dat je me de rug toekeert, dat ik niet belangrijk voor je ben. Ik voel me dan hopeloos en ben jou als partner kwijt. Ik keer me dan van je af omdat het ontzettend veel pijn doet. God heeft me geschapen om naar intimiteit met jou te verlangen, niet alleen maar om zijn missie emotieloos uit te voeren en als een last te dragen, zodat ik kan bewijzen dat ik een goede echtgenote ben. Ik voel me zo eenzaam als ik naar jouw nabijheid verlang. Ik heb het nodig dat je mijn pijn ziet, dat je me vasthoudt, dat je me toelaat, zodat we onze roeping met elkaar kunnen delen en er vreugde in kunnen vinden.'

Als Brett dit hoort, lukt het hem om zich met zijn zachtere emoties te verbinden, en hij zegt tegen zijn vrouw: 'Ik scheld je de huid vol en citeer de Bijbel omdat ik doodsbang ben. Ik kan het niet aan om je te verliezen en te horen dat ik als echtgenoot gefaald heb. Ik weet niet goed hoe ik me met je moet verbinden. Het is veel gemakkelijker om me op mijn werk te concentreren, want dan weet ik precies wat ik moet doen. Ik kan je niet verliezen. Ik wil er voor je zijn. Het is mijn roeping om samen met jou liefde te ervaren, want dan kan ik sterk zijn en mijn God dienen. Ik heb je geruststelling en ondersteuning nodig. Je moet me helpen om niet alleen liefde te tonen aan de mensen met wie ik werk, maar ook aan jou. Het is belangrijk voor mij dat je me weer vertrouwt. Ik zal er voor je zijn en mijn hart voor je openen.'

In plaats van de taal van hun geloof tegen elkaar te gebruiken, passen Brett en Monica nu de principes van hun geloof toe om zich weer met elkaar te verbinden en hun emotionele en geestelijke evenwicht te vinden. Brett herinnert me eraan dat de Bijbel het delen van kwetsbaarheden aanmoedigt, en erkent dat het moed vereist om naar anderen uit te reiken. Dat is de kern van liefde en liefhebben. Het verhaal van de vrouw die in het huis van de farizeeër de voeten van Jezus wast (Lucas 7:36-48) is hier een prachtig voorbeeld van. De vrouw is een 'zondares' die Jezus aantreft en zijn voeten met haar tranen wast. In de Hebreeuwse cultuur en andere culturen in het Midden-Oosten kregen vrouwen en mannen een albasten flesje waarin ze de tranen opvingen die ze op momenten van pijn, hulpeloosheid en vreugde schreiden. Daar voegden ze een parfum aan toe om de tranen in te bewaren. Vervolgens droegen ze het flesje hun hele leven bij zich, en uiteindelijk werd het ook met hen begraven. Deze vrouw neemt een groot risico als ze het huis van de farizeeër binnengaat. Ze valt huilend voor Jezus' voeten neer en giet alle tranen uit haar flesje over zijn voeten. Vol vertrouwen legt ze elk moment van haar emotionele ervaringen voor zijn voeten neer. Vervolgens droogt ze zijn voeten met haar haar. De farizeeër veroordeelt haar als zondares en hij bekritiseert Christus vanwege het feit dat Hij haar erkent. Christus antwoordt dat Hij liefde in haar handelingen ziet en dat Hij haar respecteert. Hij reageert op haar kwetsbaarheid en op de enorme moed die zij toont door naar Hem uit te reiken.

## DE NEUROWETENSCHAP VAN HARMONIE

Mijn onderzoek wijst uit dat als een stel een 'houd-me-vast'-gesprek voert, er een moment van diepe emotionele verbondenheid plaatsvindt. Natuurkundigen spreken van 'resonantie', een overeenstemmende trilling tussen twee objecten, waardoor ze plotseling hun signalen kunnen synchroniseren en in een nieuwe harmonie kunnen samenwerken. Dit is de trilling die ik ook ervaar op het hoogtepunt van een sonate van Bach, als honderd tonen bij elkaar komen. Ik voel het in elke cel van mijn lichaam en ik word één met de muziek. Als ik soortgelijke momenten waarneem tussen een moeder en haar kind, tussen geliefden, tussen mensen die naar een diepgaande verbondenheid streven en die ook bereiken, dan reageer ik steeds op dezelfde manier: ik krijg een plotseling gevoel van blijdschap.

Dat gevoel van verbondenheid komt niet alleen tot uitdrukking in onze gevoelens, maar zelfs ook in onze lichaamscellen. Uit recent onderzoek weet ik dat als partners met empathie op elkaar reageren, bepaalde zenuwcellen in de prefrontale cortex van hun hersenen actief worden: de spiegelneuronen. Het blijkt dat die neuronen behoren tot de fundamentele mechanismen die ons in staat stellen om echt te voelen wat er in iemand anders omgaat. Dat is een ander niveau van begrip dan wanneer je probeert iemands ervaring met je verstand te bevatten. Als we iemand iets zien doen, worden de spiegelneuronen actief, en is het alsof we de handeling zelf verrichten. De spiegelneuronen zorgen ervoor dat we ons met anderen willen verbinden, en ze stellen ons in staat liefde te ervaren en anderen lief te hebben.

Spiegelneuronen zijn in 1992 bij toeval ontdekt toen een neurowetenschapper tijdens het eten van een ijsje het brein van een aap onderzocht en zag dat dit brein activiteit vertoonde alsof de aap zelf dat ijsje at! Dankzij onze spiegelneuronen kunnen we de intenties en emoties van anderen lezen, en de ander als het ware bij onszelf naar binnen halen. Met een terminologie die ze aan de natuurkunde hebben ontleend, spreken neurowetenschappers van weerkaatsende toestanden van empathische resonantie. Dat klinkt heel abstract. Voor liefdespartners betekent dit dat er een tastbare kracht schuilt in het echt naar elkaar kijken. Die kracht helpt ons om emotioneel aanwezig te zijn en te kunnen inspelen op de non-verbale signalen van onze partner. Zo ontstaat een niveau van betrokkenheid en empathie dat bij een minder directe verbinding niet ontstaat. Spiegelneuronen stellen ons in staat om de door een ander getoonde emoties waar te nemen en in ons eigen lichaam te voelen. Het is een wetenschappelijke bevestiging van de gedachte binnen de hechtingstheorie dat een authentieke verbondenheid te maken heeft met 'je aangevoeld voelen'. Het is geen toeval dat toen Michelangelo in de Sixtijnse Kapel het moment vastlegde waarop God zijn hand uitstrekt om die van Adam aan te raken en daarmee de mensheid te scheppen, hij de intensiteit van hun wederzijdse blik haast tastbaar maakte. De kunstenaar legde het moment vast waarop God het zenuwstelsel van de mens fijn afstemde en Adam schiep om zich met Hem te verbinden.

Tijdens de eerste sessies met Charlie en Kyoko was er geen resonantie tussen hen. Ze keken nauwelijks naar elkaar en leken wel verschillende talen te spreken. Maar in de loop van het 'houd-me-vast'-gesprek werd duidelijk dat als Charlies mondhoeken naar beneden gingen en hij zijn ogen neersloeg, Kyoko dat ook deed. Als hij lachte, glimlachte zij ook. Het lied van zijn emoties werd een duet. Een dergelijke ontvankelijkheid ligt waarschijnlijk ten grondslag aan empathie of invoelend vermogen, waarbij we letterlijk met een ander meevoelen, waardoor we vanzelf liefdevoller worden.

Dezelfde soort betrokkenheid in geest, lichaam en emotie ervaren gelukkige minnaars tijdens het vrijen. En moeder en haar baby voelen het als ze elkaar aankijken, aanraken en geluidjes tegen elkaar maken. Hun emoties zijn op elkaar afgestemd, zonder dat ze daar bewust over nadenken of praten. Er heerst rust en vreugde.

Spiegelneuronen zijn niet het hele verhaal. Veel recent onderzoek heeft ons meer geleerd over de neurochemische basis van hechting. Dat onderzoek toont aan dat onze hersenen op ogenblikken van ontvankelijke emotionele betrokkenheid veel oxytocine produceren. Oxytocine wordt alleen door zoogdieren aangemaakt en wordt geassocieerd met een toestand van volkomen gelukzaligheid. Deze stof schijnt een aaneenschakeling van genoegen, voldoening en rust op te roepen.

Onderzoekers ontdekten de kracht van oxytocine toen zij het paringsgedrag van twee soorten prairiemuizen met elkaar vergeleken. Bij de ene soort zijn de mannetjes en wijfjes monogaam, verzorgen ze samen de nakomelingen en vormen ze een levenslange verbintenis. Bij de andere soort gaan de mannetjes en de wijfjes een eenmalig contact aan en laten ze hun kroost aan hun lot over. Het blijkt nu dat de trouwe knaagdiertjes oxytocine produceren, terwijl hun promiscue verwanten dat niet doen. Maar toen de wetenschappers monogame prairiemuizen een stof toedienden die het effect van de oxytocine ophief, paarden de diertjes weliswaar nog steeds, maar gingen ze geen band meer met elkaar aan. En als ze extra oxytocine kregen toegediend, gingen ze een sterke band aan, of ze nu paarden of niet.

Bij mensen komt oxytocine vrij als we in de nabijheid zijn van of fysiek contact hebben met iemand aan wie we gehecht zijn, vooral op momenten van heftige emoties, zoals bij een orgasme of bij borstvoeding. Kerstin Uvnäs-Moberg, een Zweedse neuro-endocrinologe, heeft ontdekt dat alleen al de gedachte aan een geliefde de productie van oxytocine kan veroorzaken. Het hormoon vermindert ook het vrijkomen van stresshormonen, zoals cortisol.

De eerste onderzoeksresultaten wijzen erop dat het toedienen van oxytocine aan mensen de neiging om anderen te vertrouwen en een verbinding met hen aan te gaan versterkt. Dergelijke bevindingen kunnen als verklaring dienen voor mijn vaststelling dat partners met een moeilijke relatie, wanneer ze eenmaal leren om elkaar stevig vast te houden, naar elkaar blijven uitreiken in een poging om die transformerende en weldadige momenten steeds opnieuw te beleven. Volgens mij activeren t.o.b.-gesprekken de productie van die neurochemische liefdesdrank, die door miljoenen jaren van evolutie verfijnd is. Oxytocine lijkt het middel te zijn waarmee de natuur hechting bevordert.

### Spel en oefening

Lees nog eens terug hoe Charlie en Kyoko opnieuw de sprong naar een veilige hechting maakten.

Denk vervolgens terug aan een veilige relatie uit je verleden, met een minnaar, een ouder of een dierbare vriend(in). Stel je voor dat die persoon nu tegenover je staat. Wat zou je hem of haar over je diepste hechtingsbehoefte kunnen vertellen? Hoe zou hij of zij volgens jou reageren?

En denk nu eens terug aan een relatie uit je verleden, waarin je geen veilige verbondenheid ervoer. Wat had je echt nodig van die persoon? Probeer dat in twee eenvoudige zinnen te beschrijven. Wat zou de reactie van deze persoon zijn geweest?

Neem nu de relatie met je huidige partner. Denk aan wat je het meest nodig hebt om je veilig en bemind te voelen. Schrijf dat op en bespreek het met je partner.

Hieronder staat een lijst van dingen die partners in zo'n gesprek zeggen. Als je het prettiger vindt, kun je een vinkje zetten bij de uitspraak die het meest op jou van toepassing is. Laat die vervolgens aan je partner zien.

Ik heb er behoefte aan om te voelen en te merken dat:

- ik bijzonder voor je ben en dat jij onze relatie echt naar waarde weet te schatten. Ik heb behoefte aan de geruststelling dat ik voor jou nummer één ben en dat niets belangrijker voor je is dan onze relatie;
- je me begeert, als partner en minnaar, en dat het belangrijk voor je is om mij gelukkig te maken;
- ik bemind en aanvaard word, met al mijn tekortkomingen en onvolmaaktheden. Ik kan niet volmaakt zijn voor jou;
- je me nodig hebt, me dicht bij je wilt;
- ik veilig ben omdat je mijn gevoelens, mijn pijn en mijn behoeften belangrijk vindt;
- ik erop kan rekenen dat je voor me klaarstaat, dat je me niet alleen laat wanneer ik je het hardst nodig heb;
- je naar me luistert en me respecteert. Schuif me alsjeblieft niet opzij en denk niet meteen het slechtste van me. Geef me de gelegenheid om te leren wat ik het beste kan doen als we samen zijn;
- ik ervan op aan kan dat je naar me luistert en alle andere dingen opzijzet;
- ik je kan vragen om me vast te houden en dat je begrijpt dat het al heel moeilijk voor me is om die vraag te stellen.

Als dat te moeilijk is, neem dan een kleinere stap en bespreek hoe moeilijk het is om je behoeften duidelijk onder woorden te brengen en te uiten. Zeg het tegen je partner als er iets is wat hij of zij kan doen om je daarbij te helpen. Dit gesprek draait om het belangrijkste emotionele drama van ons leven, dus soms moeten we het langzaam opbouwen.

Als jij de luisterende partner bent en niet zeker weet hoe je moet reageren of daar te bang voor bent, zeg dat dan. Het gaat erom dat je er voor elkaar bent, niet dat je een bepaalde voorgeschreven reactie geeft.

Een eerste positieve stap is dat je bevestigt dat de boodschap van je partner is overgekomen, dat je het op prijs stelt dat hij of zij die met je wil delen en dat je ontvankelijk wilt zijn. Probeer er vervolgens achter te komen hoe je aan de behoeften van je geliefde tegemoet kunt komen.

Bespreek met je partner welk van de andere verhalen – dat van David en Diane, dat van Phillipe en Tabitha of dat van Brett en Monica – de meeste weerklank bij jullie vond.

En als jullie je eigen 'houd-me-vast'-gesprek hebben gehad, noteer dan jullie belangrijkste uitspraken. De vrouwelijke partner vindt dat waarschijnlijk het gemakkelijkst. Uit veel onderzoeken is gebleken dat vrouwen sterkere en levendigere herinneringen aan emotionele voorvallen hebben dan mannen. Dat lijkt te maken te hebben met fysiologische verschillen in de hersenen. Het zegt niets over de mate van betrokkenheid bij de relatie. Vrouwen kunnen mannen hierbij zo nodig een beetje helpen.

Jullie kunnen de genoteerde uitspraken gebruiken om meer helderheid in jullie innerlijke en openlijke drama's te krijgen, en als leidraad bij toekomstige 'houd-me-vast'-gesprekken.

Het 'houd-me-vast'-gesprek creëert een positieve binding. Het biedt een tegengif op momenten van vervreemding en negatieve spiralen. Het stelt je in staat om samen de wereld tegemoet te treden, als team. En nog belangrijker: telkens wanneer je zo'n moment van emotionele resonantie weet te creëren, wordt de band tussen jullie hechter.

Het moge duidelijk zijn dat dit soort gesprekken om een wezenlijke verbondenheid te creëren en relaties te transformeren zeer krachtig is. Bovendien werken ze in alle andere aspecten van relaties door, zoals je in de volgende gesprekken zult zien.

# Vijfde gesprek: Kwetsuren vergeven

*'Iedereen zegt dat vergevingsgezindheid heel mooi is, totdat ze iets te vergeven hebben.'*
— C.S. Lewis

*'Wees goed voor elkaar en vol medeleven; vergeef elkaar zoals God u in Christus vergeven heeft.'*
— Paulus, Efeziërs 4:32

Conrad en zijn vrouw Helen zijn diep verwikkeld in hun 'houd-me-vast'-gesprek en de lucht zindert van emotionele resonantie.

'Laat me je vasthouden,' smeekt Conrad. 'Zeg me wat je nodig hebt.'

Helen draait zich naar hem toe en glimlacht alsof ze op het punt staat om op zijn verzoek in te gaan. Maar ineens wordt haar gezicht uitdrukkingsloos. Ze kijkt naar de grond. En dan zegt ze op afwezige toon: 'Daar zat ik dan, op de trap, en ik zei tegen je: "De dokter zegt dat ik het waarschijnlijk heb. Borstkanker. Ik heb er mijn hele leven op gewacht, want ik wist dat het zou komen. Mijn moeder is eraan gestorven. Mijn grootmoeder ook. En nu is het mijn beurt."' Haar stem verandert, ze klinkt verbijsterd. 'En jij liep pal langs me heen terwijl ik daar zat' – ze wijst even naar haar schouder, alsof ze de aanraking nog steeds voelt – 'en je zei: "Beheers je. Het is nergens goed voor om je te laten gaan en helemaal overstuur te raken zolang het nog niet zeker is. Kalmeer nu maar, dan zien we later wel wat we moeten doen." Je ging naar boven, naar je werkkamer en je deed de deur dicht. Het duurde eeuwen voordat je weer beneden kwam. Je

liet me daar zitten, helemaal alleen. Je liet me op de trap doodgaan.'
En dan verandert haar stem weer. Op een opgewekte en zakelijke
toon vertelt ze dat zij en Conrad veel vooruitgang hebben geboekt in
de therapie en dat ze niet meer die vreselijke ruzies hebben die hen
naar mijn spreekkamer hebben gebracht. Eigenlijk gaat het zo veel
beter dat er waarschijnlijk niet veel meer te bepraten is.

Conrad is in de war van wat er zojuist is gebeurd en staat perplex. Dat gesprek op de trap dateert van meer dan drie jaar geleden
en het vermoeden van de arts bleek onjuist te zijn: Helen had geen
borstkanker. Omdat hij geen moeilijkheden wil veroorzaken, stemt
hij maar gauw in met het oordeel van zijn vrouw dat het goed gaat
met de therapie en dat er niets meer te bespreken valt.

## KLEINE GEBEURTENISSEN, GROTE GEVOLGEN

Ik heb zo'n plotselinge verbreking van de verbinding tussen liefdespartners wel vaker meegemaakt. Een stel maakt goede vooruitgang, de tedere gevoelens bloeien op en dan... pats boem! Een van
de partners rakelt een bepaalde gebeurtenis op, soms ogenschijnlijk
een kleinigheid, en het lijkt wel of alle zuurstof uit de kamer wordt
gezogen. Plotseling maken warme gevoelens van hoop plaats voor
ijskoude wanhoop.

Hoe kan zo'n klein voorval zo'n verpletterende invloed hebben?
Het gaat dan kennelijk niet om een kleinigheid. Voor minstens een
van de partners is het een traumatisch voorval.

In de loop van tientallen jaren onderzoek en therapie heb ik ontdekt dat sommige incidenten meer doen dan alleen maar een pijnplek raken of onze gevoelens kwetsen. De hechtingskwetsuur is zo
ernstig dat ze onze wereld op zijn kop zet als we ermee te maken
krijgen. Het is een relatietrauma. Een trauma is te beschrijven als
een verwonding die ons in angst en hulpeloosheid stort, en al onze
ideeën over voorspelbaarheid en controle ter discussie stelt.

Volgens Judith Herman, hoogleraar psychiatrie aan de medische
faculteit van de Harvard University, zijn traumatische verwondingen
extra ernstig als ze te maken hebben met 'de schending van men-

190

selijke verbondenheid'. En inderdaad, er is geen groter trauma dan verwond te worden door de mensen van wie je juist verwacht dat ze je beschermen en steunen.

Helen en Conrad worden nu geconfronteerd met een relatie-trauma. Ook al is dat gesprek op de trap al drie jaar geleden, het is springlevend gebleven en maakt het voor Helen volstrekt onmogelijk om een hand naar haar man uit te steken. Sinds dat voorval is Helen prikkelbaar en op haar hoede bij Conrad. Soms haalt ze zich het incident in al zijn details weer voor de geest, op andere momenten voelt ze zich verdoofd en vermijdt ze intimiteit. Overdreven waakzaamheid, flashbacks en vermijding zijn standaardsymptomen van traumatische stress. En als Helen haar gevoelens over de gebeurtenis aan de orde wilde stellen, bagatelliseerde Conrad wat er was gebeurd, waardoor ze alleen nog maar meer ontdaan raakte. Dus als Conrad Helen nu vraagt het risico te nemen om weer op hem te vertrouwen, herinnert ze zich direct het moment waarop ze bij hem zo kwetsbaar was. Er gaat een alarmbel af en ze weigert om weer zover te gaan. Ik noem dat het 'dat-nooit-meer'-moment. Geen wonder dat het 'houd-me-vast'-gesprek doodloopt.

Het achterwege blijven van een emotioneel ondersteunende re-actie van een dierbare wanneer de ander zich bedreigd voelt, kan de hele relatie beïnvloeden, hebben de hechtingsonderzoekers Jeff Simpson van de Universiteit van Minnesota en Steven Rhodes van de Texas A&M University vastgesteld. Zo'n voorval kan honderden kleinere positieve voorvallen overschaduwen en in één klap de veiligheid van een liefdesrelatie vernietigen. De kracht van dergelijke incidenten schuilt in het pijnlijke negatieve antwoord dat ze geven op de eeuwige vraag: 'Sta je voor me klaar als ik je het hardst nodig heb? Doet mijn pijn je iets?'

Er is niet veel ruimte voor compromissen of voor vaagheid als we zo'n urgente behoefte aan de steun van onze liefdespartner hebben. Het is ja of nee. Op zulke momenten kunnen al onze positieve verwachtingen ten aanzien van de liefde in het algemeen en de betrouwbaarheid van onze partner aan diggelen worden geslagen, waardoor de relatie in de problemen komt of een toch al broze band verder uiteenrafelt. Zolang we dergelijke incidenten niet onder ogen zien en er geen oplossing voor vinden, kan er geen sprake zijn van echte toegankelijkheid of emotionele betrokkenheid.

Toen mijn collega's en ik de opnamen van 'houd-me-vast'-gesprekken gingen doornemen, dachten we dat wonden die een relatie doen doodbloeden altijd te maken hadden met verraad. Maar toen we luisterden naar de woorden waarmee gekwetste partners hun pijn beschreven, bleek dat toch niet zo te zijn. 'In onze relatie hebben we heel wat botsingen gehad en zware tijden gekend,' zegt Francine tegen Joseph, die een verhouding met een collega heeft gehad. 'Ik kan het aanvaarden dat je je verwaarloosd voelde toen de tweeling geboren was en dat je seksueel gefrustreerd was toen je die vrouw ontmoette. Ik kan zelfs nog wel begrijpen dat die verhouding met haar gewoon gebeurde en dat je erin werd meegezogen. De affaire zelf is niet mijn grootste probleem. Maar de manier waarop je het me hebt verteld – daar kan ik niet overheen komen. Daar moet ik de hele tijd aan denken. Je zag hoe ellendig ik eraan toe was. Ik was er letterlijk aan onderdoor gegaan. En wat deed jij toen ik helemaal stuk zat? Je gaf mij de schuld van je verhouding. Je somde al mijn slechte eigenschappen op en je keek naar de verschillende manieren waarop je leven zonder mij verder zou kunnen verlopen. Alsof ik er niet bij was. Je hield totaal geen rekening met mij. Daar blijf ik maar aan terugdenken. Hoe kon je nu zoiets doen als je ooit van me hebt gehouden?'

Het is duidelijk dat Francine onder meer dingen lijdt dan alleen onder Josephs ontrouw en gebrek aan loyaliteit. Ik ben tot het inzicht gekomen dat gekwetste partners zich dan wel vaak bedrogen of verraden voelen, maar dat ze zich toch vóór alles in de steek gelaten voelen door hun levenspartner. Hun emotionele woorden zijn meestal variaties op het thema 'Hoe kon je me op dat cruciale moment nu alleen laten?' Partners lopen een relatietrauma vaak op in tijden van zware emotionele stress, als hun hechtingsbehoefte vanzelfsprekend extra groot is, zoals bij de geboorte van een kind of een miskraam, de dood van een ouder, het plotselinge verlies van een baan of de diagnose en behandeling van een ernstige ziekte.

Degene die de ander zo'n kwetsuur toebrengt, is niet kwaadaardig of opzettelijk gevoelloos. Vaak heeft hij of zij de beste bedoelingen. Vaak weet deze partner gewoon niet hoe hij of zij op de hechtingsbehoeften van de ander moet afstemmen en emotionele steun moet bieden. Het is ook mogelijk dat de 'dader' het te druk heeft met het bedwingen van zijn of haar eigen angst. Zoals Sam, die op bedroefde toon tegen zijn vrouw zegt: 'Toen ik al dat bloed zag, raakte ik helemaal van de kaart. Ik dacht er niet eens aan dat we de baby zouden verliezen. Ik dacht dat jij doodging, dat ik jou zou verliezen. En dus ging ik oplossingen bedenken. Ik liet jou alleen op de achterbank van de taxi en ging naast de chauffeur zitten om hem de snelste weg naar het ziekenhuis te wijzen. Ik begreep niet wat je van me wilde.'

Partners proberen vaak met relatietrauma's om te gaan door ze te negeren of te begraven, maar dat is een grote vergissing. Alledaagse emotionele wonden kun je gemakkelijk wegwuiven, en pijnplekken kunnen langzaamaan verdwijnen, mits ze niet elke keer in duivelse dialogen worden opgerakeld. Een onopgelost trauma geneest echter niet vanzelf. De hulpeloosheid en angst die erdoor worden veroorzaakt zijn bijna onuitroeibaar doordat het trauma ons overlevingsinstinct activeert. In termen van overlevingskansen is het verstandiger om op je hoede te blijven en tot de ontdekking te komen dat er geen echt gevaar dreigt, dan in goed vertrouwen te moeten ontdekken dat het gevaar reëel is. Die behoedzaamheid beperkt het vermogen van een gekwetste partner om een diepe emotionele band aan te gaan. En de trauma's woekeren voort. Hoe meer Helen een verontschuldiging van Conrad eist omdat hij haar op de trap heeft laten zitten, hoe meer Conrad zich er met verstandelijke redeneringen probeert van af te maken. En dat bevestigt Helens gevoel van isolement dan weer en voedt haar woede.

Soms lukt het partners om de trauma's in te kapselen, maar dat leidt dan wel tot een koele en afstandelijke relatie. En de dam houdt het nooit voor altijd. Het relatietrauma duikt weer op zodra hechtingsbehoeften op de voorgrond komen. Dat zien we bijvoorbeeld in het leven van Larry, een topmanager, die zijn vrouw Susan jarenlang had verwaarloosd, maar sinds zijn pensioen probeerde haar 'het hof te maken'. Ze hadden hun relatie verbeterd, maar toen Larry in het 'houd-me-vast'-gesprek om de steun van zijn vrouw vroeg, ontplofte ze. Ze zei dat ze na zijn gedrag 'in de keuken in Morris Street' besloten had om hem nooit meer zo dichtbij te laten komen dat hij haar weer pijn kon doen.

Larry heeft niet het flauwste idee waar Susan het over heeft, maar hij weet wel dat ze al zeventien jaar niet meer in Morris Street wonen! Susan is echter niet vergeten wat daar op een warme namiddag is gebeurd. Ze was gedeprimeerd, fysiek nog niet hersteld van een auto-ongeluk, en de zorg voor hun drie kleine kinderen groeide haar boven het hoofd. Op een keer kwam Larry thuis en vond haar huilend op de keukenvloer. Hoewel ze normaliter een zeer gereserveerde vrouw was, had ze hem gesmeekt om haar vast te houden. Hij zei tegen haar dat ze zich moest vermannen en was doorgelopen om een paar telefoontjes af te handelen. Nu zegt Susan: 'Sinds die middag dat ik daar lag, heb ik geen tranen meer. Ik voelde me koud worden. Ik hield mezelf voor dat ik nooit meer de fout zou maken om op dat soort zorg van jou te rekenen. Ik zou mijn steun wel bij mijn zussen zoeken. En al die jaren heb je dat niet eens gemerkt! En nu heb je me ineens nodig en wil je dat ik me voor je openstel?'

De enige manier om dergelijke hechtingswonden te laten genezen is ze onder ogen zien en er samen aan werken. Hoe sneller, hoe beter. Dat is me duidelijk geworden toen mijn zoontje, toen acht jaar oud, een acute blindedarmontsteking kreeg tijdens een zomerborrel die mijn man John en ik aan de oever van een meer gaven. Ik reed zo snel mogelijk met hem naar het dichtstbijzijnde ziekenhuis en zei tegen John dat hij het feestje moest afgelasten en ons achterna moest komen. Het kleine plaatselijke ziekenhuis kon geen operatie uitvoeren, dus moesten we een lange en angstige rit naar de stad maken. Tegen de tijd dat we daar aankwamen, zag het er slecht uit. Er kwam al gauw een chirurg bij die mijn zoontje onderzocht en zei dat er 'nu' geopereerd moest worden. Ik belde mijn man weer. Hij was nog steeds bij het meer! Twee uur later, net toen mijn zoon de intensive care werd binnengereden, kwam mijn man opgewekt de gang op. Ik werd woedend. Hij was helemaal geschokt toen hij hoorde dat ik erg bang was geweest en me zo alleen had gevoeld. Hij accepteerde mijn woede en angst, legde uit waarom hij zo laat was en stelde me gerust. Maar ik wilde er wel heel zeker van zijn dat hij mijn gekwetstheid begreep. We hebben in de daaropvolgende weken het incident een aantal keer moeten doornemen om de wond helemaal te laten genezen.

Voor Conrad en Helen begint het genezingsproces in mijn spreekkamer, als hij onthult dat hij, toen hij haar op de trap had achtergelaten, een uur lang had zitten huilen. Hij was van mening dat hij haar juist in de kou zou hebben laten staan als hij zijn eigen angst en onmacht had laten zien.

Het eerste doel voor partners is vergeving. Vergeving wordt, net als liefde, pas sinds kort door sociale wetenschappers onderzocht. De meeste geleerden beschouwen vergevingsgezindheid als een morele beslissing. Je wrok loslaten en andermans slechte gedrag vergeven is een juiste en goede beslissing. Maar daarmee herstel je nog niet het vertrouwen in de kwetsende persoon en in de relatie. Wat partners nodig hebben, is een speciale vorm van een helend gesprek, dat niet alleen tot vergeving leidt, maar ook tot de bereidheid om elkaar weer te vertrouwen. Dat hernieuwde vertrouwen in elkaar is het uiteindelijke doel.

Zo'n vijf jaar geleden ben ik begonnen om de passen van de vergevings- en verzoeningsdans in kaart te brengen. Samen met studenten en collega's heb ik opnames van therapeutische sessies bestudeerd, waarin we zagen hoe sommige stellen op hun 'dat-nooit-meer'-moment stuitten en vastliepen, terwijl andere zich een weg door de kwetsuur wisten te banen. We leerden ervan dat stellen eerst de eerste drie gesprekken onder de knie moesten krijgen en een basis van veiligheid in hun relatie moesten creëren voordat ze konden beginnen aan een gesprek waarin ze de ander konden vergeven wat hij of zij hun aangedaan had.

In een recent onderzoeksproject hebben we ons begrip van relatietrauma's verder kunnen verdiepen. We hebben geleerd dat ze niet altijd duidelijk in het oog springen, en dat het niet zozeer om de gebeurtenissen zelf gaat, maar meer om de kwetsbaarheid die ze veroorzaken. Voor sommige partners kan flirten op een bepaald moment kwetsender zijn dan een verhouding. We zijn ook tot de ontdekking gekomen dat stellen aan meer dan één trauma kunnen lijden. En hoe meer trauma's, hoe moeilijker het wordt om het vertrouwen tussen beide partners te herstellen. De belangrijkste les is dat je de pijn van je partner serieus moet nemen en dat je moet blijven doorgraven totdat de betekenis van een incident duidelijk wordt, ook als dat incident in jouw ogen onbetekenend is of als de gekwetstheid overdreven is.

Mary en Ralph hebben ontdekt in welke duivelse dialogen zij elke keer terechtkomen, ze kunnen over hun pijnplekken praten en op crises terugkijken, maar Mary deinst terug voor het 'houd-me-vast'-gesprek. In plaats daarvan komt ze steeds maar weer terug op de pikante foto's van Ralph en schaars geklede secretaresses, die tijdens een feestje op zijn kantoor waren genomen, en die hij thuis in een bureaulade had gelegd waarvan hij wist dat zij die regelmatig opruimt. Ralph verontschuldigt zich, geeft toe dat dat feestje enigszins uit de hand is gelopen en dat de foto's ongepast zijn, maar hij houdt stug vol dat er verder niets is gebeurd. Hij begrijpt eigenlijk niet waarom ze er zo door gekwetst is. Hij blijft proberen om op Mary's verhaal af te stemmen en merkt uiteindelijk dat Mary steeds weer de woorden 'pal daarna, juist toen' gebruikt.

'Wat is er eigenlijk zo belangrijk aan het moment waarop het gebeurde?' vraagt hij.

Mary barst in tranen uit. 'Hoe kun je dat nou vragen? Weet je het dan niet meer? Het was net na die vreselijke gesprekken waarin je me vertelde dat je mij te geremd vond. Je wilde dat ik pikant ondergoed ging kopen en van die seksboeken zou gaan lezen. Maar ik ben in een streng milieu opgegroeid. Ik zei tegen je dat ik daar te verlegen voor was. Maar jij bleef maar aandringen. Je zei dat we het als stel nooit zouden volhouden als ik dat niet zou doen. Dus heb ik het toch gedaan, voor ons. Ik heb het allemaal gedaan, maar ik schaamde me zo en ik voelde me zo vernederd. En het leek wel alsof jij het niet eens merkte; je hebt zelfs nooit gezegd dat je het leuk vond. Niet één keer! Maar zo te zien vond je het heel leuk om voor die foto's te poseren, en die meiden zagen er ook uit alsof ze er lol in hadden. Zij waren niet zo verlegen als ik. Ik ben helemaal tegen mijn aard ingegaan om eruit te zien als die meisjes op de foto's, maar het maakte niets uit. En daar kwam ook nog eens bij dat je wist dat ik je bureau opruim en dat je er nooit aan gedacht hebt hoe ik me zou voelen als ik die foto's zou vinden! Ik was gewoon onzichtbaar voor je!'

Nu kan Ralph op de pijn van zijn vrouw afstemmen. Hij steekt zijn hand uit naar de hare om haar te troosten.

Mary en Ralph hebben allebei de moed en de vasthoudendheid opgebracht om een gebeurtenis net zo lang te blijven bespreken totdat het belang ervan duidelijk was. Soms weten we zelf niet wat er zo pijnlijk is aan een bepaald incident, totdat we het grondig met onze partner doornemen. En soms is het heel moeilijk om de kern van je pijn te laten zien aan degene die die pijn heeft veroorzaakt. Maar pijn is altijd te begrijpen als we hem met onze hechtingsbehoeften en -angsten in verband brengen.

## ZES STAPPEN NAAR VERGEVINGSGEZINDHEID

Het citaat uit Efeziërs aan het begin van dit hoofdstuk laat zien dat vergeving een centrale plaats binnen het christelijke geloof inneemt. Maar hoe geven we hier in het 'kwetsuren-vergeven'-gesprek handen en voeten aan?

1. De gekwetste partner moet zijn of haar pijn zo openlijk en eenvoudig mogelijk uitspreken. Dat is niet altijd gemakkelijk. Het betekent namelijk dat je de neiging om er een aanklacht tegen je partner van te maken moet bedwingen en dat je je moet blijven richten op het beschrijven van de pijn, van de concrete situatie waarin het gebeurd is en van de manier waarop die van invloed is op de mate van veiligheid die je bij je partner voelt. Als het moeilijk is om tot de kern van een kwetsuur te komen, proberen we mensen te helpen om de emoties op te roepen die toen opkwamen. Dat doen we door de volgende vragen te stellen:

   • Werd ik niet getroost op een moment dat ik daar sterk behoefte aan had?

- Voelde ik me in de steek gelaten en alleen?
- Voelde ik me door mijn partner geringgeschat toen ik een sterke behoefte had aan de erkenning dat ik en mijn gevoelens belangrijk waren?
- Leek mijn partner ineens een bron van gevaar in plaats van de veilige haven die ik nodig had?

Dit alles wijst rechtstreeks op het traumatische karakter van hechtingskwetsuren.

Het kan moeilijk zijn om in de emotionele brij naar de kern van je pijn te blijven doorzoeken. En voor de 'schuldige' partner is het minstens zo moeilijk om erbij te blijven en te proberen naar de angsten van de ander te luisteren. Het feit dat jullie je duivelse dialogen en je eigen pijnplekken al hebben verkend, helpt jullie bij het afstemmen op wat de ander met je deelt, zelfs wanneer datgene wat gezegd wordt je eigen angsten oproept. Als jullie beiden eenmaal in staat zijn om de onderliggende hechtingspijn, -behoeften en -angsten die nu naar buiten komen te begrijpen kun je wat gas terugnemen en elkaar bij het doornemen van die punten helpen.

Na maanden van beschuldigingen over en weer kan Vera eindelijk tegen Ted zeggen: 'Ik heb het niet over al die keren dat je het moeilijk vond om met me naar de chemotherapie mee te gaan. Ik weet dat die kanker van mij je weer herinnert aan de tijd dat je als jochie van twaalf je moeder, de enige persoon die ooit om je heeft gegeven, aan kanker zag sterven. Maar het beeld dat me vooral raakt, is van die dag dat ik thuiskwam en alleen nog maar kon huilen. Ik vertelde je dat ik het niet meer volhield. En jij zei niets. Je deed niets. Maar toen kwam mijn zus langs, weet je nog? En zij raakte helemaal overstuur en barstte in tranen uit, en jij sprong uit je stoel om haar te troosten. Je hield haar vast, je fluisterde iets tegen haar.' Vera barst uit in gesnik en vervolgt dan: 'Je dééd het wel, maar niet voor mij. Mij troostte je niet, mij raakte je niet aan. Die avond heb ik tegen mezelf gezegd dat ik nog liever moederziel alleen zou doodgaan dan dat ik jou ooit nog eens om dat soort steun zou vragen. Maar de pijn is er nog steeds en het geeft me nog steeds een eenzaam gevoel.'

Ted staart naar Vera en begrijpt opeens haar pijn en woede. Het is moeilijk om te horen, maar in elk geval heel begrijpelijk. Vera heeft precies aangegeven waar de wond zit. Ted heeft het gezien. Nu kan het genezingsproces beginnen.

2. De kwetsende partner moet emotioneel aanwezig blijven en de pijn van de gekwetste partner en zijn of haar aandeel daarin erkennen. Pas als gekwetste partners zien dat hun pijn werkelijk wordt erkend, kunnen ze die loslaten. Maar zolang dat niet is gebeurd, zullen ze er in de vorm van protesten en eisen steeds weer bij hun partner op terugkomen. Dat is heel begrijpelijk als je iets van hechting begrijpt. Als jij niet ziet hoeveel pijn je me hebt gedaan, hoe kan ik je dan vertrouwen en me veilig bij je voelen?

De kwetsende partner heeft zich bij eerdere gesprekken over het trauma misschien in zijn of haar schaamte en zelfverwijt teruggetrokken. Maar bedenk dan dat fouten in de liefde onvermijdelijk zijn. Het overkomt ons allemaal weleens dat de roep van onze geliefde om onze nabijheid ons ontgaat. We zijn allemaal weleens afwezig. We lopen allemaal weleens vast in onze angst of woede en we vangen onze geliefde niet altijd op als hij of zij struikelt. Het perfecte maatje en de perfecte minnaar bestaan niet. We maken allemaal blunders, en terwijl we leren hoe we moeten liefhebben stappen we weleens op elkaars tenen.

Misschien heeft een van de partners nog nooit goed op hechtingsboodschappen gelet en begint hij of zij nu pas echt de pijn te begrijpen die hij of zij heeft veroorzaakt. Onthoud dan dat de kwetsende partner iets kan doen aan de manier waarop het incident de toekomst beïnvloedt, ook al heeft het zich in het verleden voorgedaan. Als de gekwetste partner geholpen wordt bij het begrijpen van de reactie van de kwetsende partner, wordt de voorspelbaarheid van laatstgenoemde hersteld. En door emotioneel aanwezig te blijven kan hij of zij de gekwetste partner helpen anders met de pijn om te gaan.

Ted zegt: 'Nu begrijp ik het. De laatste paar keer dat we het hier-over hebben gehad, kon ik verwoorden hoe jouw kanker me deed verstijven. Het was net als toen mijn moeder ziek was. Maar je hebt gelijk. Die dag zag je dat ik je zus de steun gaf waar jij zo naar verlangde...' Vera knikt en huilt; hij ziet het en gaat zachter praten. 'Dat was onverdraaglijk voor je.' Ze knikt weer. 'Dat was nog erger dan wanneer ik verstijfde. Ik heb je toen geen troost geboden en dat doe ik nog steeds niet echt, zelfs nu ik zie hoe gekwetst je bent. Hoe komt het dat ik dat niet doe? Ik denk dat het te maken heeft met de manier waarop ik je zie. Jij bent zo sterk, in elk geval sterker dan ik. Ik weet dat het heel stom is, maar waarschijnlijk was het gemakkelijker voor me om op dat moment mijn hand naar je zus uit te steken, juist omdat ik in jou alleen maar mijn eigen verlies en hulpeloosheid zag. Omdat jij zo belangrijk voor me bent.'

Vera moet er even over denken, maar dan komt er een voor-zichtig glimlachje op haar lippen.

3. De gekwetste partner komt terug op zijn of haar 'dat-nooit-meer'-uitspraak en herziet bij wijze van spreken het script. Vera komt achter haar verdedigingsmuur vandaan en deelt de diepte van haar eenzaamheid, verdriet en wanhoop met Ted. Ze zegt: 'De dag na dat voorval kwam ik tot de conclusie dat het je allemaal te veel werd. Ik was er niet zeker van dat het je echt iets uitmaakte of ik erdoorheen zou komen. Dus mijn gevecht tegen de kanker was opeens zinloos geworden. Ik dacht erover om het maar op te geven.' Terwijl ze dat zegt, kijkt ze Ted recht in de ogen aan.

   Hij ziet er ook door pijn getroffen uit en zegt: 'Ik wil niet dat je je zo voelt en ik kan het niet verdragen dat je aan opgeven hebt gedacht. Opgeven omdat ik je geen troost kon bieden... Dat is vreselijk.'

4. De kwetsende partner neemt de verantwoordelijkheid voor wat hij of zij de ander heeft aangedaan op zich en spreekt zijn of haar spijt en berouw uit. Dat kan niet in de vorm van een onpersoon-lijke of defensieve spijtbetuiging. Op afstandelijke toon 'Nou, het

spijt me, oké?' zeggen is geen teken van berouw, maar duidt erop dat de pijn van de ander wordt weggewuifd. Om geloofwaardig te zijn moeten we luisteren naar de pijn van onze geliefde en ons ermee verbinden, zoals uitgelegd bij stap drie. We moeten laten zien dat de pijn van de ander ons raakt.

Als Ted zich naar Vera draait en begint te praten, kun je droefheid en berouw in zijn stem horen en van zijn gezicht aflezen. Hij zegt: 'Ik heb je echt laten vallen, hè? Ik was er niet voor je. Het spijt me zo, Vera. Ik was helemaal verpletterd en liet jou alleen in de confrontatie met je vijand. Ik vind het moeilijk om dit toe te geven. Ik wil mezelf niet als zo iemand zien, als de echtgenoot die jou zo liet vallen. Maar dat heb ik wel gedaan. Je had het volste recht om boos te worden. Ik heb mijn steun nooit als zo belangrijk gezien. Maar nu weet ik dat ik je heel veel pijn heb gedaan. Ik wist niet wat ik moest doen, dus aarzelde ik en deed niets. Ik wil proberen om het voortaan beter te doen. Als je me de kans wilt geven.'

Vera is duidelijk heel geroerd door Teds spijtbetuiging. Wat maakt die zo effectief? Ten eerste maakt de manier waarop hij het doet duidelijk dat hij Vera's pijn voelt en zich die aantrekt. Ten tweede zegt hij duidelijk tegen haar dat haar pijn en haar woede legitiem zijn. Ten derde neemt hij de verantwoordelijkheid voor wat hij heeft gedaan en wat zo pijnlijk was. Ten vierde spreekt hij zijn schaamte uit. Hij zegt tegen zijn vrouw dat hij zelf ook onthutst en teleurgesteld over zijn gedrag is. Ten vijfde verzekert hij haar ervan dat hij er van nu af aan voor haar zal zijn en haar zal helpen bij het genezen van haar wond. Dat noem ik nog eens een indrukwekkende spijtbetuiging! Toen ik mijn verontschuldigingen moest aanbieden aan mijn dochter nadat ik haar gevoelens ernstig gekwetst had, had ik er drie pogingen voor nodig om half zover te komen als wat Ted allemaal zei. Teds spijtbetuiging is niet alleen maar een uiting van berouw, maar ook een uitnodiging om de verbinding met Vera weer te herstellen.

5. Nu is er ruimte voor een 'houd-me-vast'-gesprek dat over de hechtingskwetsuur zal gaan. Gekwetste partners geven aan wat ze

op dit moment nodig hebben om het trauma te verwerken. Dan vragen ze rechtstreeks om tegemoetkoming aan die behoeften, dat wil zeggen dat ze hun partner vragen om anders te reageren dan tijdens het oorspronkelijke incident. Dit creëert een nieuw gevoel van emotionele verbondenheid, dat als tegengif werkt tegen het verschrikkelijke isolement en de breuk die het incident heeft teweeggebracht.

'Toen had ik je troost en je steun, je aanraking nodig. En die heb ik nog steeds nodig!' verklaart Vera. 'Die gevoelens van angst en hulpeloosheid draag ik nog steeds met me mee. Als ik eraan denk dat de kanker kan terugkomen en zelfs als ik alleen maar denk aan de afstand tussen ons, dan heb ik je geruststelling nodig.'

Ted antwoordt: 'Ik wil dat je voelt dat je op me kunt rekenen, dat ik er voor je ben. Daar zal ik alles voor doen. Ik kan me niet altijd goed in de gevoelens van anderen verplaatsen, maar ik ben het aan het leren. Ik wil niet dat je je eenzaam en angstig voelt.'

Dit is echt een helend t.o.b.-gesprek.

6. Beide partners creëren nu samen een nieuw verhaal over het kwetsende incident, wat er gebeurde, hoe dat het vertrouwen en de verbondenheid heeft aangetast en tot duivelse dialogen leidde. Maar het allerbelangrijkste is dat het nieuwe verhaal beschrijft hoe zij samen de confrontatie met het trauma zijn aangegaan en aan het genezingsproces zijn begonnen. Het is alsof alle draden in een nieuw weefsel samenkomen. Nu kunnen de partners als team bespreken hoe ze elkaar kunnen helpen om van deze kwetsuur te leren, de heling ervan te bevorderen en nieuwe kwetsuren te vermijden. Het voortzetten van het helingsproces kan tot gevolg hebben dat ze rituelen bedenken die de gekwetste partner geruststellen. Zo kan een stel na het vreemdgaan van een van hen afspreken dat elk contact met de vroegere minnaar of minnares onmiddellijk aan de gekwetste partner wordt gemeld, of dat de kwetsende partner overdag belt om te vertellen waar hij of zij op dat moment is. Ted zegt in dit gesprek op een gegeven moment tegen zijn vrouw: 'Het idiote is dat het gemakkelijker voor me was

om je zus te troosten, gewoon omdat ze voor mij minder belangrijk is dan jij bent! Met haar ben ik niet bang dat ik iets verkeerd doe en er een puinhoop van maak. En ik begrijp best waarom jij, nadat dit eenmaal was gebeurd, bij andere gelegenheden niet meer als vanzelfsprekend naar me toe kwam, zoals toen je bang was dat de kanker was teruggekomen. Ik zie nu dat we emotioneel steeds afstandelijker werden. Ik besef hoeveel moed er voor nodig was om dit in mijn bijzijn allemaal weer ter sprake te brengen. Toen je dat eerder probeerde, heb ik je ook niet bepaald geholpen, hè? Jij probeerde noodsignalen te versturen en ik dacht dat je het huis wilde afbranden. Het geeft me een goed gevoel dat we dit nu samen kunnen delen zonder vast te lopen in de pijn die erbij hoort.'

En Vera zegt op haar beurt tegen Ted: 'Ik vond je voorstel dat ik je zou kunnen helpen door je erop te wijzen wanneer het weer "houd-me-vast"-tijd is een heel goed idee! Het geeft me het gevoel dat je echt nadenkt over de manier waarop je je op me moet afstemmen om er zeker van te zijn dat zoiets niet opnieuw gebeurt.'

Voor Ted en Vera was het niet zo moeilijk om deze stappen te doorlopen, maar andere stellen hebben er meer moeite mee. Als de duivelse dialogen maar doorgaan en vertrouwen en veiligheid tot een dieptepunt zijn gedaald, moet het 'kwetsuren-vergeven'-gesprek een paar keer worden herhaald. Dat is ook het geval als er meerdere traumatische gebeurtenissen in het spel zijn. Maar zelfs in die gevallen steekt meestal één kwetsuur boven alle andere uit. En als die is geheeld, vallen de andere als een kaartenhuis in elkaar.

Anderzijds kunnen bepaalde gebeurtenissen – vooral vreemdgaan – het proces van vergeving ook bemoeilijken. Er zijn dan zo veel dingen die pijn doen. Maar ook dan is er meestal één moment dat bepalend is voor de kwetsuur. Denk maar aan Francine en Joseph. Het was de manier waarop hij over zijn ontrouw praatte die haar de nekslag gaf. Die verhouding was overigens van korte duur. Langdurige verhoudingen zijn veel pijnlijker. Opzettelijk bedrog gedurende een lange periode ondermijnt onze vertrouwensband met onze partner en het gevoel dat we hem of haar echt kennen. Het gevolg daarvan is dat ons beeld van de werkelijkheid niet meer klopt en dat we niet meer zeker zijn van wat 'waar' is. Dan geldt wat we tegen onze kinderen zeggen: 'Vertrouw geen vreemde mensen. Je weet nooit wat ze zullen doen.'

Kwetsuren kunnen worden vergeven, maar ze verdwijnen nooit. In het gunstigste geval worden ze geïntegreerd in de hechtingsverhalen van het stel, als aantoonbare tekenen van vernieuwing en van het herstel van de verbinding tussen beiden.

### Spel en oefening

1. De eerste stap naar genezing van een hechtingskwetsuur is om die te erkennen en te benoemen. Denk eens aan een incident in het verleden waarin je erg gekwetst werd door iemand die belangrijk voor je was, maar niet je partner. Het kan een trauma zijn zoals hierboven beschreven, maar ook een minder heftige pijn. Waardoor werd de pijn voornamelijk veroorzaakt? Ging het om een opmerking, een concrete daad of juist het achterwege blijven van een daad van de ander? In het hierboven beschreven incident zegt Vera dat het besef dat Ted in die stressvolle periode anderen wel troost kon bieden maar haar niet het allerergste was. Tot welke alarmerende conclusie ben jij in jouw voorbeeld gekomen met betrekking tot de belangrijke persoon in je leven? Kwam je bijvoorbeeld tot de conclusie dat het hem of haar gewoon niet kon schelen, dat jij niet belangrijk was en gewoon aan je lot overgelaten kon worden? Waar verlangde je naar toen je die emotionele wond opliep? Als dat moeilijk onder woorden te brengen is, probeer er dan achter te komen wat de ideale reactie voor jou zou zijn geweest. Wat heb je gedaan om jezelf te beschermen? Probeerde je bijvoorbeeld van onderwerp te veranderen, of ben je de kamer uit gelopen? Of werd je agressief en eiste je uitleg?

   Vraag jezelf af: kreeg ik niet de steun die ik nodig had? Werd mijn pijn of angst terzijde geschoven? Voelde ik me in de steek gelaten? Is mijn waarde als mens aangetast? Zag ik die persoon ineens als een bron van gevaar, als iemand die misbruik van me maakte, me verried?

Als je die pijn uit het verleden weer helder voor ogen hebt, probeer hem dan met je partner te delen.

Marc zegt tegen zijn partner Amy dat haar eerste reactie op het nieuws dat hij uit het postdoctorale programma voor ingenieurs was gestapt om theologie te gaan studeren hem veel pijn heeft gedaan. 'Ik weet nog precies hoe het ging,' zegt Marc. 'We zaten allebei in de keuken. Ik fluisterde zowat, zo bang was ik om het te vertellen. Je gezicht leek wel van steen. Je zei: "Jij bepaalt hoe je je leven wilt leiden. Maar dat is niet waarvoor ik heb getekend. Dat hadden we niet afgesproken. Nu gooi je je hele studie weg." Het voelde alsof ik een stomp in mijn maag had gekregen. Ik denk dat ik al die onvoldoendes voelde, en ik voelde me zeker "minder waard". Ik trok me terug achter mijn verdedigingsmuur. Ik denk dat ik ernaar verlangde dat je me zou accepteren en ondersteunen. Ik voelde me zo verloren in die tijd. Ik heb je lange tijd niet echt dicht bij me laten komen, want dan kon je me geen pijn doen.'

2. Ga na hoe gemakkelijk of moeilijk het voor jou is om je excuses aan te bieden, zelfs als het om kleine dingetjes gaat. Geef jezelf een cijfer tussen de 1 en 10 (10 betekent dat je gemakkelijk kunt toegeven dat je blinde vlekken hebt en fouten kunt maken). Kun je je een situatie herinneren waarin je je spijt op een van de onderstaande manieren hebt betuigd:

- De vier-seconden-'waar-is-de-uitgang'-verontschuldiging: 'Nou ja, sorry hoor. Wat zullen we vanavond eten?'
- De 'verminderde-toerekeningsvatbaarheid'-verontschuldiging: 'Nou, misschien heb ik dat wel gedaan, maar...'
- De afgedwongen verontschuldiging: 'Ik neem aan dat ik verondersteld word te zeggen...'
- De instrumentele verontschuldiging: 'We komen natuurlijk niet verder voordat ik dat gezegd heb, dus...'

Dat zijn voorbeelden van verontschuldigingen die soms bij kleine emotionele wonden kunnen werken, maar in het geval van het soort kwetsuren waar we het hier over hebben, verergeren ze de pijn van de gekwetste persoon alleen maar.

3. Kun je je een voorval herinneren waarbij je iemand van wie je houdt pijn hebt gedaan? Een voorval waarbij hij of zij niet de steun of troost van je kreeg die hij of zij nodig had, of zich in de steek gelaten voelde? Een voorval waarbij je voor die persoon misschien zelfs als gevaarlijk overkwam, of afwijzend?

   Kun je je voorstellen dat je dat in volle oprechtheid aan die persoon kunt toegeven? Wat zou je zeggen? Wat zou voor jou moeilijk zijn bij het erkennen van de emotionele wond? Partners gebruiken vaak een van de volgende uitspraken als ze spreken over de pijn die ze hun geliefde hebben aangedaan:

   • Ik trok me terug, ik liet je barsten.
   • Ik zag je pijn niet en ook niet hoezeer je me nodig had. Ik was te veel van mijn stuk, bang, boos, door iets anders in beslag genomen. Ik trok me gewoon in mezelf terug.
   • Ik wist niet wat ik moest doen. Ik zat helemaal vast, ik voelde me stom en was bang dat ik de verkeerde dingen deed.

   Denk nog eens terug aan de vijf elementen van Teds spijtbetuiging tegenover Vera. Hij zegt dat hij zich haar pijn aantrekt, dat haar pijn legitiem is, hij erkent zijn kwetsende gedrag, hij geeft aan dat hij zich ervoor schaamt en hij verzekert haar ervan dat hij haar wil helpen om haar wond te laten helen. Welke van Teds beweringen zou voor jou het moeilijkst zijn?

   Heb je een idee hoe de gekwetste persoon zich als gevolg van jouw erkenning zou voelen? Hoe zou dat hem of haar kunnen helpen?

4. Kijk nu eens naar een specifieke kwetsuur in je huidige relatie. Dat kun je in je eentje doen of terwijl je partner luistert en probeert

je te begrijpen. Als je het moeilijk vindt om het met z'n tweetjes te doen, begin dan met een betrekkelijk klein recent voorval. Als je wilt, kun je de oefening met een belangrijker voorval herhalen. Probeer zo concreet mogelijk te zijn. Een grote, vage pijn is moeilijk aan te pakken. Misschien heb je een moeilijke tijd gehad waarin je vaak werd gekwetst. Was er een specifiek moment dat voor die pijn als geheel staat? Waardoor is de pijn precies veroorzaakt? Wat was je eerste gevoel? Tot welke conclusie over je relatie ben je gekomen en wat deed je om jezelf te beschermen?

'Het was toen ik met al die nieuwe cursussen was begonnen en me zo onzeker voelde,' zegt Mary tegen Jim. 'Op een avond, na het eten, raapte ik al mijn moed bij elkaar en vroeg ik je wat je dacht van mijn worsteling en wat ik tot dan toe bereikt had. Ik hoopte echt dat je zou zeggen dat je zag hoe ver ik al gekomen was en dat je in me geloofde. Maar het was alsof je me niet hoorde en ik voelde me op de een of andere manier terzijde geschoven. Ik liet je niet merken hoe bedroefd ik me voelde, hoeveel behoefte ik had aan je aanmoediging. Dus besloot ik dat ik mijn eigen droom wel zou creëren. Dat deel van mijn leven houd ik tegenwoordig apart, gescheiden van wat wij samen hebben.'

5. Misschien kun je nu tegen je partner zeggen waar jij tijdens dat pijnlijke incident op had gehoopt, en hoe het voelde toen je die reactie niet kreeg. Misschien wil je ook vertellen hoe het nu voelt om de moed bij elkaar te rapen en te vertellen wat je had gehoopt. Probeer daarbij te vermijden dat je je partner als veroorzaker van je pijn aanwijst. Dat zou een verder gesprek alleen maar blokkeren. Als je de luisterende partner bent, probeer dan de kwetsbaarheid van je partner aan te voelen en te zeggen wat die bij je oproept. Als we echt luisteren als iemand van wie we houden zijn of haar behoefte aan ons kenbaar maakt, reageren we meestal met warmte.

6. Als jij de partner bent die de ander heeft gekwetst, probeer je partner dan te helpen te begrijpen waarom je reageerde zoals je

dat toen deed. Je moet misschien wel diep graven om voor jezelf te 'ontdekken' hoe die reactie tot stand kwam. Probeer het te zien als een stap om je gedrag voor je partner voorspelbaarder te maken. Probeer je partner te helpen om zich veilig genoeg te voelen om zijn of haar kwetsbare gevoelens aan jou te laten zien, zodat jullie een compleet beeld hebben van wat jullie in termen van hechtingsbehoeften van het voorval kunnen leren.

7. Kun jij, als partner die de pijn heeft veroorzaakt, nu de ervaring van je partner erkennen, toegeven dat jij die pijn hebt veroorzaakt en – hier gaat het uiteindelijk om – je spijt betuigen? Dat is moeilijk.

   Er is moed voor nodig om toe te geven dat we teleurgesteld zijn in ons eigen gedrag. Het maakt ons nederig als we moeten opbiechten dat we ongevoelig en onverschillig zijn geweest. Misschien lukt dat alleen maar wanneer we ons laten raken door de pijn en de angsten van de persoon van wie we houden. Als we dat oprecht kunnen doen, geven we onze geliefde een groot geschenk.

8. Kun jij, als gekwetste partner, de spijtbetuiging aanvaarden? Dat zou een nieuwe basis voor jullie beiden vormen. Er kan weer vertrouwen groeien. Je kunt zonder vrees geruststelling zoeken als zich in de toekomst weer iets voordoet wat je aan deze kwetsuur herinnert, omdat je weet dat je partner zal proberen vanuit zijn of haar gevoel te reageren. En nu je partner zijn of haar spijt heeft betuigd, kan hij of zij je de liefde geven die bij het oorspronkelijke incident niet aanwezig was.

9. Vat dit gesprek met je partner ten slotte samen in een korte beschrijving van het pijnlijke voorval, het effect dat het had op jullie relatie, en hoe jullie eruit zijn gekomen met het vaste voornemen dat zoiets niet opnieuw zal gebeuren.

   Als je deze oefening absoluut niet ziet zitten, kun je bij wijze van experiment met je partner bespreken hoe vreemd of moeilijk een gesprek over vergeving voor je is. Of anders kunnen jullie samen een emotionele wond uitkiezen die geheeld moet worden en dan in een paar zinnen opschrijven hoe het gesprek zou kunnen verlopen als jullie de hierboven aangeduide stappen zouden volgen. Wissel dat vervolgens met elkaar uit.

Als je hechtingskwetsuren eenmaal begrijpt en weet dat je zo nodig vergeving kunt vinden en geven, beschik je over een enorm vermogen om een veerkrachtige en duurzame band te creëren. Relaties zonder pijn bestaan niet. Maar jullie dansen met meer elan en flair als je weet dat je het weer goed kunt maken als je op elkaars tenen trapt.

# Zesde gesprek:
# De band versterken via
# seks en aanraking

*'We verspillen onze tijd met het zoeken naar de volmaakte geliefde, in plaats van de volmaakte liefde te creëren.'*
– TOM ROBBINS

*'Ze is zo lieflijk als een hinde, bekoorlijk als een ree. Ze laat je altijd van haar borsten drinken, je kunt eindeloos verzinken in haar liefde.'*
– SALOMO, SPREUKEN 5:19

Tijdens de eerste dagen van een huwelijk is de hartstocht altijd aanwezig. Bijna elk woord, elke blik, elke aanraking siddert van begeerte. Dat is de manier waarop de natuur ons bij elkaar brengt. Maar als die eerste, betoverende vervoering van heftig verlangen voorbij is, welke plaats heeft seks dan in een relatie? Seksualiteit koppelt ons dan wel aan elkaar, maar kan seks ook helpen om ons bij elkaar te houden en zo een bijdrage aan een duurzame relatie leveren? Het antwoord is nadrukkelijk 'ja'. Goede seks is zelfs een krachtige, bindingversterkende ervaring. De hartstocht van de eerste verliefdheid is slechts het voorgerecht. Liefdevolle seks in een langdurige relatie is het hoofdgerecht.

Maar zo denken we er meestal niet over. Onze cultuur en een heel leger van relatiegoeroes hebben ons geconditioneerd om hartstocht eerder te beschouwen als een voorbijgaand gevoel dan als een duurzame kracht. Ze maken ons wijs dat de vlammen van de hartstocht, die aan het begin van een liefdesrelatie zo hoog oplaaien, onvermijdelijk zullen doven en dat onze relaties, die ooit zo opwindend waren, zich onverbiddelijk tot een prozaïsche vriendschap zullen ontwikkelen.

Bovendien hebben we geleerd om seks te zien als een doel op zich. Het gaat om het bevredigen van je begeerte, het liefst met een geweldig orgasme. We hebben het vooral over het mechanische aspect van seks: de standjes, de technieken en de speeltjes die onze lichamelijke verrukking nog sterker kunnen maken. Seksualiteit draait uitsluitend om directe fysieke bevrediging, denken we. Al deze opwinding binnen onze cultuur overschaduwt de christelijke boodschap dat seks heilig is en inherent aan de band tussen man en vrouw. Seks is bedoeld als wederzijdse bevrediging en voor het vieren van deze unieke band. Hooglied is hier een prachtig voorbeeld van.

Opnieuw zien we de parallel tussen de wetenschap achter de verbinding tussen man en vrouw enerzijds en geestelijke wijsheid anderzijds. Volgens deze wetenschap gaan een veilige band en een hoogst bevredigend seksleven hand in hand; ze bevorderen en versterken elkaar. Emotionele verbondenheid leidt tot geweldige seks en geweldige seks leidt tot diepere emotionele verbondenheid. Als partners emotioneel toegankelijk, ontvankelijk en betrokken zijn, wordt seks een intiem spel, een veilig avontuur. Partners die zich veilig voelen bij elkaar, voelen zich ook vrij en vol vertrouwen om zich in elkaars armen aan hun lusten over te geven, om hun seksuele behoeften te verkennen en te bevredigen en om hun diepste vreugden, verlangens en kwetsbaarheden met elkaar te delen. Op die manier wordt met elkaar naar bed gaan een daad waardoor de liefde wordt versterkt.

Hoe belangrijk is een bevredigend seksleven binnen een liefdesrelatie eigenlijk? Het blijkt dat goede seks een wezenlijk, maar geen allesbepalend element van gelukkige relaties is. De seksuologen Barry en Emily McCarthy van de American University in Washington hebben het onderzoek op dit gebied in kaart gebracht. Gelukkige stellen, zo concluderen ze, schrijven hun geluk voor slechts vijftien tot twintig procent toe aan een goed seksleven, maar ongelukkige stellen wijten vijftig tot zeventig procent van hun narigheid aan seksuele proble-men. Gelukkige partners beschouwen seks als een van vele bronnen van genoegen en intimiteit, terwijl wanhopige partners erg veel met seks bezig zijn en seks vaak zien als de voornaamste bron van hun problemen.

Waarom is seksualiteit zo'n belangrijk onderwerp voor ontevre-den partners? Omdat seks meestal als eerste te lijden heeft onder een verpieterende relatie. Maar seks is niet het werkelijke probleem. Be-schouw seksuele behoeften maar als de relatieversie van de 'kanarie in de mijnschacht'. In feite is het zo dat een stel de verbondenheid met elkaar kwijtraakt; de partners voelen zich niet meer emotioneel veilig bij elkaar. Dat leidt tot een afname van de seksuele begeerte en tot minder bevredigende seks, wat weer leidt tot minder seks en meer gekwetste gevoelens. Dit leidt dan weer tot een nog slechtere emotionele band, enzovoort. Kortom: geen veilige band, geen seks; geen seks, geen band.

Eigenlijk is het heel eenvoudig. Harry Harlow schrijft in zijn boek *Learning to Love* dat de primaten zich van andere dieren onderschei-den doordat zij liefdevol seksueel contact met elkaar hebben, waarbij de partners elkaar aankijken en waarbij 'de meest kwetsbare delen van het lichaam in comprommitterende houdingen worden getoond'. We zitten gewoon niet zo in elkaar dat we tegelijkertijd behoedzaam of bang en seksueel opgewonden kunnen zijn.

De veiligheid van onze emotionele verbondenheid bepaalt onze relatie, in bed en daarbuiten. Afhankelijk van hoezeer we op ons ge-mak zijn met intimiteit en hoe veilig we ons voelen in ons verlangen naar onze geliefde, streven we in bed naar verschillende doelen. Ik noem die drie soorten seks geïsoleerde seks, troostseks en synchrone seks.

## Geïsoleerde seks

Bij geïsoleerde seks gaat het om het verminderen van de seksuele spanning, het bereiken van een orgasme en een goed gevoel over je seksuele prestaties. Deze vorm van seks treffen we aan bij mensen die nooit geleerd hebben dat ze anderen kunnen vertrouwen en zich niet willen openstellen of zich onveilig voelen bij hun partner. Voor hen draait het om de zinnelijkheid en de prestatie. De band met de ander is van ondergeschikt belang. Deze onpersoonlijke seksualiteit heeft een toxisch effect op een liefdesrelatie. De partner voelt zich gebruikt en tot lustobject gemaakt in plaats van gewaardeerd als mens.

Terwijl haar echtgenoot Kyle luistert, zegt Marie tegen mij: 'Ik ben een opblaasbare barbiepop voor hem. Onze seks is zo leeg. Ik voel me er vreselijk eenzaam bij.'

'Ja, daar kan ik inkomen,' zegt Kyle instemmend. 'Vroeger hadden we het beter in bed. Maar sinds we voortdurend ruzie hebben, heb ik ons eigenlijk een beetje afgeschreven. Ik voel niets meer en de seks gaat dan op de automatische piloot. Dan zie ik je als "de vrouw". Dat is wel zo veilig. Ik ben allang blij dat ik weet hoe ik seks moet bedrijven. Intimiteit is moeilijker. Als ik je zie als "Marie" en aan al onze problemen denk, raak ik van slag. Dus houd ik me bij de seks. Daar voel ik me beter bij, in ieder geval voor een paar minuten.'

Kyle sluit zich emotioneel af omdat hij niet weet hoe hij intiem moet zijn. Maar anderen, zeker als ze zich door eerdere minnaars verraden voelden, blijven uit gewoonte emotioneel afstandelijk, of ze kiezen er bewust voor. Ze geven de voorkeur aan een vorm van seksualiteit waarbij de opwinding en het orgasme doelen op zich zijn. Ze hebben meestal korte seksuele avontuurtjes, vaak onenightstands. En volgens psycholoog Jeff Simpson en zijn collega's van de Universiteit van Minnesota vermijden ze alles wat zou kunnen leiden tot emotionele betrokkenheid, zoals kussen of elkaar aanraken. Pornoster Ron Jeremy, die wel beschouwd mag worden als iemand die buitengewone seksuele prestaties levert, is een voorstander van partnerruil om de seksuele sleur te doorbreken, maar zijn regel luidt: 'Absoluut geen geknuffel.' De deur naar echte erotiek, emotionele verbondenheid, blijft gesloten.

Het klassieke symbool van prestatiegerichte seks is zonder enige twijfel James Bond. In de loop van veertig jaar heeft hij een heel leger van vrouwen 'afgewerkt', die bijna allemaal mogelijke vijanden, en dus niet te vertrouwen waren. Hij is maar één keer verliefd geweest, compleet met emotionele en seksuele betrokkenheid. (Bond trouwt met deze vrouw, die op de huwelijksdag wordt geliquideerd. Komt dat even goed uit!)

Het lijkt erop dat geïsoleerde seks vooral door mannen wordt bedreven. Dat kan te maken hebben met het hormoon testosteron, dat de seksuele begeerte stimuleert, of het is puur een vorm van culturele conditionering. Mannen krijgen al vroeg te horen dat het tonen van te veel emotie een teken van zwakte is. En als ze niet weten waar ze de grens moeten trekken, vermijden ze emoties vaak maar helemaal. Het is ook mogelijk dat geïsoleerde seks voortkomt uit de manier waarop seksualiteit in het lichaam van de man zit geprogrammeerd. Van wie is ook weer de uitspraak: 'Mannen zijn als een magnetron en vrouwen als een petroleumstel'? Een opgewonden man kan binnen een paar seconden al tot een orgasme komen, met weinig of geen communicatie. Een vrouw raakt minder snel opgewonden en het is moeilijker voor haar om zich alleen maar op de zintuigelijke beleving te richten. Ze heeft het nodig dat zij en haar partner hun bewegingen en reacties op elkaar afstemmen. Voor goede seks heeft ze behoefte aan communicatie en een gevoel van verbondenheid.

Bij zowel mannen als vrouwen blokkeert het ontbreken van emotionele betrokkenheid de weg naar de rijkere dimensies van de seksualiteit. Jongeren die zich emotioneel afstandelijk gedragen hebben meer sekspartners, maar ze genieten minder van seks dan degenen die zich in intieme verbondenheid met anderen op hun gemak voelen, zo heeft Omri Gillath, psycholoog aan de Universiteit van Kansas, vastgesteld. Bij dat soort seks is er opwinding, maar de hartstocht is van korte duur. De beleving is eendimensionaal en om de spanning op peil te houden is er dus voortdurend iets nieuws nodig, bijvoorbeeld in de vorm van nieuwe partners en nieuwe technieken. Alles draait om het creëren van steeds meer spanning.

Voor sommige christelijke partners kan onpersoonlijke seks verleidelijk zijn omdat deze vorm van seks een 'verboden' element heeft. Dus is pornografie in veel christelijke gemeenschappen een probleem. Een katholieke priester schijnt gezegd te hebben dat het probleem met pornografie niets te maken heeft met wat men laat zien, maar met wat men niet laat zien. De verbinding tussen mensen wordt achterwege gelaten. Ironisch genoeg wijst onderzoek uit dat het voor iemand die vaak naar pornografie kijkt moeilijker is om bij zijn of haar echte partner opgewonden te raken en een hartstochtelijke band met hem of haar te creëren. In mijn boek *Love Sense* zeg ik dat er sprake is van hartstocht als het verlangen naar een verbinding samenvalt met emotionele afstemming op elkaar en met erotisch spel. Deze vorm van hartstocht kan keer op keer worden aangewakkerd als een stel na verloop van tijd weer momenten van een vernieuwde en diepere verbinding ervaart.

## TROOSTSEKS

We hebben troostseks als we er zeker van willen zijn dat we worden gewaardeerd en begeerd; de seksuele daad is bijzaak. Het doel is onze angst voor hechtingsverlies te verlichten. Er is meer emotionele betrokkenheid dan bij geïsoleerde seks, maar de voornaamste emotie die de seksuele dans op gang houdt, is angst. Het onderzoek van Gillath wijst uit dat hoe banger we zijn om van anderen afhankelijk te zijn, hoe meer we de voorkeur geven aan knuffelen en genegenheid en niet zozeer aan seksuele gemeenschap.

Mandy zegt tegen me: 'Seks met Frank is fijn. Maar eerlijk gezegd gaat het mij vooral om het knuffelen, de geruststelling. Het is net alsof seks een examen is en als hij me wil, voel ik me veilig. Als hij eens een keer niet opgewonden is, trek ik me dat heel persoonlijk aan en voel ik me bang.'

Als seks een pilletje wordt tegen de angst, is er geen sprake van echte erotiek.

Troostseks kan ertoe bijdragen dat een relatie nog een tijdje stabiel blijft, maar kan ook pijnplekken en negatieve spiralen veroorzaken. Als er op het gebied van de wederzijdse begeerte ook maar iets misgaat, is er direct sprake van gekwetstheid en negativiteit. Als dit soort seks in een relatie de norm is, kunnen de partners verstrikt raken in obsessieve pogingen om te presteren en de ander daarmee te behagen, of in het stellen van eisen die seksueel verlangen tegengaan.

Als fysieke intimiteit alleen nog als functie heeft hechtingsangsten te onderdrukken, kan ze liefdespartners uit elkaar drijven.

Dus zegt Cory tegen zijn vrouw Amanda: 'Wat is er eigenlijk mis aan vaak vrijen? Ik durf te wedden dat heel wat mensen elke ochtend en elke avond met elkaar vrijen. En heel veel vrouwen hebben elke keer twee of drie orgasmes.'

Amanda kijkt me aan en van onze gezichten valt af te lezen dat we dit nu al zo vaak hebben gehoord en dat we er zelfs ontzet door zijn.

Cory ziet het en wendt zijn blik af. Hij ziet er verdrietig en verslagen uit. 'Nou ja. Het gaat uiteindelijk niet om de seks, hè?' zegt hij. 'Als ik je in mijn armen houd, of wanneer we vrijen en ik je echt opwind en jij met je lichaam op me reageert – dat zijn de enige momenten waarop ik er echt zeker van ben dat je van me houdt, waarop ik me echt veilig bij je voel. Dan weet ik dat je van me houdt en dat je me wilt. Nu ik erover nadenk, weet ik dat ik te vaak om seks vraag. Hoe meer ik erop aandring, hoe minder prettig je het vindt. Maar ik ben helemaal geobsedeerd door de angst om je te verliezen. Sinds we vorig jaar uit elkaar zijn geweest, ben ik voortdurend bang. En vrijen geeft me een veilig gevoel.'

Amanda schuift haar stoel naar hem toe en slaat haar armen om hem heen.

Cory blijft even zo zitten, in haar armen, en zegt dan, met een stem vol verbazing: 'Hé, je omhelst me! Denk je niet negatiever over me nu ik dat gezegd heb?'

Amanda geeft hem een kus op zijn wang. Op het moment dat Cory beseft dat hij om die intieme aanraking en de troost van een omhelzing mag vragen, gaat de relatie van Cory en Amanda er duidelijk op vooruit, en hetzelfde geldt voor hun seksleven.

Troostseks komt vaak voor als partners in duivelse dialogen verwikkeld zijn en als partners elkaar niet regelmatig op een veilige, troostrijke manier aanraken, de meest basale manier om verbondenheid te creëren.

'Seks was altijd een manier om intiem met elkaar te zijn,' klaagt Alec, wiens tien jaar durende relatie met Nan op haar einde lijkt te lopen. 'Maar nu wil ze nooit meer vrijen. Ik voel me gewoon voortdurend afgewezen. Het maakt me soms razend. Steeds als ik eraan denk dat ze kennelijk niet meer geïnteresseerd is in seks met mij, doet het pijn. Ze zegt dat ik er te veel op aandring, en ze slaapt in de logeerkamer. Los van het feit dat we geen seks hebben, raken we elkaar eigenlijk helemaal niet meer aan.'

Als partners tegen me zeggen dat ze niet attent voor elkaar kunnen zijn of elkaar niet meer steunen, word ik ongerust. Als ze tegen me zeggen dat ze niet met elkaar vrijen, maak ik me grote zorgen. Maar als ze me vertellen dat ze elkaar niet meer aanraken, dan weet ik dat ze echt in de problemen zitten.

De anderhalve vierkante meter huid die we als volwassenen hebben, is ons grootste zintuig. De tedere streling van onze huid en de emoties die daardoor worden opgeroepen zijn voor de meeste mensen de koninklijke weg naar een liefdesrelatie. In die aanraking komen twee fundamentele driften samen: seksualiteit en onze behoefte om te worden vastgehouden en door iemand die bijzonder voor ons is te worden erkend. Antropoloog Ashley Montagu zegt in zijn boek *Touching*: huidcontact is de taal van seksualiteit én de taal van hechting. Aanraking is opwindend, maar tegelijkertijd kalmerend en troostend.

Tiffany Field, ontwikkelingspsychologe aan de Universiteit van Massachussetts, zegt dat we vanaf het eerste tot het laatste moment van ons leven een enorme behoefte aan aanraking hebben. Amerikanen behoren volgens haar tot de minst op de tastzin gerichte mensen ter wereld en lijden aan 'aanrakingshonger'. Het schijnt dat bij kinderen een tekort aan aangeraakt, vastgehouden en gestreeld worden de groei van de hersenen en de ontwikkeling van de emotionele intelligentie afremt, dat wil zeggen: het vermogen om emoties te ordenen.

Mannen schijnen in het bijzonder voor aanrakingshonger vatbaar te zijn. Field wijst erop dat jongens al vanaf hun geboorte minder lang worden geknuffeld en minder vaak worden gestreeld dan meisjes. Volwassen mannen lijken minder ontvankelijk te zijn voor een tedere aanraking dan vrouwen, maar de mannen die ik op mijn spreekuur krijg, hunkeren er even sterk naar als de vrouwen. Mannen vragen niet om een omhelzing, of dat nu door culturele conditionering komt (een echte man knuffelt niet) of door gebrek aan vaardigheid (ze kunnen er niet om vragen). Daar moet ik steeds aan denken als mijn vrouwelijke cliënten klagen over het feit dat mannen bezeten zijn van seks. Dat zou ik ook zijn, zeg ik dan, als seks de enige gelegenheid buiten het voetbalveld is waarbij iemand me aanraakt en omhelst.

'Ik wil gewoon dat Marjorie naar me uitreikt en me aanraakt,' zegt Terry. 'Ik wil er zeker van zijn dat ze me dicht bij zich wil hebben. Ik wil dat ze me aantrekkelijk vindt, dat ze me wil. En niet alleen maar voor de seks. Het gaat om meer.'

'Welnee, je wilt gewoon even rampetampen en klaarkomen,' brengt Marjorie daartegenin.

'Misschien is dat wel het enige waar ik om heb leren vragen,' werpt hij tegen.

We kunnen niet al onze hechtingsbehoeften, onze behoeften aan fysiek en emotioneel contact, voor in de slaapkamer opsparen. Als we dat proberen, bezwijkt ons seksleven onder de last van die behoeften.

Het beste recept voor goede seksualiteit is een veilige relatie, waarin twee geliefden zich door middel van T.O.B.-gesprekken en tedere aanraking met elkaar kunnen verbinden. Zelfs sekstherapeuten zijn het erover eens dat de belangrijkste bouwsteen voor een gezonde seksuele relatie 'elkaar vrijwillig en ongedwongen een plezier willen doen' is. Daarom raad ik stellen vaak aan om eens een paar weken niet te vrijen. Als seks verboden is, kan geen van de beide partners bang of teleurgesteld raken. Ze kunnen zich dan richten op het verkennen van alle mogelijkheden die aanraking hun biedt. Als je eraan gewend raakt om vaker om een tedere aanraking te vragen, verstevig je de onderlinge band. En als je elkaars lichaam op een intiemere manier leert kennen, als je weet wat de ander prikkelt en waarvan hij of zij geniet, wordt dat een kostbaar deel van de unieke en exclusieve band tussen twee geliefden.

## SYNCHRONE SEKS

Ik spreek van synchrone seks als emotionele openheid, ontvankelijkheid, tedere aanraking en erotisch spel allemaal samenkomen. Zo

218

zou seks altijd moeten zijn. Dat is het soort seksualiteit dat vervult, bevredigt en verbindt. Als partners een veilige emotionele verbondenheid hebben, kan de fysieke intimiteit haar oorspronkelijke vuur en creativiteit volledig behouden. En meer dan dat. Liefdespartners zijn dan het ene moment speels en teder en dan weer vurig en erotisch. Ze kunnen zich in hun liefdesspel op een orgasme richten, maar net zo goed op een heerlijke reis naar de plek die de dichter Leonard Cohen 'duizend kussen diep' noemt.

Ik heb het woord 'synchronie' al eerder gebruikt, bij het vierde gesprek, waar het stond voor de emotionele harmonie tussen partners. Nu voeg ik aan die betekenis ook fysieke harmonie toe. Dan Stern, psychiater aan de medische faculteit van de Cornell University, gebruikt het woord ook als hij erop wijst dat veilig gehechte geliefden op elkaar zijn afgestemd, elkaars innerlijke staat en intenties aanvoelen en op elkaars wisselende staat van opwinding kunnen reageren, zoals ook een empathische moeder op haar baby is afgestemd. Het kind doet zijn ogen open en kraait van vreugde, de moeder kirt terug en past de hoogte van haar stem aan het opgewonden gekraai aan. De minnaar kijkt op en slaakt een zucht; de beminde glimlacht en streelt zijn zij op het ritme van zijn zucht. Zo'n synchronie geeft een 'stilzwijgend gevoel van innige verbondenheid' en vormt de essentie van emotionele, fysieke en seksuele verbondenheid. Emotionele veiligheid roept fysieke synchronie op en fysieke synchronie roept emotionele veiligheid op.

Wederzijdse ontvankelijkheid buiten de slaapkamer werkt in de slaapkamer door. Partners die innig met elkaar verbonden zijn, kunnen hun seksuele kwetsbaarheden en verlangens zonder angst voor afwijzing uiten. We zijn allemaal bang dat we op de een of andere manier niet 'goed genoeg' zijn in bed.

'Kijk nou naar me,' zegt Carrie. 'Ik ben een en al sproet. Heb je ooit een fotomodel gezien met haar hele lijf onder de sproeten? Ik haat ze. Als ik er alleen maar aan denk, wil ik het licht al uitdoen.'

Andy, haar man, lacht. 'Dat zou ik echt jammer vinden,' zegt hij zachtjes. 'Ik vind je sproeten juist leuk. Ze horen bij je. Ik wil bij jou zijn. Ik wil helemaal geen model als vrouw. Ik val op jouw stipjes, ze winden me op. Net zoals jij kale mannen zoals ik heel sexy vindt. Dat vind je toch?'

Carrie glimlacht en knikt bevestigend.

Veilig gehechte, liefdevolle partners kunnen zich ontspannen, de remmen losgooien en helemaal in het liefdesspel opgaan. Ze kunnen openlijk, zonder verlegenheid en zonder zich beledigd te voelen praten over wat hen wel en niet opwindt. Uit onderzoek van de psychologen Deborah Davis van de Universiteit van Nevada en Cindy Hazan van de Cornell University blijkt dat veilig gehechte partners openlijker over hun behoeften en voorkeuren praten en sneller bereid zijn om met hun partner op seksueel gebied te experimenteren. In films praten liefdespartners nooit over wat ze in bed moeten doen; ze doen het gewoon. Maar proberen te vrijen zonder dat je je veilig genoeg voelt om er echt over te praten, zou je kunnen vergelijken met het veilig laten landen van een Boeing 747 zonder dat je een instructieboek of de hulp van de verkeerstoren ter beschikking hebt.

Veilig gehechte partners kunnen elkaar geruststellen en troosten en samen de onvermijdelijke problemen overwinnen die je nooit in films ziet, maar die wel bij ieders seksleven horen.

Frank heeft erectieproblemen, die hij met enige gêne omschrijft als 'Charlie wil een dutje doen'. Hij vertelt over een recent 'vrij-afspraakje' met zijn vrouw, dat alle kenmerken van een faliekante mislukking had.

'Toen we begonnen, zei Sylvie iets over mijn gewicht en daar was ik niet zo blij mee. Maar toen ze besefte wat er was gebeurd, knuffelde ze me net zo lang tot ik me weer goed voelde. En toen, op het moment suprême, kwam onze zoon van achttien thuis, vroeger dan verwacht. En Charlie, nou ja, die viel stevig in slaap, zullen we maar zeggen. Sylvie herinnerde me aan een boek dat we hadden gelezen, waarin stond dat veel mannen tijdens een vrijpartij van drie kwartier hun erectie weleens even kwijtraken, maar dat die weer terugkomt, als je maar niet in paniek raakt. We konden om Charlie lachen en lekker intiem bij elkaar blijven liggen. Toen raakte de crème die we gebruiken op, dus Sylvie moest het bed uit om andere te zoeken.'

Sylvie kan haar lach niet meer inhouden.

'Uiteindelijk,' gaat Frank door, 'toen alles weer op de rails stond, werd ik wat onstuimig en sloeg ik de kaars omver, zodat het gordijn begon te roken!' Hij grijnst breeduit naar zijn vrouw en grapt: 'Dat was me het afspraakje wel, hè, schatje?'

Sylvie pakt de draad op en vertelt in geuren en kleuren dat ze besloten om maar een punt achter de vrijpartij te zetten en een kop warme chocolademelk te gaan drinken. 'Maar toen' – ze moet weer giechelen – 'maakte Frank een sexy opmerking en kwam het er uiteindelijk toch nog van.' Ze gooit haar armen in de lucht en houdt haar hoofd scheef, een pose à la Marilyn Monroe.

Ik ben dol op dat soort verhalen. Ze bewijzen dat we, ook na een relatie van tientallen jaren, nog steeds spontane, hartstochtelijke en vreugdevolle seksuele ervaringen kunnen hebben en verbazende ontdekkingen over onze partner kunnen doen. Ze bewijzen dat we steeds weer opnieuw verbinding met elkaar kunnen maken en verliefd op elkaar kunnen worden en dat erotiek in feite een spel is, het vermogen om alle remmen los te gooien en je aan je zintuigen over te geven. Emotionele veiligheid is daarbij wel een absolute voorwaarde.

In een veilige relatie komt de opwinding niet voort uit pogingen om de hartstochtelijke eerste verliefdheid weer tot leven te wekken, maar uit de durf om je in het hier en nu open te stellen voor de beleving van fysieke en emotionele verbondenheid. Met die openheid komt het besef dat vrijen met je partner steeds weer een nieuw avontuur is. 'Oefening en emotionele aanwezigheid baren kunst' is de beste vuistregel voor erotische en bevredigende seks, zeg ik altijd tegen stellen, en dus niet het steeds weer uitproberen van iets nieuws om de 'verveling' tegen te gaan. Het is dan ook geen wonder dat uit recent onderzoek naar seksualiteit in de Verenigde Staten, dat is uitgevoerd door Edward Laumann van de Universiteit van Chicago, blijkt dat getrouwde stellen die al jaren samen zijn en emotionele veiligheid hebben opgebouwd, vaker en fijner seks hebben dan ongetrouwde mensen.

Als deskundigen beweren dat alleen een nieuwe relatie, waar verovering en verliefdheid nog hoog in het vaandel staan, opwindende seks kan opleveren, denk ik aan het oudere, al vele jaren getrouwde echtpaar dat ik ken en aan de manier waarop zij de Argentijnse tango dansen. Ze gaan er helemaal in op en zijn volledig op elkaar afgestemd. Ze bewegen zich buitengewoon doelbewust, heel speels en verbijsterend erotisch. Ze zijn zo sterk afgestemd op elkaar, zo ontvankelijk voor elkaar, dat ze nooit een pas of draai missen, zelfs wanneer hun dans op een bepaald moment geïmproviseerd lijkt te zijn. Ze bewegen als een eenheid, sierlijk en met flair.

## Seksuele problemen oplossen

De meest voorkomende seksuele problemen in Noord-Amerika zijn een gebrek aan seksuele begeerte bij vrouwen en vroegtijdige ejaculatie of een onvolledige erectie bij mannen. Dat verbaast me niets. De meeste paren met problemen zitten gevangen in duivelse dialogen. De vrouwen voelen zich dan meestal eenzaam en missen verbondenheid. Ofwel ze dringen aan op troostseks, ofwel ze sluiten zich seksueel helemaal af. De mannen worden onzeker. Ze vallen terug op geïsoleerde seks of ervaren seksuele problemen. Als een stel een veilige band kan opbouwen, gaat hun seksleven er meestal op vooruit. Dat gaat dan vanzelf of doordat ze er allebei aan werken. Het gedeelde genoegen en de intimiteit van hervonden seks, en niet te vergeten de stoot oxytocine bij het orgasme, dragen bij tot de verbetering van hun relatie.

Nu ze zich wat veiliger voelt, kan Ellen Henry eindelijk toevertrouwen dat ze met hem geen orgasme kan bereiken. Ze doet al jaren alsof. Henry voelt zich hier niet door beledigd of bedreigd. Hij troost haar en biedt haar steun. Hij gaat ook naar de bibliotheek en komt terug met de voor Ellen geruststellende informatie dat ongeveer zeventig procent van de vrouwen puur door de seksuele gemeenschap geen orgasme krijgt. Samen bedenken ze drie erotische strategieën in het kader van het 'Orgasme-voor-Ellen'-project.

Laten we eens nader bekijken hoe verbondenheid en het werken aan een emotionele band binnen een relatie met elkaar verband houden. Passie is niet een constant gegeven. Begeerte neemt toe en af naar aanleiding van de gebeurtenissen in het leven, de seizoenen, de gezondheid en duizend en een andere dingen. Die schommelingen raken bij de meeste mensen een gevoelige plek, en als we er niet open over kunnen praten, kunnen ze gemakkelijk tot relatieproblemen leiden, of deze versterken. Niet zo vaak vrijen is voor veel mensen beter te verdragen dan de gedachte dat hun partner hen niet begeert. Zelfs redelijk veilig gehechte partners kunnen tegen dat soort lastige gevoelens aan lopen. Zo ook Laura en Bill.

Ze zijn bij me gekomen kort nadat Laura hersteld was van een depressie waarin ze na het verlies van haar baan terecht was gekomen. Haar arts, die weet dat een gezonde relatie de beste bescherming tegen een terugval biedt, had opgevangen dat er wat problemen tussen haar en haar echtgenoot waren en had hen voor een 'check-up' van hun huwelijk naar mij doorverwezen. Laura zet haar zorgen uiteen. 'We houden heel veel van elkaar,' zegt ze. 'Maar, nou ja, Bill kon er niet genoeg van krijgen. Hij zat altijd aan me en dat vond ik fijn. Als ik geen zin had om te vrijen, dan zei ik dat en dat accepteerde hij. Dan konden we evengoed wat knuffelen en spelen en intiem zijn. Maar de laatste paar jaar zoekt hij bijna geen toenadering meer. Als we vrijen, is het geweldig, maar als ik het initiatief niet neem, gebeurt er niets. Dat doet me veel pijn. We zijn nu ongeveer twintig jaar samen. Komt het doordat ik ouder geworden ben en niet meer aantrekkelijk genoeg voor hem ben? Ik merk dat ik nu maar later naar bed ga, als hij al slaapt. Dan vermijd ik dat gedoe. Maar we worden zo afstandelijk.'

Bill reageert: 'Ik heb gewoon niet meer zo veel energie als vroeger. Mijn werk put me tegenwoordig ook volledig uit, dat weet je. Maar ik vind vrijen fijn en je bent een ontzettend sexy vrouw. Ik zie het probleem eigenlijk niet, behalve dan dat jij je er slecht bij voelt natuurlijk.'

Dit is zo'n gelegenheid waarbij het van cruciaal belang is dat je een t.o.b.-gesprek kunt voeren. De vraag is: kan Laura naar haar pijn luisteren en Bill om steun vragen, en hoort hij haar protest en reageert hij erop?

'Zoals je al zei,' zegt Laura tegen mij, 'als we ruzie maken, komen we soms in zo'n situatie terecht van "ik dram door en Bill wordt chagrijnig", maar het lukt ons wel om erover te praten en het weer goed te maken. En ik vind dat we een goed huwelijk hebben. Maar we vinden het moeilijk om over seks te praten. We hebben het wel geprobeerd en dan gaat het even wat beter, maar daarna wordt het weer zoals het was.'

Omdat ze al in staat zijn gebleken om negatieve spiralen in hun relatie te onderkennen en om meer onderlinge ontvankelijkheid te creëren, stel ik voor dat we op dezelfde manier over hun seksleven gaan praten. Ik vraag wat ze van seks verwachten. Bill zegt dat hij graag zo om de twee weken zou willen vrijen. Laura doet het liever om de tien dagen.

We moeten allemaal lachen. Het probleem lijkt ineens kleiner te zijn geworden. Maar we zoomen wat meer in. Volgens Bill wordt het probleem veroorzaakt doordat Laura geïrriteerd lijkt, en wat afstandelijk. 'Als ik haar vraag om 's nachts bij me te komen en lekker te knuffelen, doet ze dat vaak niet en dat mis ik,' zegt hij. 'En nu ik erover nadenk, mis ik het eigenlijk heel erg.'

Bij Laura komen de tranen. 'Ik wil niet alleen maar knuffelen en dan denken dat jij misschien wel wilt vrijen en dan teleurgesteld wordt. En waarschijnlijk ben ik te bang om erover te praten. Jij vraagt alleen maar of ik seksueel gefrustreerd ben en als ik dan zeg: "Nou, niet echt," dan is dat het einde van het gesprek.'

Ik zie dat Laura bij voorbaat al bang wordt en haar toevlucht neemt tot vermijdingsgedrag om zichzelf te beschermen. We zijn het erover eens dat dit onvermogen om over veranderingen in hun seksleven te praten tussen hen in dreigt te gaan staan en hen pijn doet.

Ik vraag hun om dieper op hun pijn in te gaan.

Laura is even in gevecht met zichzelf en kan dan de vinger leggen op wat voor haar zo pijnlijk is. 'Deels is het angst dat je me niet meer als een vrouw ziet. Ik ben gewoon je echtgenote. Meer rimpels en wat molliger dan vroeger. Het beangstigt me dat ik misschien niet meer sexy ben, dat je me niet meer wilt. Je omarmt me zoals ik een vriendin omarm. Het is alsof je niet meer die hartstochtelijke aandacht voor me hebt. Dat gaf me altijd zo'n goed gevoel, zo dicht bij je.'

Bill luistert zorgvuldig en helpt zijn vrouw door haar te vragen: 'Is dat waar het echt om gaat? Je voelt je afgewezen en denkt dat ik je niet sexy meer vind?'

Laura zucht en huilt en knikt bevestigend. 'En als we dan toch vrijen, voel ik me gespannen. Ik voel wel dat je me wilt, heel even. Ik weet dat je overwerkt en moe bent, maar ik heb de indruk dat seks voor jou niet veel uitmaakt. Het is niet belangrijk. Soms denk ik dat als ik geen toenadering zoek, dat deel van ons leven gewoon zal verdwijnen. En dat jij dat dan laat gebeuren. Als ik er nu aan denk, word ik woedend. En dus zeg ik tegen mezelf: "Oké, ik neem geen initiatief. Hij kan doodvallen." Maar het doet hier wel pijn.' Ze legt haar hand op haar hart.

Bill pakt haar hand vast.

Ik vraag haar: 'Is dat het, Laura? Pijn heeft meestal te maken met verdriet, boosheid en angst. Jij hebt het idee dat seks met jou voor Bill niet zo belangrijk is. Is dat het? Of is er nog wat?'

Ze knikt en gaat door: 'Als ik niet naar je toe kom met het voorstel om te vrijen, blijf ik met al die gevoelens zitten. En als ik het wel doe...' Haar stem valt weg en ze knijpt haar lippen stijf op elkaar. 'Dit is zo moeilijk om te zeggen. Dat zou niet zo moeten zijn. We hebben een goed huwelijk en ik ben een sterke vrouw. Maar ik ben als de dood om toenadering tot je te zoeken. Alsof ik van een rots af spring. Vroeger was dat nooit zo. Als ik moeizaam m'n moed bij elkaar geraapt heb en vraag of we seks kunnen hebben en jij lief glimlacht, zegt dat je te moe bent, en je omdraait en in slaap valt, dan ga ik vanbinnen dood. Ik doe alsof het niets voorstelt, maar ik vind het echt heel moeilijk om het je te vragen.'

Bill mompelt: 'Dat heb ik nooit geweten.'

'Wat vertellen al die gevoelens je over wat je van Bill nodig hebt?' vraag ik Laura.

Ze zegt tegen hem: 'Ik denk dat ik de geruststelling nodig heb dat samen vrijen echt waardevol voor je is. Dat het je nog steeds wat doet. Dat je me nog steeds wilt. Misschien moeten we er tijd voor vrijmaken, zodat ik erop kan rekenen dat samen zijn zo nu en dan op de eerste plaats staat. Je moet me laten zien dat je nog steeds mijn man bent, zoals je dat vroeger deed.'

Bill antwoordt gretig. Ademloos vertelt hij haar dat hij zo overbelast is geraakt dat hij meestal 'als een slaapwandelaar' rondliep. Dat hij van haar houdt en overdag vol verlangen aan haar denkt. 'Maar ik heb nooit begrepen dat het zo moeilijk voor je was om het initiatief tot vrijen te nemen. Dat spijt me vreselijk,' zegt hij. 'Ik ben bang dat ik als ik toenadering zoek en dan toch te moe ben, geen erectie kan krijgen, dus dan houd ik het af, tenzij ik zeker van mezelf ben.'

Ze moeten allebei lachen en praten over de paar keer dat zoiets gebeurde, toen ze overigens uiteindelijk gewoon in elkaars armen terechtkwamen, elkaar op een erotische manier aanraakten en een sterk gevoel van verbondenheid hadden.

Dit gesprek was precies wat Bill en Laura nodig hadden om de speelsheid en verbondenheid weer in hun seksleven terug te brengen. Maar het diende ook als waarschuwing. Ik stelde voor dat ze een sensueel scenario zouden bedenken voor momenten waarop seksuele gemeenschap er niet in zat. Bill hielp Laura daarbij en zijn eerste voorstel was om vaker te vrijen. Hij deed ook zijn best om Laura ervan te verzekeren dat hij het heel dapper van haar vond als zij het initiatief tot vrijen nam. Hij maakte haar duidelijk dat het voor hem net zo goed belangrijk was om te weten dat zij hem wilde en dat hij niet wilde dat ze intimiteit of seks met hem uit de weg ging. En hij zei nog een keer dat hij van haar hield en naar haar verlangde.

Bill en Laura gingen ook meer aandacht aan hun vrijpartijen schenken. Elke kamer moet zo nu en dan eens worden schoongemaakt en opnieuw ingericht en dat geldt ook voor de slaapkamer. Ze lazen samen een paar boeken over erotiek en bespraken voor het eerst sinds jaren hoe ze elkaar konden prikkelen om de seks nog prettiger te maken. Ze vertelden me dat hun seksleven erop vooruitgegaan was, en hetzelfde gold voor hun relatie.

Tijdens de laatste sessie zei ik tegen Bill en Laura: 'Seksuele technieken zijn slechts de kers op de taart, niet de taart zelf!' Ze hadden het beste sekshandboek dat maar denkbaar is: het vermogen om intimiteit te creëren, zich op elkaar af te stemmen en samen in emotionele synchronie verder te gaan.

## SPEL EN OEFENING

*Voor jezelf*

Stond er ergens in dit hoofdstuk een opmerking of uitspraak die je over je eigen seksleven aan het denken zette? Wat voor gevoel kreeg je daarbij? Schrijf dat gevoel op. En wat zegt dat gevoel je over je eigen seksleven, bijvoorbeeld in de vorm van een lichamelijke gewaarwording of een duidelijke emotie, zoals boosheid?

Voel je je, als je met je partner in bed ligt, meestal emotioneel veilig en met je partner verbonden? Wat helpt je om je zo te voelen? En als je je niet zo voelt, hoe zou je partner je daarmee kunnen helpen?

Wat is jouw gebruikelijke seksuele stijl: geïsoleerde seks, troostseks of synchrone seks? Ze komen ongetwijfeld alle drie in elke relatie weleens voor. Maar als geïsoleerde seks of troostseks voor jou de gebruikelijke stijl is, dan zegt dat wat over je gevoel van veiligheid in je relatie.

Wat zijn de vier belangrijkste dingen die je in bed verwacht? Denk goed na over je antwoorden. Soms gaat het om dingen waar we niet direct aan denken. Ik heb bijvoorbeeld weleens van cliënten gehoord dat het hun belangrijkste verwachting was om na de seks in een liefdevolle omhelzing zacht te worden gestreeld, maar dat ze dat verlangen nog nooit met hun partner hadden besproken.

Vind je dat jij en je partner elkaar voldoende aanraken en vasthouden? Een enkele streling kan al een uiting zijn van verbondenheid, troost en verlangen. Op wat voor momenten zou je meer gestreeld willen worden?

Als je een *Korte handleiding voor de minnaar/minnares van* _____ zou schrijven, met jouw naam op de open plek, wat zou daar dan in staan? De basisrichtlijnen zouden antwoorden kunnen bevatten op de volgende vragen: Wat maakt dat je je emotioneel en fysiek voor seks openstelt? Wat windt je voor en tijdens het vrijen het meeste op? Hoe lang moeten het voorspel en de gemeenschap zelf volgens jou duren? Wat is je favoriete standje? Geniet je meer van een snelle of juist van een langzame vrijpartij? Wat is de prikkelendste manier waarop je geliefde je kan meeslepen en waarmee hij of zij je kan stimuleren om helemaal in het vrijen op te gaan? Kun je daarom vragen? Wat is voor jou het bevredigendste aspect van seks? (Dat hoeft niet per se een orgasme te zijn, of de gemeenschap zelf.) Wanneer voel je je het onzekerst of ongemakkelijk tijdens het vrijen? Wanneer ervaar je de intimiteit met je partner het meest?

Als je al deze punten met je partner kunt delen, is dat natuurlijk fantastisch. Zo niet, dan kun je misschien een gesprek beginnen over hoe moeilijk het is om dat soort dingen met elkaar te bespreken.

*Met je partner*

Kunnen jullie het eens worden over hoeveel procent van de keren dat jullie vrijen de seks werkelijk helemaal top zou moeten zijn? Bedenk daarbij dat onderzoek uitwijst dat minstens vijftien tot twintig procent van alle seksuele contacten voor minstens een van beide partners op een teleurstelling uitdraait. Wat zouden jullie als stel willen en kunnen doen als het met het fysieke aspect van de seks niet goed zit? En wat doen jullie als het emotionele aspect van de seks voor verbetering vatbaar is? Hoe kan je partner je hierbij helpen? Je zou kunnen doen alsof je het over filmpersonages hebt als dat het gemakkelijker maakt.

Speel het Perfect-spelletje. Dat begint zo:

**Als ik perfect was in bed, dan kon ik en wilde ik _____ en dan zou jij je meer _____ voelen.**

Probeer minstens vier antwoorden met elkaar te delen. En noem dan op zijn minst één ding waarin de ander voor jou seksueel gezien al perfect is, zowel in bed als daarbuiten.

Kun je je een vrijpartij herinneren waarbij de seks je echt veel bevrediging gaf? Deel dat verhaal zo gedetailleerd mogelijk met je partner. En vertel elkaar wat jullie hebben geleerd van het luisteren naar elkaars verhalen.

Denk eens aan alle verschillende manieren waarop seks in jullie relatie kan opduiken. Kan het gewoon fijn zijn, een manier om intiem te zijn, een fysieke ontlading, een troostende manier om met stress of ruzie om te gaan, een manier om op een romantische manier even van alles weg te vluchten, een erotisch avontuur, een plek van tedere verbondenheid, een uitbarsting van hartstocht? Voel je je veilig genoeg om al die dingen met je partner te delen? Welk risico zou je in bed weleens willen nemen? Kunnen jullie elkaar dat vertellen en uitleggen hoe de ander zou moeten reageren als het verkeerd of juist goed gaat?

Vroeger dachten we dat opwindende, erotische seks niet in een veilige en solide relatie thuishoorde. Nu weten we dat veilige relaties juist een springplank zijn naar de meest opwindende en avontuurlijke ontmoetingen. En omgekeerd: door je fysieke relatie toegankelijk, ontvankelijk en betrokken te houden, versterk je je emotionele verbondenheid.

Bij het volgende en laatste gesprek kijken we naar de verschillende mogelijkheden waarop je de liefde tussen jou en je partner levendig en sterk kunt houden.

# Zevende gesprek:
# Je liefde levend houden

*'Iemand die zich verveelt in het huwelijk let gewoon niet goed op.'*
– ECHTGENOOT VAN EEN COLLEGA

*'Ons resten geloof, hoop en liefde, deze drie, maar de grootste daarvan is de liefde.'*
– PAULUS, 1 KORINTIËRS 13:13

'Zien jullie wel wat voor ongelooflijke veranderingen jullie in je relatie hebben aangebracht?' vraag ik aan een van de leukste stellen die ik in mijn praktijk heb, als we een bijzonder positieve sessie afsluiten.

Inez, luidruchtig, roodharig en altijd vol vuur, antwoordt: 'Ja, maar kunnen we dat gevoel vasthouden? Mijn zus is nogal gemeen. Ze zegt: "Je denkt zeker dat je de liefde met Fernando weer hebt teruggevonden? Maar het huwelijk is een kwestie van gewoonte. Het heeft een uiterste houdbaarheidsdatum, net als melk. Over zes maanden zijn jullie weer helemaal terug bij al die flauwekul. Je kunt de liefde niet in stand houden. Zo is dat nu eenmaal." Ik word bang als ze dat zegt. Misschien vallen we toch weer terug in al die ruzies, die eenzaamheid?'

Daarmee eindigt de sessie, maar als ik mijn notities uitwerk, hoor ik twee stemmen in mijn hoofd. De ene stem komt met een citaat van de Griekse filosoof Herakleitos: 'Alles stroomt en niets is blijvend.' Dat zou dan ook voor de liefde moeten gelden, bedenk ik. Kijk maar eens naar het hoge terugvalpercentage bij relatietherapie. Misschien is Inez' zus gewoon realistisch. Maar dan komt de andere stem met een citaat van de elfde-eeuwse Chinese dichter Su Tung-po: 'Jaar na jaar herinner ik me die maanverlichte nacht die we samen door-brachten, in de heuvels met jonge dennen.' Misschien zijn momenten van diepe hechting krachtig genoeg om geliefden jaar in jaar uit bij elkaar te houden. Ik denk aan ons onderzoek dat uitwees dat stellen de bevrediging en het geluk, gecreëerd tijdens EFT-sessies, kunnen vasthouden, zelfs al leiden ze een zeer gestrest leven.

Dan weet ik het antwoord op Inez' vraag. In de volgende sessie zeg ik tegen haar: 'Alles beweegt en verandert, maar voor liefdes-relaties bestaat "zo is dat nu eenmaal" niet meer. We leren eindelijk hoe we liefde moeten "bedrijven" en "vasthouden". En het is aan jou en Fernando om te beslissen hoe jullie relatie zal verlopen. Als jul-lie niet actief aan jullie relatie werken, zullen de dingen waar jullie zo hard voor hebben gevochten waarschijnlijk langzaam wegebben. Maar het is met de liefde net als met een taal. Als je de taal blijft spreken, gaat dat steeds gemakkelijker. Als je dat niet doet, verleer je de taal.'

T.O.B.-gesprekken zijn de taal van de liefde. Ze ondersteunen de veilige haven die je relatie is, en versterken je vermogen om flexibel te blijven, om te blijven zoeken en om je liefde levend en groeiend te houden.

Het zevende gesprek is een routekaart die je helpt om je liefde naar de toekomst mee te nemen. De stappen houden het volgende in:

- Maak een overzicht van en denk na over de gevarenzones in jul-lie relatie, waar jullie terugglijden in onzekerheid en in duivelse dialogen verstrikt raken. Dan ben je in staat om omwegen te be-denken, of sluipweggetjes, die je weer op de weg naar veilige ver-bondenheid brengen.
- Vier de positieve momenten, zowel de grote als de kleine. We zijn geschapen om ons met elkaar te verbinden, en zoals in Psalm 118:24 te lezen is, moeten we vreugde scheppen in de geschen-ken die we ontvangen. De psalmdichter zegt: 'Dit is de dag die de HEER heeft gemaakt, laten wij juichen en ons verheugen.' Dat houdt in de eerste plaats in dat jullie stilstaan bij de momenten in je dagelijkse leven die openheid en ontvankelijkheid bevorde-

ren, en die je begrip van de positieve invloed die jullie op elkaar hebben versterken. Ten tweede moeten jullie de keerpunten in het recente verleden van jullie relatie vaststellen, de momenten waarop jullie liefde voor elkaar is toegenomen.

- Bedenk rituelen voor de momenten waarop jullie in het dagelijks leven jullie eigen weg gaan en weer samenkomen, waarmee jullie de onderlinge band, je wederzijdse steun en je ontvankelijkheid voor elkaar duidelijk maken. Die rituelen dienen om in een chaotische wereld vol afleiding een veilige plek voor jullie relatie te creëren. Het woord 'ritueel' komt uit het Sanskriet en betekent 'zichtbare orde'. Een ritueel bestaat uit handelingen en gebaren die de wezenlijke aard van de kosmos weerspiegelen. Een van de grootste krachten van gelovigen is dat zij weten hoe ze rituelen moeten creëren voor het vieren van de diepste spirituele aspecten van het leven, waaronder hun relaties.

- Help elkaar bij het herkennen van de hechtingsaspecten die tijdens meningsverschillen en discussies telkens terugkomen, en probeer samen een manier te vinden om die meningsverschillen in de kiem te smoren, zodat je bewust ruimte voor emotionele veiligheid en vertrouwen kunt creëren. Op die manier kunnen jullie problemen oplossen zonder dat je daarbij door zware hechtingsthema's wordt gehinderd. Ik noem dat de 'veiligheid-voor-alles'-strategie. Als de emotionele stabiliteit weer hersteld is, kan de ene partner een probleem in mildere, minder agressieve bewoordingen aankaarten, en kan de ander emotioneel bij de discussie betrokken blijven, ook als hij of zij het niet eens is met de zienswijze van de ander.

- Schrijf een verhaal met als titel 'Onze veerkrachtige relatie'. In dat verhaal wordt beschreven hoe jullie samen een liefdevolle band hebben gecreëerd en hoe jullie die blijven versterken. In het verhaal staat ook hoe jullie vastlopen in conflicten en afstandelijkheid, en hoe jullie breuken kunnen repareren, opnieuw verbinding kunnen maken en de ander vergeving schenken als hij of zij je heeft gekwetst. Het is een verhaal over steeds opnieuw verliefd worden.

- Bedenk een verhaal met als titel 'Onze liefde in de toekomst'. In dit verhaal geven jullie aan hoe je wilt dat jullie liefdesband er over vijf of tien jaar uitziet, en hoe je graag zou willen dat je partner je bij het realiseren van dat toekomstbeeld bijstaat. De Bijbel herinnert ons eraan dat het huwelijk niet alleen een sociale overeenkomst is, maar ook een geestelijk aspect heeft. Het huwelijk is ook een reis naar een sterkere verbinding met God en anderen. Als een christelijk stel het verhaal over een liefde in de toekomst schrijft, betreden ze het pad naar eindeloze groei.

Het zevende gesprek gaat uit van de veronderstelling dat liefde een doorgaand proces is van het streven naar en verliezen van emotionele verbinding, en van elkaar de hand reiken om die emotionele verbinding te hervinden. De liefdesband is een levend iets. Als we er niet voor zorgen, wordt hij steeds minder sterk. In een wereld waarin alles steeds sneller gaat en die van ons verlangt dat we steeds meer balletjes tegelijk hoog kunnen houden, is het een uitdaging om aanwezig te zijn in het hier en nu en om aan onze behoefte – en die van onze partner – aan echte verbondenheid tegemoet te komen. Dit laatste gesprek verlangt van je dat je bewust en zorgzaam met je liefde omgaat.

Laten we eens kijken hoe dat er in de praktijk uitziet.

## GEVARENZONES VERMIJDEN

Het is voor Inez en Fernando niet zo moeilijk om de minder heftige momenten aan te wijzen waarop ze gevaar lopen. Ze deden al jarenlang de protestpolka, die nog wilder werd door Fernando's buitensporige drankgebruik en Inez' vlammende verwijten en wraakzuchtige flirtgedrag.

In dit gesprek lukt het Inez om tegen Fernando zeggen: 'Ik word er nog steeds helemaal gestoord van als jij geen woord zegt en je van me afwendt. Dan wil ik tegen je kunnen zeggen: "Fernando, blijf alsjeblieft bij me!" Begrijp je dat op zo'n moment? Dat zou me enorm helpen. Ik denk dat mijn angst dan niet met me aan de haal zou gaan.'

Fernando zegt op zijn beurt tegen Inez dat hij graag wil dat ze het gewoon tegen hem zegt als ze boos op hem is en daarbij precies aangeeft waarom, in plaats van onmiddellijk met ultimatums aan te komen. Ze zijn het erover eens dat deze uitwijkmanoeuvres hen allebei zouden kunnen helpen om emotioneel in balans te blijven en negatieve patronen te vermijden.

Een ander stel, Christine en Darren, was bijna gescheiden omdat Darren ontrouw was geweest. 'Ik heb het gevoel dat het sinds die affaire wel weer beter gaat,' zegt Christine. 'Maar je moet wel weten dat de geringste suggestie dat we misschien niet genoeg seks hebben ervoor zorgt dat ik weg wil rennen en me wil verstoppen. Even bekruipt me dan de angst dat je altijd meer zult willen dan ik je kan geven. Ik word er niet meer helemaal in meegesleurd, maar ik krijg er op zo'n moment nog steeds buikpijn van.'

Darren reageert: 'Ik begrijp je. Toen ik pas nog zoiets zei, was dat mijn onhandige manier om te laten merken dat ik naar je verlang. Op welke manier kan ik dat beter doen?'

Christine is zichtbaar opgelucht en fluistert: 'Misschien kun je gewoon tegen me zeggen dat we fijne seks hebben met elkaar en dat je gelukkig bent als je bij mij bent.'

Hij glimlacht en antwoordt: 'Geen probleem.'

## MOMENTEN VAN VERBONDENHEID VIEREN

Meestal zeggen we niet tegen onze partner op welke manier hij of zij ons raakt, bijvoorbeeld met een spontane opmerking of een spontaan gebaar, en ons daarmee het gevoel geeft dat we echt bij elkaar horen. Fernando biecht met enige gêne op dat toen Inez hem, na alles wat ze meegemaakt hadden, op deze manier aan een collega voorstelde: 'En dit is dan mijn grote liefde, mijn man,' hij helemaal wegsmolt. Het gaf hem het gevoel dat hij 'dierbaar' voor haar was en hij denkt er nog elke dag aan.

Niemand vergeet de keerpunten waarop de liefde plotseling scherper in beeld komt. Dat zijn t.o.b.-momenten die ons bijblijven. En het is belangrijk om die met elkaar te delen.

Kay zegt tegen Don: 'Een sleutelmoment in het bijleggen van onze ruzie was die avond dat je me, zelfs na vijfenveertig jaar huwelijk, vertelde hoeveel het voor je betekent als ik je hand vasthoud. Je steekt altijd je hand naar me uit en waarschijnlijk pak ik hem soms wel vast, maar soms ook niet. Toen je me vertelde hoe belangrijk het voor je is dat ik je hand vastpak, dat het in jouw beleving laat zien dat we samen zijn en dat we alles aankunnen, was ik ontroerd. Ik zag je ineens als iemand die me nodig heeft en niet als die grote dominante man die graag regels stelt.'

In een sessie met een ander stel praten we over de manier waarop Lawrence' depressie zijn leven heeft verwoest. 'Ik denk dat ik het zonder jou niet zou hebben gered,' zegt hij tegen zijn vrouw Nancy. 'Ook al had ik me nog zo in mezelf teruggetrokken, je was er steeds voor me. Weet je nog wat je zei, die dag dat ik naar een sollicitatiegesprek ging en de baan naar een ander ging en ik thuiskwam met het gevoel dat ik de grootste mislukkeling op de wereld was?'

Nancy schudt haar hoofd.

'Je gaf me een zoen en je zei: "Je bent mijn vent. Het maakt allemaal niets uit. We komen er wel doorheen. Ik houd van je, kerel." Dat zal ik nooit meer vergeten. En het helpt me nog steeds als ik het moeilijk heb en aan mezelf twijfel.'

Zelfs wanneer partners in duivelse dialogen verwikkeld zijn, kan een van beiden soms zo empathisch worden dat ik helemaal perplex sta. Ik raad stellen dan aan om zo'n moment tijdens het opnieuw opbouwen van hun relatie als een licht in de duisternis vast te houden.

Maxine, die meestal boos is op Rick omdat hij 'altijd maar zwijgt', zegt plotseling heel rustig tegen hem: 'Ik denk dat ik het begrijp. Je ziet er zo kalm uit, maar eigenlijk ben je bang. Je bent dat kleine eenzame jochie op die jeugdfoto van jou, die op de schoorsteenmantel staat. Het eenzaamste jongetje ter wereld. Je hebt nooit een echt thuis gehad. En nu ben je bij mij, de meest praatzieke vrouw van de wereld, en ik overdonder je gewoon. Dus dan keer je gewoon naar binnen en probeer je rustig te worden. Dat is heel triest. Het kan niet anders dan dat je ergens vanbinnen nog steeds heel eenzaam bent.'

Rick herinnert zich dit als het moment waarop hij zich plotseling gezien en begrepen voelde, dat zijn vrouw weliswaar boos op hem was, maar dat ze ook van hem hield.

Dit soort momenten vindt ook in ons geestelijke leven plaats.

Sam zegt tegen zijn vrouw: 'Als ik me wanhopig voel en mezelf beschuldig omdat ik in die brand het leven van mijn maat niet heb gered, kan ik mijn ogen sluiten en tegen mezelf zeggen: "Wees stil en weet dat God van je houdt. Hij weet dat je alles hebt gedaan wat in je macht was." Dan kom ik weer terug bij mezelf en mijn verbinding met God.'

Je houdt je liefde onder andere levend door dergelijke sleutelmomenten van verbondenheid te herkennen en ze voor jullie allebei zichtbaar te houden, zoals we ook doen met familiefoto's die ons aan goede tijden herinneren. Ze herinneren ons eraan dat onze relatie kostbaar is en hoe een hechte verbondenheid voelt. Ze herinneren ons eraan hoe eenvoudig het is om door middel van zorgzaamheid de wereld van onze partner te transformeren.

## RITUELEN AAN MOMENTEN VAN AFSCHEID EN HERENIGING KOPPELEN

Rituelen vormen een belangrijk onderdeel van het gevoel dat je ergens bij hoort. Het zijn herhaalde, bewuste ceremoniële handelingen die het bijzondere van bepaalde momenten of banden onderstrepen. We zijn zowel emotioneel als fysiek bij rituelen betrokken, zodat we op een positieve manier door een bepaald moment in beslag genomen worden. Op verschillende plekken in het Oude Testament gebiedt God zijn volk om stenen monumenten te bouwen ter versterking van en ter nagedachtenis aan een belangrijk moment. Het volk bezocht deze stenen regelmatig om zich weer op dat moment af te stemmen.

Binnen religieuze gemeenschappen wordt al van oudsher van rituelen gebruikgemaakt. Ik herinner me een beroemd onderzoek onder leiding van psycholoog Alfred Tomatis, die een groep depressieve monniken onder de loep nam. Na een uitvoerig onderzoek kwamen de wetenschappers tot de conclusie dat de depressie in de groep werd veroorzaakt doordat ze de gewoonte om tweemaal per dag gregoriaanse liederen te zingen hadden afgeschaft. Ze waren hun gemeenschapsgevoel en de troost die ze in de harmonieuze samenzang vonden kwijtgeraakt. Samen prachtige muziek maken was een formele erkenning van hun verbondenheid, een gedeeld moment van vreugde.

Bij alle primaten vormen ontmoeting en scheiding belangrijke hechtingsmomenten. We zien dat ook bij onze kinderen. We kussen hen meestal bij het afscheid en omhelzen en verwelkomen hen als ze weer thuiskomen. Waarom zouden we niet de moeite nemen om een formeel tintje aan onze relatie met onze geliefde te geven? Regelmatige, kleine gebaren met als boodschap 'Jij bent belangrijk voor me' kunnen sterk bijdragen aan het veilig en gezond houden van een relatie.

Partners vinden het soms moeilijk om dergelijke afscheids- en begroetingsrituelen te herkennen.

Joel kijkt niet-begrijpend als ik hem vraag om de rituelen te benoemen die hij in zijn huwelijk met Emma heeft. Hij zegt: 'Ik weet dat de hond altijd op me af komt rennen om me te begroeten als ik thuiskom, en dan neem ik de tijd om haar even te aaien. Maar ik ben bang dat ik met Emma minder bewust omga. Wat merk ik op en wat doe ik elke dag bewust waardoor onze relatie lekker loopt? Ik zou het niet weten.'

Terwijl hij op zijn hoofd krabt, moet Emma giechelen en dan helpt ze hem. 'Gekkie, het is niet alleen de hond! Afgezien van de periode dat er wat meer afstand tussen ons was, kom je altijd naar de keuken en dan zeg je, heel zachtjes: "Hoe is het met ons zonnetje in huis?" en dan geef je me meestal een tikje op mijn billen. En dat vind ik heel fijn, ik reken erop.'

Joel kijkt opgelucht en zegt: 'O, fijn, goed. Misschien dat ik er vanaf nu maar eens twee tikjes en een zoen van moet maken. Voor jou, bedoel ik, niet voor de hond!'

Wat je niet ziet, verdwijnt uit het oog. Partners in nood doen soms hevig hun beklag over het verdwijnen van zulke kleine rituelen.

Cathy zegt tegen Nick: 'Je omhelst me niet meer voordat je 's ochtends de deur uit gaat. In feite zeg je me niet eens meer gedag. Het is alsof we alleen maar huisgenoten zijn. We leven in twee totaal gescheiden werelden en jij vindt dat volgens mij wel best.'

Na een aantal t.o.b.-gesprekken besluiten Nick en Cathy het ochtendritueel in ere te herstellen en het wat op te sieren met vragen over wat de ander die dag denkt te gaan doen.

Soms breiden we zulke rituelen uit en betrekken we alle gezinsleden erbij. Ik kan me nog herinneren dat ons zondagavondmaal uitgroeide van een bijzondere maaltijd voor twee personen tot een gezinsritueel toen de kinderen erbij kwamen. Ik weet ook nog dat mijn zoon jaren later klaagde: 'Ik heb het druk. Waarom moeten we elke zondagavond eigenlijk met elkaar eten?' Mijn dochtertje kwam met een raak antwoord: 'Omdat het zondag is en wij een gezin zijn en dat is iets bijzonders, suffie.'

Ik help stellen bij het bedenken van hun eigen verbindingsrituelen, waarbij ik speciale aandacht vraag voor ogenblikken van samenkomst en afscheid, en voor sleutelmomenten waarop alle betrokkenen echt het gevoel hebben dat ze bij elkaar horen. Dat zijn doelbewust vormgegeven handelingen die de huidige band tussen liefdespartners verdiepen. Hieronder noem ik er een paar die telkens terugkomen.

- Regelmatig en heel bewust elkaar omhelzen, knuffelen en kussen bij het wakker worden, slapengaan, de deur uitgaan en thuiskomen.
- Elkaar brieven schrijven of kleine notities voor elkaar achterlaten, vooral wanneer een van jullie weggaat, of als je na een conflict of een periode van afstand weer dichter tot elkaar komt.
- Samen deelnemen aan spirituele of andere rituelen, zoals bijzondere maaltijden met het hele gezin, de eerste lentebloemen in de tuin planten, bidden of een religieus evenement bijwonen.
- Elkaar overdag regelmatig even bellen, gewoon om te vragen hoe het met de ander is.
- Een gezamenlijk ritueel creëren, een moment dat bedoeld is voor jullie onderlinge verbinding en voor het met elkaar delen van persoonlijke dingen, dus niet voor het oplossen van problemen of

voor een zakelijke discussie. Pete en Mara hebben een dagelijks verbindingsritueel dat begint als een van hen vraagt: 'En hoe gaat het nu met jóú?' of 'Hoe staat het eigenlijk met óns?', waarmee ze de aandacht van andere onderwerpen afleiden. Sarah en Ned hebben een vast moment in de week gereserveerd. Vrijdag na het avondeten blijven ze onder de koffie nog zeker een half uur bij elkaar zitten. Ze noemen dat hun 'contactmoment'.

- Een tijd afspreken om gewoon samen te zijn. Bijvoorbeeld ontbijt in bed op zondagochtend, zonder de kinderen, of de dagindeling zo aanpassen dat je elke ochtend samen kunt ontbijten.
- Op een vaste avond samen uitgaan, al is het maar één keer per maand.
- Eén keer per jaar samen aan een cursus deelnemen, iets nieuws leren, of samen een project ondernemen.
- Bijzondere dagen, zoals trouwdagen en verjaardagen, op een heel persoonlijke manier vormgeven. Als ik in mijn eigen leven weleens in de verleiding kom om minder aandacht aan dergelijke dingen te besteden, bedenk ik altijd dat het concrete symbolen zijn van het feit dat mijn dierbaren in mijn hart leven en dat het bij een veilige hechting nu net daarom gaat.
- Bewust het besluit nemen om met de dagelijkse problemen en successen van je partner mee te leven en je waardering ervoor regelmatig in woorden te laten blijken. Zoals eerder gezegd, zijn de volgende opmerkingen vrijwel altijd effectiever dan concreet advies: 'Dat was moeilijk voor je, maar je hebt het hem gelapt,' of: 'Wat heb jij hard je best gedaan op dat project; niemand had dat beter kunnen doen,' of: 'Ik zie dat je er alles aan doet om een goede ouder te zijn.' We geven dat soort pluimpjes vaak aan onze kinderen, maar vergeten onze waardering voor onze partner uit te spreken.
- Je partner en je relatie in het openbaar erkennen. Dat kan de vorm hebben van een ceremonie, zoals een hernieuwing van de huwelijksgeloften, of een eenvoudig dankjewel tegen je partner in het bijzijn van vrienden, bijvoorbeeld voor het bereiden van een heerlijke maaltijd, of voor zijn of haar hulp bij het bereiken van een persoonlijk doel.

Sommige partners hebben behoefte aan dit soort formeel gestructureerde afspraken om een levensstijl die een intieme verbinding in de weg staat te veranderen. Terwijl Sean en Amy na een periode van meer afstand weer dichter bij elkaar probeerden te komen, beseften ze dat hun leven zo door hun carrière, het forensen en activiteiten met de kinderen werd beheerst, dat ze zelfs in de weekends nauwelijks meer dan tien minuten samen in dezelfde kamer waren.

Chronisch en dwangmatig overwerk en burn-out zijn een deel van onze cultuur geworden. We vinden dat normaal. Juliet Schor, hoogleraar sociologie aan het Boston College, merkt in haar boek *The Overworked American* op dat de Verenigde Staten (voor Canada geldt ongeveer hetzelfde) 'veruit het grootste workaholicland ter wereld is en alle andere landen achter zich laat als het gaat om het aantal werkdagen per jaar en het aantal werkuren per dag'. Chinezen krijgen drie weken betaalde vakantie. In de meeste landen van Europa zijn dat er zes.

Maar Sean was een typische Amerikaan. Hij werkte elk weekend, was stand-by als er zich een boekhoudkundig of financieel probleem in zijn bedrijf voordeed, en nam zijn BlackBerry en laptop mee op de jaarlijkse veertiendaagse vakantie met zijn gezin. Cecile Andrews, een van de leiders van de Voluntary Simplicity-beweging*, meldt in haar onderzoek dat Noord-Amerikaanse stellen gemiddeld twaalf minuten per dag met elkaar praten. Sean en Amy schatten dat dat voor hen eerder vijf à zes minuten waren en dat het dan meestal ging over afspraken en klussen die moesten worden gedaan. Van vrijen kwam helemaal niets meer: ze waren altijd te moe.

Ze besloten hun relatie prioriteit te geven. In Seans boekhoudkundige termen betekende dit dat ze hun 'voornaamste investering' beter in de gaten zouden houden. Ze ondernamen minder activiteiten met de kinderen, gingen elke maand een keer samen uit, reserveerden op zondagochtend tijd om te vrijen en stonden drie ochtenden per week tegelijk op om samen te kunnen ontbijten. Amy werkt

---

\* Een verzameling van groepen en initiatieven die het 'consuminderen' willen bevorderen.

vanuit huis, dus Sean belt overdag om even contact te hebben en hij gebruikt daarbij soms sexy troetelnaampjes. Als er iemand bij Amy is die vraagt wie ze aan de telefoon heeft, antwoordt ze: 'O, dat is de relatiereparateur.' Deze liefdespartners bepalen nu zelf weer hoeveel tijd ze voor elkaar hebben en hebben bewust gezocht naar manieren om hun relatie een positieve impuls te geven, zodat die verder kan groeien en zich kan verdiepen.

## Veiligheid voor alles

Om je liefde sterk te houden is het van belang dat je hechtingsproblemen van praktische problemen scheidt, zodat je die problemen samen kunt oplossen. In het allereerste onderzoek waarbij we EFT gebruikten (in de jaren tachtig), zagen we dat stellen die leerden hoe ze de emotionele verbinding met elkaar konden versterken en een veiligere band konden scheppen, al snel in staat waren om de alledaagse problemen waaronder hun relatie gebukt ging op te lossen. Plotseling werkten ze samen en waren ze open en flexibel. We begrepen dat dit kwam doordat alledaagse problemen ook niet meer waren dan dat. Ze vormden niet langer het toneel waarop de angst voor hechtingsverlies en onbevredigde behoeften werden uitgevochten.

Jim en Mary kunnen nu Jims diepzeeduikexcursies bespreken zonder verstrikt te raken in een duivelse dialoog. Maar nog niet zo lang geleden was alleen al het noemen van zo'n uitje voldoende om Mary's woede en angst over Jims 'afstandelijke machogedrag' en de 'waanzinnige risico's' die hij nam te laten ontvlammen. Als de logistieke problemen rond de voorbereiding van een lange duikexcursie van Jim nu ter sprake komen, vraagt Jim Mary eerst of ze misschien iets nodig heeft waardoor ze zich in het gesprek veilig voelt. Heeft ze bepaalde gevoelens die ze wil delen? Mary stelt die vraag op prijs en zegt dat ze een beetje bang is. Ze voelt zich niet meer in de steek gelaten als Jim zo'n trip maakt, maar ze is wel nog steeds bezorgd. Ze zegt bijvoorbeeld dat een van Jims duikvrienden als een waaghals te boek staat. Jim verzekert haar dat hij echt alle veiligheidsvoorschriften, waarover ze het al eens zijn, in acht zal nemen en hij stelt ook voor om van de trip af te zien als Mary zich echt zorgen maakt over het team. Mary merkt dat er naar haar wordt geluisterd en voelt zich gerustgesteld, zodat ze zich nu kan openstellen om te horen hoe belangrijk de trip voor haar man is. Vervolgens lossen ze binnen tien minuten samen de aanzienlijke praktische problemen op die met Jims trip gepaard gaan.

Ik raad stellen aan om als onderdeel van hun toekomstplanning eerst een bestaand probleem aan te pakken, bijvoorbeeld dat de vrouw wil dat de man zich meer met de opvoeding bemoeit, en daarover eerst een T.O.B.-gesprek te voeren. Daarin kunnen ze hun hechtingsangsten en -behoeften die dat onderwerp bij hen losmaakt met elkaar delen. Vervolgens kunnen ze het praktische probleem omschrijven en als team naar oplossingen zoeken.

Janet klaagde altijd tegen haar man Morris dat hij nooit hielp bij het grenzen stellen aan hun zoon. Morris wuifde haar zorg direct weg en kroop in zijn schulp. Nu brengt ze eerst haar kwetsbaarheid naar voren. 'Ik heb het gevoel dat ik in dit opzicht geen goede moeder ben,' zegt ze. 'Ik vind het zo moeilijk om echt grenzen aan het gedrag van die jongen te stellen. Ik voel me afwisselend een kreng en een doetje. Het groeit me boven het hoofd. Het houdt ook nooit op: regels voorschrijven, optreden als hij zich er niet aan houdt, praten met de school, hem naar al zijn afspraken brengen... Ik word boos en dat komt doordat ik jouw hulp echt nodig heb. Ik kan het niet alleen. Ik weet dat je je gefrustreerd in jezelf terugtrekt, maar als je dat doet, laat je mij in de steek, terwijl ik al helemaal overstuur ben. Kunnen we alsjeblieft iets bedenken waardoor we dit probleem samen kunnen aanpakken?'

Morris, die nu de geruststelling heeft dat zijn vrouw hem op waarde schat en op hem vertrouwt, luistert naar haar en reageert op haar wanhoop. Ze geven toe dat ze het ouderschap allebei als heel zwaar ervaren en dat ze elkaars steun daarbij nodig hebben. Het probleem zit hem volgens hen in het feit dat hun zoon te veel omgaat met een club vrienden die er een hectische en onverantwoorde levensstijl op na houden, en ze besluiten samen een aantal grenzen te gaan aangeven. Ze bespreken hoe ze elkaar in de gesprekken met hun zoon kunnen steunen als hij die grenzen overschrijdt.

Een gesprek over de manier waarop je samen je kinderen moet opvoeden is goed te doen. Maar een dialoog die verzandt in wanhopige woede over verlating, of in het machteloos uit de weg gaan van de problemen, zal nooit tot een werkbare oplossing leiden. Waar het bij het oplossen van problemen om gaat, is dat je je bij het onderwerp houdt en flexibel blijft. Emotionele veiligheid bevordert een teambenadering en het vinden van creatieve oplossingen. Talloze onderzoeken tonen een verband aan tussen emotionele veiligheid en een goede band enerzijds, en onze vaardigheid om onze behoeften te uiten, empathie voor anderen te voelen, met onduidelijkheid te kunnen leven en helder en consistent te kunnen denken anderzijds. Het is zinnig om eerst de brandende hechtingskwesties die achter praktische problemen schuilgaan aan te pakken, en pas daarna naar werkbare oplossingen te zoeken. Soms is het uiten van de emoties die bij een bepaald onderwerp naar boven kunnen komen al voldoende om het probleem in een ander licht te zien.

Als Halley Don onder druk zet om mee te werken aan een vruchtbaarheidsbehandeling, schrikt hij daarvoor terug. Ze benoemen het probleem op diverse manieren: als een machtsstrijd, een verschil in verlangen naar een kind, Dons egoïsme, Halleys kinderwens, en als het bewijs dat ze niet goed bij elkaar passen. Dat is inderdaad een overweldigend probleem! In een t.o.b.-gesprek krijgt het probleem een ander karakter en wordt het kleiner. Don zegt bijvoorbeeld dat Halleys obsessie met het krijgen van een kind hem het gevoel geeft dat hij overbodig is. 'Soms ben ik bang dat ik alleen maar een spermabank voor je bent,' zegt hij. 'Ik wil er graag zeker van zijn dat ik ook als persoon belangrijk voor je ben.' Als Halley en Don daar eenmaal over kunnen praten en Don de geruststelling krijgt dat haar verlangen naar een kind deel uitmaakt van haar liefde voor hem, gaat het eigenlijk alleen nog maar over de vraag wannéér ze het beste een kind kunnen krijgen. Don realiseert zich dat als ze nog een jaar de tijd nemen om hun relatie verder te verdiepen, hij eerder bereid zal zijn om de medische procedures om een kind te verwekken te doorlopen. Halley is het daarmee eens.

## EEN VERHAAL MET ALS TITEL 'ONZE VEERKRACHTIGE RELATIE' SCHRIJVEN

Als een stel gevangenzit in duivelse dialogen, valt er meestal geen samenhangend verhaal over te vertellen; er heerst alleen maar verwarring: 'Wat gebeurt er met ons?' De verhalen van beide partners zijn verward en eenzijdig. Ze vertellen me dat alles koek en ei is in hun relatie, om vervolgens elkaar de huid vol te schelden omdat ze elkaar overal de schuld van geven. Ze zeggen dat ze aandacht willen en vertellen me vervolgens dat ze elkaars pogingen daartoe afwijzen. De wispelturigheid van hun emoties vertroebelt hun besef van hun gedeelde verleden en hun vermogen om er een samenhangend verhaal van te maken. Maar als beide partners zich op elkaar afstemmen en zich 'gevoeld voelen', kunnen ze weer een toestand van evenwicht bereiken, zowel fysiek als emotioneel, zodat ze hun gedachten kunnen ordenen en een coherent verhaal over hun gevoelens en relatie kunnen vertellen.

We gebruiken verhalen om ons leven te duiden. En we gebruiken verhalen als leidraad voor de toekomst. Wij geven vorm aan de verhalen en de verhalen geven vorm aan ons. Als partners zich eenmaal veilig voelen bij elkaar, kunnen ze een helder verhaal over hun relatie creëren en ontdekken hoe ze het verlies van verbondenheid kunnen herstellen en hun band kunnen versterken. Dat biedt hun niet alleen een zinvolle kijk op hun verleden, maar ook een blauwdruk voor de toekomst.

Het verhaal 'Onze veerkrachtige relatie' zou in het kort moeten aangeven hoe jullie vast kwamen te zitten in onzekerheid, en hoe jullie toen manieren hebben gevonden om samen uit het moeras te komen.

Nicole en Bert hadden toen ze voor het eerst bij me kwamen zulke volstrekt verschillende verhalen over hun relatie, dat geen van beiden de versie van de ander kon herkennen of er geloof aan hechtte. Ze leefden als het ware in een totaal ander huwelijk en geen van beide verhalen blonk uit qua helderheid. Maar een paar maanden later, toen hun band veel hechter was, konden ze een helder en lo-

244

gisch verhaal vertellen over de manier waarop hun problemen waren begonnen en hoe ze hun huwelijk hadden gered. Ze noemden het 'Hoe N & B demonen en afstandelijkheid overwonnen en de ultieme knuffel creëerden'.

'Nou, het was liefde op het eerste gezicht,' begint Bert, 'en hoewel we niet wisten wat we deden – want geen van beiden had al ervaring met een echt goede relatie, zelfs niet met onze ouders – brachten we het er toch behoorlijk goed van af. We hielden van elkaar. Maar toen onze drie dochters er eenmaal waren, werd het tussen ons nogal mat en koel. Nicole hield zich met het huis bezig en ik met mijn werk en met sport. Toen Nicole problemen kreeg met haar gezondheid en we niet meer vreeën, raakten we elkaar pas echt kwijt. Ik denk dat het in zekere zin mijn fout was: ik gaf haar niet voldoende steun, trok me terug in mijn werk en zocht mijn heil bij mijn makkers.'

'Maar het lag niet alleen aan jou,' zegt Nicole. 'Ik raakte de kluts kwijt en begon je voortdurend over van alles en nog wat te bekritiseren. En zo raakten we verzeild in de polka van "Nicole valt aan en Bert trekt zich terug", totdat we alleen nog maar konden zien wat voor een ellendeling de ander was. Uiteindelijk beseften we dat we elkaar aan het verliezen waren en we hebben er heel hard aan gewerkt om onze pijn en onze behoeften met elkaar te durven delen. We beseften dat we ons allebei vreselijk eenzaam voelden.'

Bert pikt de draad van het verhaal op. 'Ik denk dat vooral geholpen heeft dat we allebei begrepen dat we eigenlijk helemaal niet zo sterk van elkaar verschilden. Maar we gaven op verschillende manieren uiting aan onze verwarring. Ik moest leren dat mijn afstandelijkheid Nicole een gevoel van kwetsbaarheid gaf en haar bang maakte. Toen ze me dat eenmaal durfde te vertellen, kreeg ik ineens heel andere gevoelens voor haar.'

Nicole glimlacht naar haar man en vult aan: 'Voor mij was het keerpunt toen je me vertelde dat je het zat was om maar steeds te moeten horen wat er volgens mij allemaal aan je mankeerde, dat dat je veel verdriet gaf en dat je de hoop dat ik van je hield had opgegeven. Maar dat was helemaal niet mijn bedoeling. Dus vonden we allebei een manier om over onze pijnplekken te praten, de hand naar elkaar uit te steken en elkaar nog een kans te geven. Toen we terugkeken en praatten over de nacht waarin onze jongste dochter werd geboren, hielp je me om al die oude pijn en wrok los te laten. Je erkende dat je me tegenover die arts niet had verdedigd, terwijl ik dat wel van je had verwacht. Dat was heel belangrijk voor me. Toen kon ik je weer gaan vertrouwen.'

Bert wendt zich naar mij en moet lachen. 'Het klinkt waarschijnlijk alsof we heel tevreden met onszelf zijn, maar ik heb dan ook het gevoel dat we heel wat gepresteerd hebben. Het voelt alsof ik mijn vrouw weer terug heb. We hebben de weg terug naar intimiteit gevonden en ik vind het fijn dat we met elkaar kunnen praten en elkaar kunnen vertellen hoe we het voor elkaar hebben gekregen. Dat geeft me vertrouwen.'

Bert en Nicole hadden niet veel hulp nodig om hun verhaal in elkaar te zetten. Soms geef ik stellen een duwtje in de rug om de elementen van hun verhaal goed onder woorden te brengen. Als jullie hulp nodig hebben, stel ik voor dat je elkaar helpt bij het bedenken van de volgende dingen.

- Drie bijvoeglijke naamwoorden of beelden die jullie relatie karakteriseren toen die vastzat in onveiligheid en negatieve patronen. Bijvoorbeeld: doodlopend, uitgeput, een mijnenveld.
- Twee werkwoorden om aan te geven hoe jullie danspassen er in jullie negatieve dans uitzagen en hoe jullie in staat waren om het patroon te doorbreken. Bijvoorbeeld: ik dramde, jij wendde je af, maar we hebben geleerd om over onze angst te praten en onze hand naar de ander uit te steken.
- Een sleutelmoment waarop je opeens anders naar elkaar keek, nieuwe emoties voelde en in staat was om je hand naar de ander uit te steken. Bijvoorbeeld: Ik herinner me die zaterdagmiddag toen ik de kamer was uit gelopen. Ik kwam weer binnen en jij zat daar te huilen. De uitdrukking op je gezicht trof me diep. Ik kon gewoon ons verdriet voelen en ik kwam naar je toe en zei tegen je dat ik wilde dat we weer dichter bij elkaar konden komen en dat ik je hulp nodig had. We moesten elkaar helpen om dat te bereiken.

- Drie bijvoeglijke naamwoorden, emoties of beelden die je relatie op dit moment typeren: speels, tevreden, opgetogen, gezegend, hand in hand.
- Iets wat jullie doen om de verbinding met elkaar in stand te houden en inniger te maken: knuffelen voor het slapengaan, een kus bij het wakker worden.
- Twee manieren waarop dit nieuwe gevoel van verbinding zich in jullie geloofsleven, jullie relatie met God, heeft vertaald.

Marion en Steve, die hun relatie met succes van eindeloos gekibbel hebben weten om te vormen tot een veilige emotionele verbondenheid, komen met het volgende verhaal. 'In het begin was onze relatie koel, gespannen en eenzaam,' zegt Marion. 'Steve stond te drammen en op de deur te hameren en ik keek gewoon de andere kant op en verstopte me. We vonden allebei dat de ander het probleem was. Maar de dag waarop we ineens over een scheiding zaten te praten, beseften we dat we er allebei als de dood voor waren om de ander te verliezen. Dus toen begonnen we elkaar te helpen ons kwetsbaar op te stellen, zodat we elkaar weer leerden vertrouwen.'

Steve valt in. 'Het interessantste was toen we praatten over de tijd dat er echt een omslag plaatsvond. Voor mij was het een sleutelmoment toen Marion me huilend vertelde dat ze altijd gedacht had dat ze niet mooi of slim of sexy genoeg voor me was, en dat het haar speet dat ik me nu eenzaam voelde. Dat ze uit haar schulp wilde kruipen en bij me wilde zijn, maar dat ze bang was. Ik denk dat ik me nooit dichter bij haar gevoeld heb dan op dat ogenblik. Ik had nooit begrepen hoe ze zich vanbinnen voelde. Dat ze er niet op uit was om me pijn te doen als ze zo afstandelijk werd. En ik had me nooit gerealiseerd hoeveel effect mijn boze opmerkingen op haar hadden, hoe klein ze zich dan voelde.'

Ik vraag: 'En hoe is dat voor jou, Marion? Kun jij je een moment herinneren waarop er nieuwe gevoelens in je naar boven kwamen, een moment waarop er iets in je relatie met Steve veranderde?'

'O, jazeker,' antwoordt ze. 'Dat was op een avond toen we het hadden over dat doordrammen van hem, totdat ik ontplof. En hij keek ineens zo verdrietig. Hij zei: "Nou, ik heb liever dat je boos op me bent dan dat het je niets kan schelen. Als je boos bent, weet ik tenminste dat ik belangrijk voor je ben." En die boodschap kwam over. Als ik nu weer overal aan begin te twijfelen, ga ik in mijn hoofd naar dat moment terug. Dat maakt me rustig. Mijn grote, sterke echtgenoot heeft dat van me nodig. Fantastisch toch?' Ze houdt haar hoofd schuin en lacht alsof ze net een geweldig geheim heeft ontdekt. Een geheim dat haar wereld heeft veranderd.

Steve en Marion kunnen zonder enige moeite positieve beelden met betrekking tot hun huidige relatie bedenken. Ze zijn het erover eens dat de manier waarop ze elkaar 's avonds begroeten en elkaar vasthouden een mooi beeld is van de manier waarop ze nu met elkaar omgaan. Marion zegt dat ze zich als mens 'zelfbewuster' voelt sinds ze erin geslaagd zijn hun relatie om te vormen. Ze voelt zich nu 'dicht bij' Steve, op een manier die haar een 'rustig geluksgevoel' geeft.

Steve kiest zijn woorden zorgvuldig. 'Als zij het aandurft om dichtbij te komen, verzacht ik helemaal,' zegt hij. 'En dan voel ik me geweldig. We hebben een nieuw niveau van vertrouwen bereikt. Zijn de woorden "verzacht", "geweldig" en "vertrouwen" voldoende?'

Ik zeg tegen hem dat ze volgens mij heel goed gekozen zijn. Ik laat het hem ook vragen aan Marion en ze glimlacht breeduit.

Vervolgens praten we over het feit dat het ook weleens zal voorkomen dat ze elkaars signalen niet oppikken, dat ze het moeilijk zullen vinden om zich ontvankelijk op te stellen en daardoor in een negatieve spiraal terecht kunnen komen. Ze kunnen precies aangeven hoe ze de 'draaikolk' van negatieve gevoelens in hun duivelse dialogen nu kunnen stopzetten.

'Op zulke momenten,' zegt Steve tegen Marion, 'slaan we door en hebben we allebei pijn.'

Marion zegt: 'De enige manier waarop ik het kan, is diep ademhalen en de sprong wagen. Dan zeg ik tegen Steve: "Dit is beangstigend. We moeten even rustig aan doen."'

Ze zeggen allebei dat ze nu ook de tijd nemen om naar elkaar te luisteren en elkaar te troosten als die pijngevoelens weer opkomen.

Ik vraag hun om één ding te noemen dat ze doen om het positieve patroon van de hand naar elkaar uitsteken en verbinding met elkaar maken in stand te houden. Ze zeggen dat ze om de paar dagen liefdevolle kattenbelletjes aan elkaar schrijven en die op kussens, in tassen en op het dashboard plakken. Mooi! Dat doe ik weleens voor mijn kinderen. Waarom heb ik er nooit aan gedacht om het voor mijn man ook te doen? Ze zeggen ook dat ze na het vrijen iets noemen wat de ander heeft gedaan en wat ze heel fijn vonden. Met al die ruzies waren ze allebei het vertrouwen in hun seksuele aantrekkingskracht en vaardigheden kwijtgeraakt; dit is een manier om elkaar te steunen en hun zelfvertrouwen te herwinnen.

## EEN VERHAAL MET ALS TITEL 'ONZE LIEFDE IN DE TOEKOMST' SCHRIJVEN

Ik vraag stellen altijd om het verhaal van hun liefde in de toekomst te bedenken. Dan hebben we het over hun persoonlijke dromen voor de komende vijf tot tien jaar. Hoe veiliger onze relatie is, hoe zelfverzekerder, assertiever en avontuurlijker we kunnen worden. Met onze geliefde aan onze zijde hebben we meestal meer geloof in onszelf en kunnen we ambitieuzere dromen koesteren. In dit verhaal vertellen partners over het toekomstbeeld dat ze van hun relatie hebben. Dan vragen ze elkaar om steun en bespreken ze hoe ze dat beeld kunnen verwezenlijken.

'Ik wil dan mijn eigen bedrijf hebben,' zegt Steve tegen Marion. 'Het hoeft geen groot bedrijf te zijn. Maar ik kan dat niet zonder jouw steun. En ik wil het zo doen dat jij het gevoel hebt dat je erbij hoort en niet dat je je verwaarloosd voelt. Jouw ideeën zijn heel nuttig.'

Als Marion aan de beurt is, zegt ze dat ze misschien toch nog kan afstuderen. En ze vindt het fijn dat hij aanbiedt om voor de kinderen te zorgen als zij 's avonds colleges moet volgen. Dan zegt ze dat ze er misschien over vijf jaar nog een kind bij kunnen nemen. Steve zet grote ogen op en doet alsof hij van zijn stoel valt als er over nog een kind wordt gesproken. Maar hij vindt het goed dat ze het erover kunnen hebben, hoewel dat bij hem met de nodige angst gepaard gaat. Zij blijft betrokken bij hem en luistert naar zijn bedenkingen.

Vervolgens bespreken we hoe ze de toekomst van hun relatie zien. Ze willen allebei de herstelde band behouden en zeggen toe dat ze zich zullen houden aan de afspraken die ze hebben gemaakt, namelijk om meer tijd samen door te brengen. Marion zegt tegen Steve dat ze hun seksleven wil verbeteren en vraagt hem om samen met haar een paar boeken over seks te lezen. Dat vindt hij best. Hij wil dat ze meer tijd doorbrengen met hun kinderen en minder met haar familie. Dat is voor haar een moeilijk punt, maar ze luistert naar zijn argumenten en stelt zich meer voor die gedachte open. Ze maakt wel haar grenzen duidelijk. Ze 'kan gewoon niet buiten' de feestdagen met haar familie en dat respecteert hij. Ze kijkt me aan en zegt: 'Niet gek, hè? Een paar maanden geleden konden we het nog niet met elkaar eens worden over het tijdstip waarop we onze boodschappen zouden doen, laat staan dat we hadden kunnen omgaan met zulke veranderingen en plannen voor de toekomst.' Het grote verschil zit hem in de veilige emotionele verbinding.

Ten slotte vraag ik ze wat ze later, als ze stokoud zijn, graag aan hun achterachterkleinkinderen over hun relatie zouden willen vertellen. Steve zegt: 'Ik zou willen zeggen dat ik een goede echtgenoot ben geweest en dat ik oprecht geprobeerd heb om mijn vrouw gelukkig te maken. Dat zij het licht in mijn leven is geweest. Zoals ze dat ook nu is.' Marion kan even niets uitbrengen. Met tranen in de ogen fluistert ze: 'Idem dito.'

Het verhaal dat Bobby Joe en Frank me vertellen, weerspiegelt hun overtuiging dat het huwelijk een spirituele reis is. Ze zegt: 'Nu we weer dichter bij elkaar zijn gekomen, dienen we God op een nieuwe manier, en we denken allebei dat dit zich in de toekomst nog verder zal uitbreiden. We zijn van plan om volgende zomer met onze kerk een missiereis te maken en thuis met een praatgroep te beginnen om andere stellen te helpen om samen te groeien. Naarmate we steeds beter leren om samen te zijn, zullen we ook nieuwe manieren vinden om de Heer te dienen.'

## POSITIEVE VERANDERINGEN VASTHOUDEN: NIEUWE MODELLEN CREËREN

Als Marion en Steve vertrokken zijn, bedenk ik dat we in de begindagen van EFT niet zo veel aandacht besteedden aan de vraag hoe stellen de positieve veranderingen dachten vast te houden. Ik dacht toen dat als je de liefde begreep, je hechtingsbehoeften accepteerde en T.O.B.-gesprekken kon aangaan, die momenten zo aanstekelijk zouden zijn dat stellen er vanzelf mee zouden doorgaan. Je hoefde niet bewust te plannen hoe je je liefde levend zou houden. Maar mijn cliënten hebben me geleerd dat de vork niet zo in de steel zit. Als je overstapt op een nieuwe manier van verbinding houden met je geliefde, dan is het goed om de nieuwe emoties, waarnemingen en reacties samen te nemen en ze te integreren in een verhaal dat al die veranderingen vastlegt. Het verhaal 'Onze veerkrachtige relatie' biedt een samenhangende manier om stil te staan bij het drama van je relatie, een drama dat zich steeds verder ontrolt, hoe scherp je het ook onder de loep neemt. Stellen vertellen me dat ze zo gemakkelijker de positieve veranderingen die ze hebben aangebracht kunnen vasthouden en dat het verhaal hun een model biedt van hun relatie als een veilige haven die ze samen hebben gebouwd en die ze steeds weer opnieuw kunnen bouwen.

Partners kunnen die positieve modellen ook voor zichzelf oproepen als hulpmiddel in hun dagelijkse omgang met elkaar, zeker wanneer daarbij pijnplekken worden geraakt. Die modellen helpen de schade te beperken als we worden bezeerd, onze twijfels te hanteren en de verbinding in stand te houden. Als ik door een turbulente luchtlaag vlieg en paniekerig word, werkt het kalmerend als ik bedenk hoe ik in eerdere gevallen met zulke situaties ben omgegaan en veilig geland ben.

Het verhaal 'Onze veerkrachtige relatie' is net zoiets. Marion zegt op een gegeven moment: 'Soms schreeuwt mijn hele lichaam dat ik het op een lopen moet zetten, dat het net zo gaat als in de relatie met mijn vader en met mijn eerste man. Maar dan denk ik aan de keren dat ik risico's heb genomen met Steve en dat het goed is gekomen.

Dat helpt me om terug te komen en weer risico te nemen in plaats van hem buiten te sluiten. Soms zegt mijn verstand me dat hij nu maar eens uit zichzelf moet reageren, dat ik er niet om hoef te vragen. Maar dan denk ik aan wat hij me heeft verteld: dat hij niet weet wat hij moet doen als ik hem niet help en geen vertrouwen in hem stel. Het is alsof een deel van mijn hersens zegt: "Ik ben in troebel water terechtgekomen." Maar dan denk ik aan die positieve beelden, die me doen inzien dat het maar om een klein vijvertje gaat. En dat ik bij Steve veilig ben.'

Nieuwe modellen van positieve verbondenheid stellen niet alleen onze gebruikelijke manieren om tegen onze partner aan te kijken en op hem of haar te reageren ter discussie, maar ook de relatiesjablonen zoals die zijn gevormd door de duizenden interacties met onze ouders en eerdere geliefden. Ze veranderen onze kijk op intieme relaties en op wat daarin mogelijk is. Ze veranderen ons als mens. Ik bedoel hiermee de cynische en argwanende gedachten die het verleden in ons oproept en waarvan we ons niet eens bewust zijn, totdat ze ineens de kop opsteken als we in paniek raken of geen veilige verbondenheid met onze partner tot stand kunnen brengen.

Steve zegt: 'Soms, als ik haar niet kan bereiken, val ik weer terug in die negatieve toestand en dan zegt mijn verstand me dat relaties flauwekul zijn, dat je niemand kunt vertrouwen en op niemand kunt rekenen, en dat je een stommeling bent als je het zelfs maar probeert. Dat op je hoede zijn en de zaken onder controle houden de enige manier is om door het leven te gaan. Dan kan ik echt vijandig zijn en dan moet Marion dus de vijand zijn. Maar tegenwoordig kunnen Marion en ik met elkaar in verbinding komen, en als ik weer door dergelijke gedachten word bevangen, blijft een ander deel van me rustig en heeft toegang tot dat verhaal over "Onze veerkrachtige relatie". Of misschien is het eerder een film dan een verhaal. Dan denk ik aan de beelden in ons verhaal en vloeit al die oude verbittering weg. Ik denk dat het me helpt om opener tegenover mijn vrouw te blijven en ook tegenover andere mensen.'

John Bowlby was van mening dat we op basis van duizenden kleine interacties met de mensen van wie we houden bepaalde generalisaties maken, en dat we zo modellen van de liefde en liefhebben in onze geest vormen. Die modellen zijn bepalend voor onze verwachtingen en reacties in het hier en nu. Dat is mooi zolang onze modellen uit het verleden helder, samenhangend en positief zijn, maar niet als het gaat om negatieve, verwarrende en chaotische modellen. We hebben altijd de neiging om voort te bouwen op wat we al kennen. Als we daarbij naar een negatief model neigen, kunnen we in het verleden gevangen blijven zitten en maken we het onszelf moeilijk om ons open te stellen voor de positieve mogelijkheden met de mensen van wie we houden. Negatieve modellen zeggen ons dat intimiteit gevaarlijk is, en dat het dom is om je afhankelijk te maken van een ander, of dat we het niet waard zijn om bemind te worden en dat dus ook niet mogen verwachten. Positieve modellen zeggen ons dat anderen in beginsel te vertrouwen zijn, dat we het waard zijn om te worden bemind en dat we recht hebben op tederheid. Als we leren veilig en liefdevol met onze partner om te gaan en nieuwe ervaringen aan onze modellen kunnen toevoegen die onze verbondenheid met anderen bevestigen, betreden we een nieuwe wereld. We kunnen dan oud zeer en negatieve waarnemingen uit eerdere relaties achter ons laten; ze bepalen dan niet meer hoe we op onze partner reageren.

Mary Main, psychologe aan de Universiteit van Californië, heeft onderzoek gedaan naar volwassenen die tegenover anderen een basishouding van vertrouwen en veiligheid hadden. Hieruit blijkt dat hun belangrijkste eigenschap niet is gebaseerd op het feit dat ze in het verleden altijd een gelukkige relatie met hun ouders en verzorgers hebben gehad. Maar ze zijn wel in staat om zich emotioneel open te stellen, ze kunnen hun vroegere relaties glashelder beschrijven, ze hebben nagedacht over de goede en de slechte ervaringen en ze kunnen ze duiden. Als ik partners aanmoedig om hun nieuwe dans in een visie op het geven en ontvangen van liefde te integreren, moedig ik hen in feite aan om hun onbewuste blauwdrukken voor intieme verbondenheid met anderen in positieve zin aan te passen. De nieuwe blauwdrukken helpen hen om er echt voor hun partner te zijn, in plaats van overblijfselen van eerdere relaties te bestrijden.

In mijn werk als therapeut zeg ik vaak iets in de trant van: 'Ik weet dat je amygdala, het emotionele deel van je hersenen, nieuwe boodschappen ontvangt en dan anders reageert, maar probeer die nieuwe informatie alsjeblieft ook te ordenen en voor later gebruik op te slaan in je prefrontale cortex, het rationele deel van je hersenen.' Recent neurowetenschappelijk onderzoek wijst uit dat ik dan niet alleen maar beeldspraak gebruik. Dan Siegel, een belangrijke vertegenwoordiger van de stroming die de nieuwe ontdekkingen in de hersenwetenschap in onze kennis van relaties wil integreren, legt in zijn boek *Parenting From the Inside Out* uit dat mentale modellen als patronen van neurale activiteit in ons brein zijn opgeslagen. Neuronen sturen boodschappen naar elkaar en als die boodschappen steeds herhaald worden, vormen die neuronen samen een nieuw netwerk, zoals de Canadese psycholoog Donald Hebb heeft vastgesteld. Als we op nieuwe ervaringen reflecteren en ze in ons opnemen, kunnen ze ons brein echt veranderen.

Zo zijn Marion en Steve druk bezig met de vorming van nieuwe hersenpaden op basis van de manier waarop ze nu met elkaar omgaan. Hierdoor worden die positievere manier van naar elkaar kijken en hun wederzijdse betrokkenheid bekrachtigd. Ik denk dat alle manieren om je liefde levend te houden die in dit gesprek aan de orde zijn gekomen, onze neuronen helpen bij de vorming van een neuraal netwerk van hoop en vertrouwen. Dat netwerk helpt partners bij het in stand houden van hun verbondenheid. Het uiteindelijke doel van al dat terugkijken, al die rituelen en het vertellen van verhalen is stellen ertoe aanzetten om voortdurend aandacht aan hun relatie te besteden. Die aandacht is de zuurstof die een relatie levend en gezond houdt. Psycholoog Robert Karen zegt in zijn boek *Becoming Attached* dat we niet rijk, slim of grappig hoeven te zijn om een sterke en duurzame liefde te ervaren die liefdespartners emotioneel en intellectueel vervult. Het enige wat nodig is, is dat we 'er zijn', in alle betekenissen van het woord. Als we dat kunnen, wordt onze liefde niet alleen duurzaam, maar bloeit ze steeds opnieuw weer op.

## SPEL EN OEFENING

- Worden er op dit moment gevarenzones in je relatie merkbaar, sporen van pijnplekken of angsten die nu weer de kop opsteken? Kun je je nog herinneren wanneer dat voor het laatst het geval was? Je lichaam geeft je dan het signaal: 'Dit voelt niet goed,' en je voelt een golf van emotie. Kun je die emotie benoemen? Hoe kan je partner je daarbij helpen? Wat zou je kunnen helpen en geruststellen, en zo'n beginnende negatieve spiraal een halt toeroepen? Kun je dit met je partner delen?

- Kun je positieve momenten in je relatie benoemen? Dat kunnen kleine dingen zijn. Zolang ze je hart raken en een glimlach op je lippen brengen, tellen ze mee. Weet je partner van die momenten? Vertel hem of haar er maar over.

- Kun je de sleutelmomenten in je relatie aangeven, de momenten waarop je relatie naar een ander niveau werd getild, of waarop jij of je partner het aandurfde om opener en ontvankelijker te worden? Hoe gebeurde dat? Wat deed jij, of wat deed je partner, om dit mogelijk te maken? Soms herinneren we ons nog de eerste kus, een verzoening na een grote ruzie, of het moment waarop onze geliefde dichtbij kwam en ons precies gaf wat we toen nodig hadden.

- Hebben jullie nu rituelen voor momenten van samenzijn, afscheid en hereniging? Zeggen jullie elkaar bewust gedag en tot ziens? Probeer samen met je partner een lijst van die rituelen op te stellen. Kunnen jullie een nieuw dagelijks ritueel bedenken dat je band verstevigt en dat jullie zal helpen om toegankelijker en ontvankelijker voor elkaar en meer bij elkaar betrokken te zijn?

- Denk eens aan een probleemoplossend gesprek dat voor jou en je partner elke keer tot frustratie leidt. Probeer je hechtingsbehoeften en -angsten die onder de oppervlakte van zo'n gesprek meespelen op te schrijven. Hoe zou je die aan je partner kunnen vertellen? Wat zou hij of zij kunnen doen om je erbij te helpen? En als je die hulp krijgt, hoe zou dat volgens jou het gesprek beïnvloeden?

- Begin samen met je partner aan het verhaal 'Onze veerkrachtige relatie'. Besteed daarbij aandacht aan de manier waarop je ooit verstrikt raakte in een duivelse dialoog en hoe je daaruit bent gekomen, hoe je een T.O.B.-gesprek bent aangegaan en hoe het jullie is gelukt om het gevoel van verbondenheid te vernieuwen. Wat hebben jullie van die ervaring geleerd? Als er geen schot in het verhaal komt, bespreek dat dan met je partner en gebruik de hulpmiddelen die eerder in dit gesprek aan de orde zijn gekomen. Noem bijvoorbeeld drie bijvoeglijke naamwoorden om jullie band te beschrijven. Het kan ook helpen om de voorbeelden uit dit hoofdstuk met elkaar te bespreken.
- Schrijf samen een verhaal met als titel 'Onze liefde in de toekomst', de beschrijving van jullie relatie zoals je die over vijf of tien jaar zou willen hebben. Kies één ding dat je nu, als individu, al kunt doen om die droom wat dichterbij te brengen en deel dat met je partner. Hoe kan je partner je helpen bij het verwezenlijken van je persoonlijke dromen?
- Wat zou je elke dag kunnen doen om je geliefde het gevoel te geven dat je er voor hem of haar bent? Dat kan gerust iets kleins zijn. Vraag je partner wat voor effect dat op jullie relatie zou hebben.

Je hebt zojuist een reis door de nieuwe liefdeswetenschap gemaakt. Deze wetenschap leert ons dat liefde nog belangrijker is dan in het sentimenteelste liefdesliedje wordt beweerd. Maar liefde is geen mystieke, geheimzinnige kracht waardoor je volledig wordt meegesleept, zoals in dat soort liedjes wordt gesuggereerd. Liefde is een overlevingsmechanisme en werkt volgens een subtiele logica die we steeds beter begrijpen. Dat betekent dat een veerkrachtige, intens bevredigende relatie geen droom is, maar een haalbaar doel voor ons allen. En dat verandert alles.

Deel Drie

# DE KRACHT VAN 'HOUD ME VAST'

# Onze band met God

*'Wie in de beschutting van de Allerhoogste woont en overnacht in de schaduw van de Ontzagwekkende, zegt tegen de* HEER: *"Mijn toevlucht, mijn vesting, mijn God, op u vertrouw ik."'*
–PSALM 91:1-2

De kern van de hechtingstheorie en -wetenschap is dat we geschapen zijn om relaties aan te gaan, om ons met elkaar te verbinden, en dat dit ons sterkste basisinstinct en onze grootste behoefte is. De christelijke schrijver Henri Nouwen zegt: 'God hield al van je voordat je werd geboren, en God houdt nog steeds van je nadat je bent gestorven. In de Bijbel zegt God: "Mijn liefde voor jullie is eeuwig." Dit is de fundamentele waarheid van je identiteit. Dit is wie je bent, of je dat nu voelt of niet. Je behoort tot God, tot in eeuwigheid. Het leven biedt je slechts de mogelijkheid om gedurende enkele jaren "Ik hou ook van U" te zeggen.'

Voor gelovige mensen vormt deze verbinding met God binnen een voortdurend veranderende wereld, waarin we voortdurend voor uitdagingen worden gesteld, een belangrijke bron van troost, veiligheid en balans. Vanaf de begindagen van de christelijke kerk, zoals deze beschreven zijn in het werk van de heilige Augustinus, die in het jaar 430 na Christus overleed, bestond dit geloof niet slechts uit een systeem van rituelen en doctrines. Het was een persoonlijke ontmoeting met de transcendentie die we God noemen, en het was de ervaring van de band die ons met het goddelijke verenigt.

De hedendaagse schrijver Max Lucado beschrijft zijn persoonlijke relatie met God op deze manier: 'Als God een koelkast had, zou jouw foto erop hangen. Als hij een portemonnee had, zou jouw foto erin zitten. Als het lente wordt, stuurt hij je bloemen en elke ochtend verblijdt hij je met de opkomende zon. (…) Geloof het maar, vriend. Hij is gek op je!'

God wordt in de Bijbel regelmatig beschreven als iemand bij wie je altijd terechtkunt, een bron van veiligheid en troost. In Psalm 59:17 lezen we: 'Maar ik, ik zal uw sterkte roemen, in de morgen uw trouw bezingen: u bent voor mij altijd een burcht geweest, een toevlucht in tijden van nood.' We worden expliciet uitgenodigd om op onze hemelse Vader te vertrouwen en bij Hem 'thuis' te komen (Johannes 14:23). In de Bijbel wordt God een ouder, vriend en geliefde genoemd (Jesaja 66:13, Lucas 13:34, Johannes 15:5, Jesaja 62:5, Jesaja 54:5). Liefde, hechting, vertrouwen en troost zijn door de hele Bijbel verweven, en ook door de alledaagse taal die door leden van geloofsgemeenschappen wordt gebruikt.

In onze relatie met God zien we de wezenlijke elementen die ook binnen de hechtingswetenschap als kernfactoren in onze aardse relaties worden beschreven.

## HET VERLANGEN NAAR VERBINDING

Tim maakt een afspraak met de predikant van zijn gemeente om over zijn gevoelens van leegheid te praten. Hij zegt: 'Er zijn zo veel dingen die goed gaan in mijn leven. Ik heb een goede baan en een fantastisch gezin, maar ik voel een leegte vanbinnen. Op een dieper niveau voel ik me niet verbonden. Het voelt een beetje als honger. Alsof er iets in mij ontbreekt.'

Mary zegt tegen haar therapeut: 'Ik ben nu minder depressief, maar ik heb nog steeds een bepaald verlangen. Ik wil weer bij God horen en het gevoel hebben dat ik dicht bij Hem ben. Ik bid, maar ik heb het gevoel dat ik mijn verbinding met Hem ben kwijtgeraakt, en ook mijn verbinding met mijn vrienden die ik via de kerk ken.'

Het eerste principe van de hechtingswetenschap is dat we allemaal een ingebouwd verlangen hebben naar verbinding met iemand die ontvankelijk voor ons is en onze veiligheid kan waarborgen. Dit verlangen zit in iedereen geprogrammeerd en is bedoeld om ervoor te zorgen dat we dicht bij de mensen op wie we kunnen vertrouwen blijven. We worden hulpeloos geboren en blijven dat veel langer dan andere dieren op deze planeet. Deze behoefte aan verbinding is bepalend voor de vorming van ons zenuwstelsel en de verzameling neuronen die we ons brein noemen. We zien dit verlangen als kinderen de aandacht van hun moeder vragen, maar bijvoorbeeld ook in de liefdevolle aanraking tussen twee liefdespartners, en in de saamhorigheid die zo kenmerkend is voor geloofsgemeenschappen die samenkomen om de Heer te prijzen en te aanbidden. Ik vind het heel mooi wat Nouwen over dit onderwerp in zijn boek *Words of Hope and Healing: 99 Sayings* schrijft: 'Het mysterie van Gods aanwezigheid kan slechts worden gevoeld als je je sterk bewust bent van Zijn afwezigheid. In het wezen van ons verlangen naar de afwezige God ontdekken we Zijn voetafdrukken en beseffen we dat ons verlangen om God lief te hebben voortkomt uit de liefde waarmee Hij ons heeft aangeraakt.'

Volgens de hechtingstheorie gaat het hier niet om een verlangen naar abstracte 'kennis' over verbinding. Het gaat om een 'gevoeld gevoel' dat we bij God horen. We voelen deze verbinding als we door de pracht van de natuur worden geraakt, maar ook door de geestelijke waarheden die in de Bijbel staan, en door hymnes en koorliederen.

Dit verlangen wordt tastbaarder wanneer de onzekerheid en vergankelijke aard van het leven onze geest in beslag nemen en ons aan onze beperkingen en kwetsbaarheid herinneren. Bowlby zei al dat als we met sterke twijfel, problemen en angst worden geconfronteerd, we van nature uitreiken naar een figuur die voor stabiliteit en troost kan zorgen, iemand die onze verwarring en angst kan verlichten. Volgens legerpredikanten roepen soldaten in het heetst van de strijd altijd om hun moeder en partner, maar vooral om God.

Als christenen het over dit verlangen naar verbinding met God hebben, spreken ze altijd in termen van een persoonlijke geestelijke reis, een zoektocht naar eenheid met God. De Bijbel belooft ons: 'Jullie zullen mij zoeken en ook vinden, als jullie mij tenminste met hart en ziel zoeken' (Jeremia 29:13). Deze reis kan worden gezien als een zoektocht naar innerlijke vrede, wijsheid, de vergeving van schaamte of zonden, en als een terugkeer naar heelheid. Het woord 'heilig' verwees oorspronkelijk naar datgene wat heel en intact gehouden dient te worden. Hechtingsdeskundigen zeggen dat als een kind een veilige band met een ouder heeft, het in staat is om zijn innerlijke wereld tot een samenhangend geheel te vormen, waarin alles voor het kind begrijpelijk is, in plaats van dat het kind door losse ideeën en reactieve emoties alle kanten op wordt getrokken.

## EEN VEILIG TOEVLUCHTSOORD

Het tweede principe van de hechtingswetenschap dat zo mooi bij het christelijke geloof past, is dat de nabijheid van een dierbare ons een veilig toevluchtsoord biedt, waar we rust, steun en vertroosting kunnen vinden. De overtuiging dat onze verbinding met God onze ultieme bron van veiligheid is, vinden we overal in christelijke teksten, liederen en gebeden terug. Met kerst luister ik altijd met veel plezier naar *Messiah* van Händel, en raak ik helemaal in vervoering als de tenor zingt: '"*Comfort ye, comfort ye my people*," *saith your God*' ('Troost, troost mijn volk, zegt God').

Uit honderden onderzoeken naar de verbondenheid tussen mensen weten we dat onze verbinding met een liefdevolle hechtingsfiguur ons zenuwstelsel tot rust brengt, onze amygdala uitschakelt en ons emotioneel in evenwicht brengt. Dan kan het flexibelste, meest gecentreerde en sterkst adaptieve aspect van ons tevoorschijn komen.

In een van mijn recentste onderzoeken nodigden we vrouwen die zich in hun relatie niet verbonden voelden en daaronder leden uit om een hersenscan te laten maken. We ontdekten dat elke keer als ze een rode X zagen die een schokje aankondigde, hun brein een alarmreactie vertoonde. Het maakte hierbij niet uit of ze alleen in het apparaat lagen of dat hun hand door een vreemde of hun partner werd vastgehouden. En als het schokje op hun enkels werd toegediend, zeiden ze dat het zeer pijnlijk was. Vervolgens deden we met deze vrouwen en hun partners een aantal relatietherapiesessies, waarin ze leerden hoe ze naar elkaar konden uitreiken en een veilige, geruststellende verbinding met elkaar konden vormen. Na de therapie vertoonde hun brein nog steeds een angstreactie als ze alleen in het apparaat lagen of als hun hand door een vreemde werd vastgehouden, maar als hun partner hun hand vasthield, vertoonde hun brein geen angstreactie en bleef rustig. Bovendien zeiden ze dat de schokjes die ze ontvingen 'onprettig' in plaats van 'zeer pijnlijk' waren. Het was niet zo dat ze hun angst beter onder controle hadden, het controlecentrum van hun brein bleef inactief. De aanraking van hun partner gaf hun een veilig gevoel. Hun brein is zo geprogrammeerd dat ze op dat veilige signaal konden afstemmen en erop konden vertrouwen. Naar onze mening toont dit onderzoek aan hoeveel invloed een liefdevolle verbinding kan hebben op de manier waarop we bedreigingen beleven en erop reageren.

Mijn favoriete hymne, *Abide with Me*, beschrijft hoe de gevoelde aanwezigheid van God ons veiligheid biedt en onze angst wegneemt:

*Abide with me; fast falls the eventide;*
*The darkness deepens; Lord, with me abide;*
*When other helpers fail and comforts flee,*
*Help of the helpless, oh, abide with me.*

*Blijf mij nabij, wanneer het duister daalt.*
*De nacht valt in, waarin geen licht meer straalt.*
*Andere helpers, Heer, ontvallen mij.*
*Der hulpelozen hulp, wees mij nabij*

## EEN VEILIGE BASIS

Het derde sleutelprincipe van hechting is dat een liefdevolle verbinding ons sterker maakt. Zo'n verbinding biedt ons een veilige basis van waaruit we de wereld in kunnen stappen, op verkenning kunnen gaan en kunnen groeien, zodat we ons gesterkt voelen, goed kunnen gedijen en de problemen waarmee we worden geconfronteerd aankunnen. Binnen de hechtingstheorie kwam dit concept voort uit de ontdekking dat als kinderen wisten dat ze een veilige thuisbasis hadden waarop ze altijd konden terugvallen, en als ze iemand hadden die voor hen zorgde, ze avontuurlijker ingesteld waren. Doordat ze zich geen zorgen maakten en niet voortdurend op mogelijk gevaar gericht waren, durfden ze risico te nemen, hadden ze meer zelfvertrouwen en waren ze meer betrokken bij wat ze deden.

Paradoxaal genoeg zorgde het feit dat ze op een dierbare konden vertrouwen ervoor dat ze sterker en onafhankelijker waren. Dit is in overeenstemming met het feit dat het erkennen van onze afhankelijkheid van God ons sterker maakt. In Psalm 138:3 lezen we: 'Toen ik u aanriep, hebt u geantwoord, mij bemoedigd en gesterkt.'

Psalm 23 is wellicht het beste voorbeeld van onze relatie met God als ultieme bron van kracht. Daarin staat: 'Al gaat mijn weg door een donker dal, ik vrees geen gevaar, want u bent bij mij, uw stok en uw staf, zij geven mij moed.' Elders in Psalmen wordt God beschreven als 'HEER, mijn rots, mijn vesting' (Psalm 18:3) en als 'mijn licht, mijn behoud' (Psalm 27:1). Het gevoel dat we een veilige verbinding met een alomtegenwoordige en liefdevolle God hebben, is altijd een krachtige manier geweest om met onze kwetsbaarheid en onze angst voor verlies en de dood om te gaan.

Psychologe Linda MacLean van het Princess Margaret Cancer Centre in Toronto werkte met 42 stellen, waarbij een van beide partners aan terminale kanker leed. Ze hielp hen bij het voeren van een 'houd-me-vast'-gesprek, zodat ze elkaar konden steunen in hun verdriet en bij het omgaan met de dingen waarmee een naderend levenseinde gepaard gaat. Haar onderzoek wees uit dat de liefdevolle verbinding die ze creëerden de zieke partner hielp bij het omgaan met zijn of haar naderende dood. Daarnaast ervoer de partner die achterbleef minder pijn. Ze concludeerde dat het gevoel dat we een diepere band met iemand hebben ons helpt om op een positieve manier om te gaan met de hulpeloosheid en de droefenis die horen bij het verlies van een partner of geliefde.

Bestsellerauteur en predikant Rick Warren en zijn vrouw Kay spraken recentelijk over de manier waarop zij na de zelfmoord van hun 27-jarige zoon in 2013 met hun verdriet omgingen. 'Toen Matthew nog leefde, waren we bang dat als hij zich van zijn leven zou beroven, dat ons huwelijk flink zou aantasten,' zei Kay. 'We wisten dat we niet zouden scheiden, maar we dachten wel dat het een te zware last voor onze relatie zou zijn. Maar hoewel we ieder op onze eigen manier met het verlies omgingen, namen we de beslissing dat we wel degelijk samen zouden rouwen en op een fatsoenlijke manier met elkaar zouden omgaan.'

Volgens de wetenschap achter het hebben van een emotionele band met anderen is het zo dat mensen die een veilige band met anderen hebben, op een positieve manier reageren als ze aan de dood worden herinnerd. Ze gebruiken deze herinneringen als aansporing om anderen te helpen, een nalatenschap te vormen, en om zin te geven aan hun dagelijkse leven. Als we het gevoel hebben dat we deel uitmaken van een liefdevolle wereld en erin thuishoren, en een sterke band met anderen hebben, lijken we beter in staat om minder met onszelf bezig te zijn. We kunnen dan met onze kwetsbaarheid leven, in plaats van dat we erdoor worden beperkt of beheerst. Opnieuw weerspiegelt dit begrip van de emotionele band tussen mensen de wijsheid van de christelijke leer en het christelijke begrip van de kracht van een veilige band met God die verklaart: 'Ik ben met jullie, alle dagen, tot aan de voltooiing van deze wereld' (Matteüs 28:20).

In het levensplan dat Robert voor zijn vrouw en zichzelf voor ogen had, stond niet dat zijn vrouw toen ze in de vijftig was kanker zou krijgen. Nadat zij maandenlang verscheurd werden door de hoop dat ze beter zou worden enerzijds en de realiteit dat haar gezondheid steeds verder aftakelde anderzijds, besloten ze de realiteit van haar aanstaande dood te accepteren. De laatste maanden waren zwaar, maar ook mooi. 'We zorgden ervoor dat we altijd samen waren,' zei hij. 'We huilden, we lachten en we baden samen. Het was een mooie tijd. Ze was al in mijn dromen voordat ik haar ontmoette, en nu ze er niet meer is, droom ik nog steeds over haar. Ze ging zo tevreden en vredig heen. Het doet nog steeds pijn, maar ik weet zeker dat ik er wel doorheen kom. Dat zou zij ook hebben gewild.'

Voor christenen is God echter niet slechts een bastion van hoop en vertrouwen in moeilijke en gevaarlijke tijden, of slechts een hulpbron die ons de kracht geeft om in de wereld waarin we leven onze weg te vinden en ons ermee te verbinden. Als we de kracht van veilige hechting echt doorgronden, begrijpen we ook dat vertrouwen op God, de ultieme hechtingsfiguur, gedurende ons leven een krachtige bron van positieve vervulling en persoonlijke groei kan zijn. Mensen die een veilige verbinding met dierbaren hebben, zijn beter in staat om zich op anderen af te stemmen en mededogen aan hen te tonen. Bovendien kunnen ze op een constructieve manier met boosheid omgaan, zijn ze beter in staat om in moeilijke tijden het hoofd boven water te houden, hebben ze een sterker vermogen om een open houding naar anderen te hebben en anderen te vergeven, zijn ze genereuzer en toleranter, en ontwikkelen ze een zelfbeeld dat wordt gekenmerkt door het gevoel dat ze liefde en zorg waard zijn. Deze eigenschappen komen voor een groot deel overeen met de menselijke deugden die we in de christelijke leer tegenkomen. Het is dan ook geen wonder dat een veilige verbinding met anderen in verband kan worden gebracht met een grotere toewijding aan religieuze geloofsovertuigingen en met een ver ontwikkelde spiritualiteit.

Op elk spiritueel pad lijkt het van cruciaal belang te zijn dat je om anderen geeft en met hen meevoelt. In 1 Petrus 3:8 worden we aangespoord: 'Wees allen eensgezind, leef met elkaar mee, heb elkaar lief als broeders en zusters, wees barmhartig en bereid de minste te zijn.'

Enkele jaren geleden was ik op de drukke specerijenmarkt in het Marokkaanse stadje Meknes. Ik zag een klein, al wat ouder vrouwtje in de kleermakerszit langs een stenen pad zitten. Ik kan me het beeld nog levendig voor de geest halen. Haar hoofd was gebogen en haar sjaal bedekte vrijwel haar volledige gerimpelde gezicht, dat getuigde van een leven waarin ze meer ontberingen heeft moeten doorstaan dan ik ooit zal kennen. Ze hield haar handen omhoog, gevormd tot een kom, in een stille smeekbede om aalmoezen. Tegen toeristen wordt altijd gezegd dat ze bedelaars moeten negeren, dus mijn groepje liep haar voorbij. Maar op de een of andere manier kon ik niet gewoon doorlopen. Ik zei tegen mijn man: 'Ik moet terug,' en ik liep naar haar toe. Terwijl ik alle muntjes die ik in mijn zak had zitten in haar handen legde, mompelde ik in het Arabisch: 'Voor u, moeder.' Ze keek naar me op, en plotseling voelde het alsof zij en ik de enige twee mensen op de wereld waren. De geluiden van de soek hoorde ik niet meer. De verschillen tussen de vrouw en mij verdwenen. Maar wat er vervolgens gebeurde, raakte me diep in mijn hart en plotseling stroomden de tranen over mijn wangen. In perfect Engels fluisterde de kleine vrouw tegen mij: 'God zegene je, mijn kind.' Ik weet niet meer wat er daarna gebeurde. Ik denk dat mijn man naar me toe kwam lopen en mijn arm vastpakte om me weer naar het toeristenbusje te begeleiden. Zelfs als ik er nu aan terugdenk, moet ik huilen. Misschien is dat gewoon sentimentaliteit, of misschien is het wel waar we het over hebben als we zeggen dat we door de Heilige Geest worden geraakt.

## DE PIJN VAN SCHEIDING

Volgens het vierde hechtingsprincipe is het natuurlijk voor ons om ons met anderen te verbinden, en daardoor doet het pijn als we deze verbinding kwijtraken. We weten dat de pijn van afwijzing in hetzelfde deel van het brein wordt geregistreerd en gecodeerd als fysieke pijn. Pijn waarschuwt ons voor gevaar, en als we van anderen gescheiden worden, is dat voor ons dus blijkbaar een alarmsignaal. Als we ons niet met de mensen van wie we houden kunnen verbinden, met inbegrip van God, lijden we daaronder. Maar de psychologen Pehr Granqvist en Lee Kirkpatrick zeggen op luchtige wijze: 'God sterft niet, hoeft niet ergens een oorlog te gaan voeren, verhuist niet en vraagt ook geen scheiding aan.' Niettemin wordt het gescheiden zijn van God in de Bijbel en de klassieke christelijke literatuur omschreven als 'een donkere nacht van de ziel'. Zelfs Jezus ervoer deze oerpaniek en dit leed toen Hij werd gescheiden van degene van wie Hij het meest hield. Vanaf het kruis riep Hij uit: *'Eloï, Eloï, lema sabachthani?'* (Marcus 15:34) – 'Mijn God, mijn God, waarom hebt U mij verlaten?' Dit is een van de duidelijkste voorbeelden van zijn menselijkheid binnen zijn goddelijkheid.

De dagboeken die Moeder Teresa schreef in de periode waarin ze zich van God afgescheiden voelde, getuigen van een grote zielenpijn. Het gevoel dat ze haar verbinding met Christus verloren was, deed haar veel verdriet en ze worstelde er enorm mee. In 1956 vertrouwde

ze aartsbisschop Périer toe: 'Ik verlang ernaar, met een pijnlijk verlangen, om God volledig ten dienste te zijn, om op een manier heilig
te zijn die Jezus in staat stelt om zijn leven volledig in mij tot uiting
te brengen. Hoe meer ik Hem wil, hoe minder ik gewild ben. Ik wil
Hem liefhebben zoals er nog nooit van Hem gehouden is, en toch
voel ik die vreselijke scheiding, die vreselijke leegte, het gevoel van
de afwezigheid van God. (...) Alstublieft, Hoogwaardige Excellentie,
bid voor mij dat ik dicht bij God mag komen.' Ze sprak ook over de
'kwelling van verlatenheid' die het gevolg was van haar verlangen om
bij 'de Afwezige' te zijn (in *Come Be My Light: The Private Writings of
the Saint of Calcutta*).

Al deze wetten met betrekking tot liefde en verbinding beschrijven wat voor de mens normaal is en in het algemeen voor mensen
geldt. We verschillen echter ook van elkaar met betrekking tot de
manier waarop we met onze kwetsbaarheid en onze behoefte aan
verbinding omgaan. In onze relatie met onze ouders leren we verschillende manieren om ons met anderen te verbinden, en sommige
van deze manieren kunnen onze verbinding met God bevorderen,
terwijl andere deze verbinding juist verstoren. Hieronder beschrijf
ik ze.

## EFFECTIEVE EN MINDER EFFECTIEVE MANIEREN OM JE MET JE MET DIERBAREN TE VERBINDEN

Op momenten die emotioneel gezien moeilijk voor ons zijn, zijn
er slechts drie fundamentele manieren waarop we met de mensen
van wie we afhankelijk zijn kunnen omgaan: uitreiken, angstig eisen
stellen en meer afstand proberen te houden. Bij de laatstgenoemde
tactiek probeer je de verbinding in stand te houden, maar probeer je
ook te voorkomen dat je wordt gekwetst. In dit boek ben je voortdurend mensen tegengekomen die hebben geleerd om zich op hun
emoties af te stemmen, om achter hun ware verlangens te komen en
om naar hun geliefde uit te reiken, waarbij ze openlijk en duidelijk
vroegen om wat ze nodig hadden. Dat is de beste manier om een sterke band met iemand te vormen, het soort band dat ons als mens ster-

ker maakt en tot een liefdevolle, levenslange verbinding leidt. Maar als dit uitreiken voor te veel onzekerheid zorgt, gebruiken we minder effectieve strategieën. Deze strategieën, die het gevolg zijn van onzekerheid, worden volgens wetenschappers gekenmerkt door angst en vermijdingsgedrag. Als we in deze onrustige angstmodus zitten, zijn we voortdurend alert op afwijzing en worden we veeleisend en wanhopig, maar we vinden het toch moeilijk om anderen te vertrouwen of de zorg van anderen te ontvangen. Als we ons bedreigd voelen door het risico waarmee onze afhankelijkheid van iemand anders gepaard gaat, hebben we de neiging om ons af te wenden, vertonen we vermijdingsgedrag en ontkennen we onze behoefte aan verbinding. Dit gedrag komen we in al onze hechte relaties tegen, dus ook in onze relatie met God.

Amy praat rustig als ze haar veilige verbinding met God aan haar gemeentepredikant beschrijft: 'Ik weet dat ik altijd naar Hem kan uitreiken en dat moment van stilte en innerlijke vrede kan vinden. Ik krijg niet altijd waar ik om bid, maar het zorgt er wel voor dat ik emotioneel stabiel blijf. Ik weet dat ik om dingen kan vragen en dat er naar me wordt geluisterd.'

Kate praat heel anders. Ze voelt zich niet zo zeker in haar geloof. Ze zegt tegen haar man: 'Ik weet dat ik me niet zo zou moeten voelen, maar de laatste tijd word ik bijna boos als ik wil bidden. Ik voelde me zo zeker toen ik voor het eerst naar de kerk ging, maar nu wil ik gewoon uitschreeuwen: "Luistert U eigenlijk wel naar mij?" Ik vraag: "Kan het U wel iets schelen dat ik pijn heb? Volgens mij niet. Want als dat wel zo was, dan zou U me nu wel helpen." Maar ja, misschien verdien ik zijn troost wel niet. Ik ben blijkbaar niet zo belangrijk voor Hem.' Ze huilt. 'Het is niet eerlijk. Ik bid elke dag om hulp.' Kate zit vast in haar angst en onrust.

Op weg naar huis na de kerkdienst vraagt Pete zijn vriend Tom naar zijn geloof. Tom kijkt door het raam naar buiten en antwoordt achteloos: 'Luister, ik ben gelovig opgevoed en ga naar de kerk, maar... nou ja... ik vind dat je op eigen benen moet kunnen staan. Uiteindelijk doet niemand dat voor je. Het heeft geen zin om je hele leven op je knieën te zitten en te bidden. Daar bereik je niets mee.

Voor mij werkt het prima dat ik van dag tot dag leef. Ik zeg altijd tegen mijn vrouw: "Als iets je dwarszit, kun je het maar beter vergeten."' Tom wijst zijn behoefte aan een verbinding met God af. Hij wil niet van God afhankelijk zijn.

De veilige strategie van het erkennen van onze behoefte en het uitreiken naar een verbinding, die we bij Amy zien, is de positiefste en effectiefste manier om met onze hechtingsbehoeften om te gaan. Met deze strategie hebben we de grootste kans dat we de hechte band kunnen creëren waarnaar we verlangen. Mensen die voornamelijk voor deze benadering kiezen, hebben doorgaans minstens één relatie gehad – vaak met een ouder – waarin een dierbare consequent op hun emotionele signalen reageerde en hun een veilige, liefdevolle thuishaven bood. Zoals we in een vorig hoofdstuk hebben gezien, leren we in dat soort relaties uit te gaan van de aanname dat de mensen op wie we vertrouwen altijd toegankelijk, ontvankelijk en betrokken (t.o.b.) zullen zijn. We verwachten dat het antwoord op de belangrijkste hechtingsvraag – 'ben je er voor mij?' – positief is. Hierdoor ervaren we de wereld waarin we leven als een veiligere plek en zijn we emotioneel gezien doorgaans beter in balans dan mensen die zo'n relatie niet hebben gehad. We kunnen met kwetsbaarheid omgaan, op onze emoties vertrouwen en gaan ervan uit dat anderen in principe om anderen geven. Bovendien wijst onderzoek (van de Zweedse hechtingsonderzoeker Pehr Granqvist en anderen) uit dat kinderen voor wie op een gevoelige, liefdevolle manier wordt gezorgd en die via hun ouders met de liefde van God kennismaken, sterker religieus zijn. Mensen die dit gevoel van veiligheid in hun belangrijkste relaties hebben, zeggen dat momenten van verbinding in romantische relaties ervoor zorgen dat ze zich ook meer met God verbonden voelen.

Sarah zegt tegen Harold: 'De afgelopen maanden zijn we zo sterk met elkaar verbonden en heb ik toch zo sterk het gevoel dat er voor me wordt gezorgd. En vanochtend, toen ik in stilte tijd met God doorbracht, had ik ook weer het gevoel dat er voor me wordt gezorgd. Ik voelde de warmte van God zoals ik die nog nooit eerder had gevoeld.'

Als onze belangrijkste liefdesrelaties, dus de relaties met onze ouders en levenspartner, positief zijn, maken ze de weg vrij voor de liefde van God. Als we het gevoel hebben dat we dierbaar zijn voor de mensen van wie we houden, dat ze om ons geven en ons beschermen, lijkt het gemakkelijker voor ons te zijn om ons comfortabel te voelen als we een hechte band met God willen creëren. Bovendien hebben we dan meer vertrouwen in zijn goedheid en stellen we ons open voor het geloof. Het hebben van een veilige basis met anderen vertaalt zich ook naar het vermogen om religieuze mogelijkheden te verkennen. We kunnen dan beter omgaan met twijfels, tegenstrijdigheden en worstelingen. Dat doen we door middel van een persoonlijke queeste, waarbij we ons innerlijke geestelijke leven werkelijk kunnen onderzoeken. Volgens psycholoog Kevin Byrd uit Indiana leidt een veiligere hechting, die gepaard gaat met emotioneel evenwicht en positieve verwachtingen, vaak tot gebeden die meditatiever van aard zijn en waarin we een dialoog met God voeren, in plaats van gebeden waarin we Hem alleen maar om hulp vragen.

Als de liefdesband tussen mensen positief is, leidt de ene veilige verbinding tot de andere. Soms vraag ik in mijn praktijk aan mijn cliënten: 'Als je als kind moest huilen, wist je dan dat iemand je zou troosten en vasthouden?' Een positief antwoord op deze vraag leidt doorgaans tot de positieve veronderstelling dat mensen in wezen te vertrouwen zijn en zullen reageren als anderen in nood zijn. Voor gelovige mensen is de natuurlijke volgende stap een vanuit het hart gegeven bevestigend antwoord op de vraag: 'Heb je het gevoel dat God er voor je is en reageert als je om hulp vraagt?' Voor een christen versterkt het ervaren van de troostende zorg van een ouder, partner of christelijke gemeenschap zijn of haar geloof in een goedaardig universum waarin een liefhebbende God overal aanwezig is. Dit gevoel van verbinding met God leidt op zijn beurt tot dankbaarheid voor en vertrouwen in het gezin en de levenspartner van de persoon in kwestie. Enrico zegt tegen zijn vrouw: 'Ik ben vanochtend naar de dienst geweest, en terwijl de muziek me verhief en ik naar Gods boodschap luisterde, voelde ik me zo dankbaar voor jouw liefde en besefte ik hoe gezegend ik met je ben.'

Zelfs in een klooster zien we dit verband tussen toewijding aan een partner en toewijding aan God. In de Sant'Antimo-abdij in de Toscaanse heuvels, die ongeveer 900 jaar geleden aan de Via Francigena (de oude pelgrimsroute naar Rome) werd gebouwd, hoor je het gezang van de monniken via het zachte steen weerklinken als zij hun getijdengebeden ten gehore brengen. Ze zingen in vreugde: 'O Heer, U bent mijn God, naar U blijf ik zoeken.'

In deze 'heilige cirkel', waarin een gevoel van verbinding met het goddelijke en een liefdevolle verbinding met belangrijke dierbaren beide aanwezig zijn, is liefde het geschenk dat blijft schenken. Liefde voor het goddelijke vormt de leidraad voor partners en versterkt hun verbinding, en het dagelijks tonen van liefde aan elkaar versterkt het gevoel van partners dat ze een veilige verbinding met God hebben. De heilige cirkel wordt in dit vers uit 1 Johannes 4 toegelicht: 'Geliefde broeders en zusters, laten wij elkaar liefhebben, want de liefde komt uit God voort. Ieder die liefheeft is uit God geboren en kent God.'

Het is niet zo verrassend dat de zaak een beetje anders ligt als we kijken naar angstig gedrag of vermijdingsgedrag in onze omgang met dierbaren. Het gevoel dat je een onveilige band met een specifieke dierbare hebt, vertaalt zich vaak in een vergelijkbare kijk op de wereld en op degene die de wereld heeft geschapen. Als we zien dat anderen in hun steun voor ons niet consequent zijn, ontwikkelen we een wereldbeeld dat gebaseerd is op angst. Dit onvoorspelbare gedrag van de mensen van wie we houden heeft tot gevolg dat we voortdurend alert zijn op signalen dat we in de steek worden gelaten of worden afgewezen. Als de hechting met je partner door angst wordt beïnvloed, merk je veranderingen in de gezichtsuitdrukking van je partner snel op, en ben je eerder geneigd om het ergste te verwachten en te denken dat andere mensen negatieve intenties hebben. We intensiveren onze emoties om ervoor te zorgen dat anderen ons aandacht geven en op ons reageren, maar in deze stroom van gevoelens raken we vaak verward en we versturen als gevolg daarvan verwarrende boodschappen. We verwarren vijandige boosheid (Je moest eens wagen...) vaak met intense smeekbedes om geruststelling. Het is in dergelijke situaties moeilijk voor ons om anderen op een ontspannen manier te vertrouwen. Bovendien kunnen we er dan niet goed tegen als degene van wie we afhankelijk zijn in onze beleving niet op onze behoeften reageert. Dit drama voltrekt zich ook in onze verbinding met God. Mensen die zich in hun relatie onveilig voelen, zeggen vaak tegen mij dat ze het gevoel hebben dat God hen in de steek gelaten heeft.

Claire krijgt tranen in haar ogen als ze tegen me zegt: 'Peter en ik maken ruzie over naar de kerk gaan. Hij vindt dat ik de knoop moet doorhakken en er regelmaat in moet brengen, maar er zijn momenten waarop ik zelf voel dat ik moet gaan, maar ook dagen waarop ik het gevoel heb dat het God niets kan schelen, dus waarom zou ik dan gaan? Ik voel me nooit echt veilig, ik kan er voor mijn gevoel nooit echt zeker van zijn dat God van me houdt, of zelfs dat Peter van me houdt. Als we ruzie hebben en ik me eenzaam voel, heb ik er echt behoefte aan om naar de kerk te gaan en God om troost te vragen, als je begrijpt wat ik bedoel. Maar soms voel ik me tijdens het bidden ook alleen. Ik vraag en vraag en vraag, maar het voelt alsof Hij niet naar me luistert, niet om me geeft. Soms denk ik dat Hij gewoon boos op me is en me straft.'

Claire wendt zich tot God om het gevoel dat ze in haar leven geen veilige verbinding met anderen heeft te compenseren, om haar emotionele en spirituele honger te stillen. Maar ze reikt naar God uit op dezelfde manier als waarop ze naar haar man uitreikt: de ene keer smeekt ze en de andere keer geeft ze Hem de schuld van haar problemen. Zoals ook blijkt uit onderzoeken naar de manier waarop mensen bidden, worden Claires gebeden gekenmerkt door intense smeekbedes en reacties op het feit dat God in haar beleving niet op haar verzoeken ingaat. Als ze wel zegeningen ontvangt, is ze niet in staat om zich te ontspannen en ze echt tot zich te nemen.

Het positieve aspect hiervan is dat onderzoek uitwijst dat als Claire op een andere manier naar haar partner uitreikt en een liefdevolle reactie van hem ontvangt, of als ze in haar beleving een veiligere, betrouwbaardere band met God krijgt, ze qua romantiek en geloof op een veiligere manier verbindingen kan aangaan. Als ze dat doet, gaat ze God zien als een stabielere en meer accepterende figuur, en minder als iemand die controle over haar wil uitoefenen.

Later in de therapie vertelt ze me over een religieuze retraite waar ze naartoe is geweest, en ook over een positieve intieme ervaring met Peter. Ze zegt: 'Voor de eerste keer zag ik de verrukking in zijn ogen. En ik had in de gaten dat dat door mij kwam! Hij vond mij zalig! Dat gaf me op de een of andere manier het gevoel dat God me mijn onvolmaaktheden had vergeven. En als God mij heeft vergeven, of zelfs van me houdt, nou, dan verandert alles.'

Vermijdingsgedrag is een manier om onszelf te beschermen in een wereld waarin de mensen die het dichtst bij ons staan niet op onze behoeften lijken te reageren, of op momenten waarop we het kwetsbaarst zijn zelfs bestraffend en wreed lijken. We zwakken onze behoefte aan verbinding dan af en stellen onze verwachtingen bij. We kunnen onze verlangens echter niet helemaal uitwissen, dus vergt dit bijstellen een enorme inspanning. Als we ons kwetsbaar voelen of als andere mensen bepaalde behoeftes laten zien, hebben we de neiging om onze emoties uit te schakelen en de andere kant op te kijken. En hoewel dit vermijdingsgedrag gepaard lijkt te gaan met een gebrek aan het geloof in een God die om ons geeft, blijkt het ook voor te komen bij toegewijde christenen. Als we in vermijdingsgedrag verzanden, hebben we de neiging anderen als niet liefdevol of zelfs als gevaarlijk te zien, en God als afstandelijk en hard. Niettemin komt ons aangeboren verlangen naar veilige hechting altijd weer aan de oppervlakte, dus proberen we naar Hem uit te reiken en tegelijkertijd onszelf te beschermen. Vaak lukt het ons dan niet om liefde en goedheid te accepteren, ook al worden ze ons geschonken.

Theo, die vanwege zijn posttraumatische stressproblemen naar mij is doorverwezen, grimast van irritatie als ik hem vraag of hij nog naar de kerk is geweest om met zijn predikant te praten. 'Ik denk niet dat ik daar nog een keer naartoe ga. Iedereen zit tegen je te kwetteren. Alsof het ze echt iets kan schelen. Ik vroeg een keer aan de predikant: "Waar was God bij die brand, en bij al die wrede gebeurtenissen en moorden?" Ik had mijn vertrouwen in de mens en God jaren daarvoor al opgegeven. Bij religie draait alles om regeltjes en dingen die je wel en niet mag doen. En als je je daaraan houdt, zie je misschien ooit een engel. Het is net als met mijn huwelijk met Janie: allemaal dreigementen en lokmiddelen. Daar heb ik een potje van gemaakt. Het was terecht dat ze wegging. Uiteindelijk kiest iedereen toch voor zichzelf, dus moet je gewoon voor jezelf zorgen. Nou en. Ik huilde tijdens de paasdienst toen de predikant zo aardig tegen me was, maar ik red me ook wel zonder dat sentimentele gedoe. Dat heb ik allemaal niet nodig. Ik ben zelf sterk genoeg. Ik houd mezelf gewoon bezig.'

Voorzichtig wijs ik hem op het feit dat hij zowel schreeuwt als huilt.

'Mensen kunnen mij maar beter links laten liggen,' fluistert hij.

Ik vraag hem waarom hij tijdens die paasdienst moest huilen. Na een lange stilte mompelt hij: 'Het ging wel, nou ja, het was eigenlijk wel mooi. De predikant schudde mijn hand, en het was ook het gezang. Dat zong ik namelijk toen ik klein was.' Hij zucht. 'Het herinnerde me aan de momenten waarop ik me veilig voelde en wist dat God over me waakte, dat Hij bij me was.'

Ik vraag hem of hij zijn ogen dicht wil doen en wil proberen om tegen God te zeggen hoeveel pijn hij heeft, en dat hij zo worstelt om, zoals hij het zelf zegt, 'een steen te zijn, zodat niets me meer kan raken'. Heel even stelt hij zich open. Hij verbindt zich met het gevoel dat God zijn worsteling accepteert en zijn pijn kent. Nu zie ik een diepzinnigere Theo. Hij besluit de predikant die naar hem uitreikte toch weer te bezoeken, en met God te blijven praten. Dus hij wendt zich weer tot de ultieme bron van veiligheid en troost, en voor de eerste keer in jaren voelt hij weer hoop met betrekking tot zijn leven.

## BESPIEGELINGEN

Het proces van religieuze bekering wordt vaak vergeleken met verliefd worden. Hechtingsonderzoek biedt tegenwoordig een stevige onderbouwing voor de wijsheid die in de heilige geschriften bestaat, waarin wordt gesproken over de kracht van de liefde en de diepgewortelde behoefte van de mens om zich met andere mensen te verbinden. De blauwdruk voor deze verbindingen, die door de Schepper in ons is geplaatst, wordt in al onze primaire liefdesrelaties weerspiegeld: de relatie tussen ouder en kind, tussen levenspartners en de band die we met God hebben.

Er bestaat in dit verband geen conflict tussen wetenschap en geloof. Sterker nog: de werking van het menselijk hart lijkt direct te leiden naar ons begrip van de aard van degene die dat hart heeft geschapen. Sir Arthur Eddington, een toegewijde quaker en tevens wetenschapper, was oorspronkelijk fel tegen Einsteins relativiteitstheorie, en zag deze als godslasterlijk. Maar hij was wel degene die de theorie uiteindelijk bewees. Daarbij toonde hij aan dat het afbuigen van licht tijdens de zonsverduistering van 1919 volgens Einsteins voorspellingen verliep. Op basis van de waarheid die hij in zijn hart voelde, concludeerde Eddington uiteindelijk dat Einsteins manier om het universum te begrijpen wel waar moest zijn: zijn ideeën waren zo mooi dat Eddington er 'God in kon horen denken'.

Het is niet zo moeilijk om het goddelijke in de verfijnde architectuur van liefde en liefhebben te zien, in onze wezenlijke natuur als *homo vinculum*, 'hij die zich verbindt'.

## SPEL EN OEFENING

1. Als we aan levenspartners vragen om hun emotionele band onder de loep te nemen, geven we hun vaak een korte vragenlijst (blz. 75) om hen te helpen bij het bepalen van de elementen die de veiligheid van die emotionele band tot stand brengen.

   Wellicht herinner je je nog dat 'ben je er voor mij?' binnen liefdesrelaties de belangrijkste vraag is. In relaties die door veilige hechting worden gekenmerkt, zien we degenen van wie we houden als T.O.B., oftewel toegankelijk, ontvankelijk en werkelijk bij ons betrokken. Deze aanwezigheid is bepalend voor de momenten van verbinding die we ons herinneren, de momenten waarop we echt weten wat het betekent om lief te hebben en liefde te ontvangen.

   Als je deze manier van naar je relaties kijken toepast op je relatie met God, kun je jezelf onderstaande drie vragen stellen. Als je wilt, kun je de genoemde uitspraken gebruiken en voor jezelf bepalen of ze op dit moment voor jou waar, enigszins waar of niet waar zijn.

### Is God in jouw beleving toegankelijk voor jou?

a) Ik weet dat ik een beroep op God kan doen als ik Hem nodig heb.

b) Ik heb het gevoel dat ik er voor God toe doe.

c) Ik weet dat ik kan bidden en mijn diepste gevoelens met Hem kan delen, en dat Hij mijn gebeden verhoort.

d) Ik vertrouw erop dat ik Hem kan vinden als ik Hem nodig heb. Hij zal zich niet van mij afwenden.

e) Ik voel zijn aanwezigheid in mijn leven. Hij is er zowel in mijn vreugde als in mijn pijn.

### Is God in jouw beleving ontvankelijk?

a) Als ik troost of leiding nodig heb, voel ik dat God er voor me is.

b) Ik kan op God steunen als ik bang en onzeker ben en Hem het hardst nodig heb.

c) Als ik Hem tijdens het gebed aanspreek, hoort Hij me en verhoort Hij mijn gebed.

d) Als ik me verloren voel en geruststelling nodig heb, kan ik naar Hem uitreiken en dan zal Hij er voor mij zijn.

e) Ook al maak ik fouten en faal ik soms, ik kan voor troost en acceptatie altijd bij God terecht.

### Heb je in jouw beleving een hechte band met God? Heb je het gevoel dat Hij je behoeften vervult en bij je betrokken is?

a) Ik weet dat God om mijn vreugde, pijn en angsten geeft. Ze zijn zijn aandacht waard.

b) Ik voel me voldoende met God verbonden en ik voel me veilig genoeg om Hem in vertrouwen te nemen, om mijn diepste innerlijk aan Hem te laten zien.

c) Zelfs als ik me van God afgesneden voel, vertrouw ik erop dat Hij er op een dieper niveau nog steeds voor me is en over mij waakt.

d) Er zijn momenten waarop ik Gods aanwezigheid voel.

e) In het gebed, tijdens kerkdiensten en op momenten van liefde voor en dienstbaarheid aan anderen, voel ik de nabijheid van God en weet ik dat Hij bij me is.

Niemand zal deze vragen altijd met 'ja' beantwoorden. De band die we met anderen hebben, gaat heen en weer tussen een veilige verbinding, meer afstand en vervolgens een hernieuwde verbinding. Ik heb deze vragen in het boek gezet om je te helpen bij het onderzoeken van de band die je met God hebt. Als het goed voor je voelt, kun je je antwoorden met je partner delen, of zelfs met je gemeentepredikant en medechristenen, zodat je de band die je met hen hebt, kunt versterken.

2. Je kunt reflecteren op de heilige cirkel zoals die in dit hoofdstuk is beschreven. Dit bevordert een positief gevoel over onze verbinding met God en over de liefdevolle verbinding die we met andere mensen hebben. Deze liefdevolle verbindingen helpen ons dan weer om ons af te stemmen op de liefde van God en die liefde te gebruiken als we haar nodig hebben.

   Kun je momenten bedenken waarop je geloof je helpt bij het in stand houden van je emotionele balans, en ervoor zorgt dat je toegankelijker en ontvankelijker voor je partner bent en meer bij hem of haar betrokken? Zo ja, deel die momenten dan met je partner.

3. Zie je overeenkomsten tussen de relatie met je partner, met name op momenten van twijfel of stress, en de manier waarop je tot God bidt als je van streek bent?

   Mary zegt: 'Ik besef nu dat als ik bang word of me eenzaam voel, ik Jim voor het blok zet. Ik dreig met allerlei dingen, in de hoop dat hij me dan meer aandacht zal geven. Onlangs betrapte ik mezelf erop dat ik dat tijdens het bidden ook met God deed. Daardoor lukte het me om vanuit meer kwetsbaarheid tot God te spreken.'

   Kun je met je partner delen wat je in dit verband over jezelf hebt ontdekt?

ONZE BAND MET GOD

4. Wanneer voel je je het meest open en ontvankelijk voor God? Kun je dit met je partner delen?

5. We kunnen een diepgaande verbinding met onze partner creëren door een 'houd-me-vast'-gesprek aan te gaan, waarin we onze angsten en emotionele behoeften met elkaar delen. Hoe kan je partner je helpen om deze behoeften tijdens het gebed aan God voor te leggen? Je partner kan je bijvoorbeeld helpen bij het formuleren van je behoefte, of samen met je bidden.

6. Hoe helpt je geloof je bij de verschillende stappen van het vergevingsgesprek? Ben je dankzij je geloof beter in staat om de verantwoordelijkheid op je te nemen als je je partner hebt gekwetst? Helpt je christelijke levensvisie je bij het vergeven van je partner als hij of zij je heeft gekwetst? Zijn er Bijbelteksten die je hier in het bijzonder bij helpen, en zo ja, kun je die met je partner delen?

7. Kun je Hooglied lezen en een aantal tekstfragmenten die jou in relatie tot gezonde seksualiteit en je seksuele verbinding met je partner aanspreken met hem of haar delen?

8. Christelijk stellen kunnen vaak talloze manieren opnoemen waarop hun geloof hen helpt bij het creëren en in stand houden van een liefdevolle band met andere mensen. Ga na welke van de onderstaande voorbeelden voor jou gelden.

- Tim zegt: 'Als ik boos of van streek ben, kan ik de Heer om troost en steun vragen. Daar word ik weer rustig van, en ik kan dan beter rekening houden met de gevoelens van mijn vrouw. Ik ben een betere echtgenoot als ik bij Hem voor steun kan aankloppen.'

- Anne zegt: 'Als ik nijdig ben en bijvoorbeeld naar Sam wil uithalen, word ik tegengehouden door mijn toewijding aan mijn geloof, mijn verlangen om Christus echt te volgen. Het beeld van de Heer en zijn vriendelijkheid en zorgzaamheid herinnert me eraan dat ik ook zo wil zijn, dus probeer ik een andere, vriendelijkere manier.'

- Steve zegt: 'Mijn collega zegt dat je aan je partner moet laten zien wat hij of zij wel en niet kan maken. Dat is misschien wel zo, maar mij is geleerd om anderen te vergeven, dus ook om mijn partner te vergeven en mededogen met haar te hebben. Dat probeer ik dus ook. Ik maak tenslotte ook fouten en heb het gevoel dat de Heer me vergeeft. Ik voel me door God geliefd, wat het gemakkelijker maakt om die liefde aan anderen door te geven.'

- Aimee zegt: 'Ik ben niet getrouwd om alleen maar gelukkig te zijn. Het is een reis voor mij. Mijn huwelijk maakt deel uit van mijn weg naar God, naar de beste christen die ik kan zijn. Dus mijn man en ik hebben met elkaar afgesproken dat we elkaar helpen om te groeien. Daardoor houden we het vol als we vast komen te zitten en elkaar pijn doen.'

- Pat zegt: 'Ons geloof brengt ons bij elkaar. We bidden samen, we dienen God samen en we prijzen de Heer samen, waardoor onze band veel sterker is.'

# De ultieme verbondenheid –
# Liefde als onontdekt gebied

*En heb je van het leven gekregen wat je ervan verwachtte, ondanks alles?*
*Jawel.*
*En wat verwachtte je dan?*
*Mezelf bemind noemen, mezelf bemind voelen op aarde.*
– RAYMOND CARVER

*Ik heb je altijd liefgehad, mijn liefde zal je altijd vergezellen.*
– GOD, JEREMIA 31:3

*'Mensen die werkelijk religieus zijn, zijn ambitieus. Zij willen een betekenis-*
*vol leven leiden (…) te midden van hun pijn innerlijke vrede en sereniteit*
*bewaren (…) op een vrijgevige, ruimhartige manier leven (…) zichzelf*
*transformeren tot een prachtig ritueel vat dat overloopt van de heiligheid die*
*zij in het leven leren zien.'*
– KAREN ARMSTRONG, THE CASE FOR GOD

We moeten hoognodig leren hoe we liefdesbanden moeten koesteren. Een liefdevolle verbondenheid biedt ons een betrouwbare basis
van intimiteit, die ons in staat stelt om het leven aan te kunnen en
een goed leven te hebben. Dat geeft ons leven zin. Voor de meeste
mensen die op hun sterfbed liggen, is de kwaliteit van de band die ze
met hun dierbaren hebben het belangrijkst.

Instinctief weten we dat mensen die de wetten met betrekking
tot hechting echt doorgronden, een beter leven hebben. Niettemin
stimuleert onze cultuur concurrentie in plaats van verbondenheid.
Hoewel we door God zijn geschapen om voortdurend naar verbin-

ding en intieme verbondenheid te streven, blijven we mensen gezond noemen als ze geen andere mensen nodig hebben. Dat is des
te gevaarlijker nu onze gemeenschapszin met de dag zwakker wordt
doordat we voortdurend meer dingen in minder tijd willen doen, en
doordat we steeds meer spullen kopen. Deze verzwakking van onze
gemeenschapszin heeft ook een negatief effect op de tijd die we met
God, de mensen van wie we houden en onze kerkfamilie doorbrengen.

We scheppen een cultuur van individualisme, die op gespannen
voet staat met onze goddelijke natuur. Zoals Thomas Lewis en zijn
collega's het in hun boek *A General Theory of Love* zo goed onder
woorden brengen, weten we allemaal dat als we 'een kind voeden en
kleden, maar het verstoken houden van emotionele verbondenheid,
het zal sterven'. Maar we hebben geleerd om te geloven dat volwassenen anders in elkaar zitten. Hoe is het zover gekomen?

De psychiater Jonathan Shay wijst er in zijn boek over oorlogs-
trauma's, *Odysseus in America*, op dat er 'twee gewichtige universele menselijke eigenschappen' zijn: we worden allemaal geboren als
hulpeloze en afhankelijke wezens, en we zijn sterfelijk en beseffen
dat. De enige gezonde manier waarop christenen met deze kwetsbaarheid kunnen omgaan, is naar God en elkaar uitreiken en door
Hem en elkaar worden gesteund. Dan kunnen we gerustgesteld en
gesterkt de wereld in stappen.

De hechtingstheorie stelt dat onze behoefte aan emotionele verbondenheid met anderen onbetwistbaar is. Duizenden onderzoeken op het gebied van de ontwikkelingspsychologie, waarbij naar
moeders en hun kinderen werd gekeken, maar ook onderzoek naar
binding tussen volwassenen en het moderne neurowetenschappelijk
onderzoek, bevestigen dat we in intieme relaties onvermijdelijk met
elkaar verweven zijn. We zijn geen losse planeetjes die om elkaar
heen draaien.

Deze gezonde afhankelijkheid is de kern van romantische liefde.
De lichamen van geliefden zijn verenigd in een 'neuraal duet'. De een
zendt signalen uit die de hormoonspiegels, de hart- en vaatfuncties,
de bioritmen en zelfs het immuunsysteem van de ander beïnvloe-

den. In een liefdevolle verbondenheid stroomt het 'knuffelhormoon' oxytocine door het lichaam van geliefden en veroorzaakt een vredige vreugde, het gevoel dat alles goed is met de wereld. Ons lichaam is voor deze vorm van verbondenheid geschapen. In Marcus 10:7-8 lezen we: 'Daarom zal een man zijn vader en moeder verlaten en zich hechten aan zijn vrouw, en die twee zullen één worden, ze zijn dan niet langer twee, maar één.'

Zelfs onze persoonlijke identiteit is een soort duet met mensen die het dichtst bij ons staan. Een liefdevolle relatie versterkt ons gevoel van wie we zijn, ons zelfvertrouwen. Je had dit boek niet kunnen lezen als het mij niet was gelukt om af te stemmen op de overtuiging van mijn man dat ik het zou kunnen schrijven. En het feit dat het me is gelukt om aan zijn bemoedigende woorden vast te houden heeft ervoor gezorgd dat ik bleef schrijven en er niet mee ophield. Onze geliefden krijgen een plekje in ons hart en onze gedachten en van daaruit veranderen ze ons leven.

De kwaliteit van de liefde die we ontvangen, geeft richting aan ons leven. Als je de mate van veilige verbondenheid meet die eenjarige peuters met hun moeders hebben als ze in de zogenaamde 'onbekende situatie' worden gebracht (blz. 32), dan kun je voorspellen hoe sociaal vaardig die kinderen zullen zijn als ze op de basisschool zitten en hoe intiem hun vriendschappen tijdens de puberteit zullen zijn, aldus Jeff Simpson van de Universiteit van Minnesota. Een veilige band met mama en de hechtheid van die eerste vriendschappen hebben ook een voorspellende waarde voor de kwaliteit van iemands liefdesrelatie op 25-jarige leeftijd. We zijn de geschiedenis van onze relaties.

## HOE WERKT DE LIEFDE?

Om een duurzame liefdesband te kunnen creëren, moeten we in staat zijn om af te stemmen op onze diepste behoeften en verlangens en die om te zetten in duidelijke signalen waarop onze partner kan reageren. We moeten in staat zijn om liefde te ontvangen en te beantwoorden. En we moeten vooral de oercode van hechting kunnen herkennen en aanvaarden, en niet proberen die weg te wuiven of uit de weg te gaan. In veel liefdesrelaties vormen hechtingsbehoeften en de angst voor hechtingsverlies een verborgen agenda, die wel de gang van zaken bepaalt, maar nooit openlijk wordt erkend. Het wordt tijd dat die agenda wel wordt erkend, zodat we actief vorm kunnen geven aan de liefde waaraan we zo'n grote behoefte hebben.

Om aan de liefde vorm te geven, moeten we zowel emotioneel als fysiek open en ontvankelijk zijn. Uit het onderzoek dat Bill Mason en Sally Mendoza van de Universiteit van Californië met wollige springaapjes uitvoerden, kunnen we afleiden wat liefde precies inhoudt. De wijfjes voeden de jongen, maar verder gedragen ze zich niet moederlijk. Ze verzorgen hun jongen niet en raken ze niet aan. De eigenlijke verzorger is het mannetje, dat tachtig procent van de ouderlijke zorg voor zijn rekening neemt. Het mannetje houdt het jong vast en draagt het met zich mee; het mannetje is emotioneel betrokken bij het jong en is een veilig toevluchtsoord voor zijn kroost. De jonge springaapjes lijken het helemaal niet erg te vinden als de moeder voor een tijdje bij het gezin wordt weggehaald, maar als de vader wordt verwijderd, stijgt het niveau van het stresshormoon cortisol bij de jongen met sprongen.

In mijn spreekkamer vertellen emotioneel afstandelijke partners me soms: 'Ik doe van alles om te laten zien dat ik om mijn vrouw geef. Ik maai het gras, kom met een goed salaris thuis, los problemen op en ga niet vreemd. Waarom lijken al die dingen er uiteindelijk niet toe te doen en is het enige wat voor mijn vrouw telt dat we "niet over emoties en zo praten of knuffelen"?' Ik zeg dan: 'Omdat we nu eenmaal zo in elkaar zitten. We hebben iemand nodig die echt aandacht voor ons heeft, ons stevig vasthoudt, soms heel dicht bij ons komt, emotioneel op ons reageert en ons raakt, iemand die verbinding met ons maakt. Daar is niets mee te vergelijken. Jij hebt dat ook nodig. Of ben je dat vergeten?'

Verbondenheid is heerlijk, en iemand omhelzen geeft je een rustig en voldaan gevoel, of je nu de gevende of de ontvangende persoon bent. De meeste mensen vinden het heerlijk om een baby vast te houden. Het voelt fijn, net zoals het fijn voelt om je geliefde vast te houden.

Maar gaat het alleen maar om hechting en binding? Liefde tussen volwassenen omvat ook seksualiteit en zorg. Hechting is de basis, het fundament waarop al die andere elementen worden gebouwd. Het is overduidelijk dat het een met het ander te maken heeft. Seksualiteit komt het beste tot haar recht als er een veilige verbondenheid is. De moed die een essentieel onderdeel is van erotiek ontwikkel je niet door het oppervlakkig najagen van steeds weer iets nieuws, maar is het gevolg van de vaardigheid om je in het hier en nu voor je partner open te stellen.

Zorg en praktische steun komen vanzelf als we ons nabij en verbonden voelen. 'Als je liefhebt, wil je alles voor de ander doen,' schreef Ernest Hemingway ooit. 'Je wilt offers brengen. Je wilt dienstbaar zijn.' Onderzoek wijst uit dat veilig met elkaar verbonden partners gevoeliger zijn voor elkaars behoefte aan zorg.

Rose en Bill, een studentenstel, maakten over alles ruzie, maar vooral over emotionele verbondenheid en praktische steun aan elkaar. Zelfs aan het einde van hun therapie, nadat ze een aanzienlijke vooruitgang hebben geboekt, krijgen ze ruzie omdat hij het telefoonnummer van de kinderarts niet op zijn mobieltje heeft opgeslagen, hoewel ze hem dat uitdrukkelijk gevraagd had. Als er iets met de baby is, kan ze zijn telefoon dus niet gebruiken om de dokter te bellen. Ze vinden uiteindelijk een manier om het conflict op te lossen. 'Als ik dat nummer niet kan vinden, word ik bang,' zegt Rose tegen Bill. 'Je moet naar me luisteren als ik om zulke dingen vraag.' Bill biedt nu steun. 'Ik zal naar je luisteren,' zegt hij. 'Het is alsof je tegen me zegt: "Sta je wel achter me?" Je moet bij zoiets op me kunnen vertrouwen. En je bent een fantastische moeder voor onze kinderen. Ik heb het nummer op mijn telefoon opgeslagen en ik heb voor jou ook een mobieltje besteld, zodat zoiets niet meer kan voorkomen. Misschien kan ik je ook op andere punten steun geven?'

In een latere sessie zegt Rose tegen Bill dat ze zich niet meer gepikeerd voelt als ze 's avonds voor de kinderen moet zorgen als hij tijd aan zijn studie moet besteden. Als ze het gevoel heeft dat ze een hechtere band hebben, vindt ze het juist fijn om hem koffie te brengen en te horen hoe het met zijn studie gaat.

Als het ons lukt om een veiligere band te creëren, maken we ruimte vrij in onze aandacht zodat we kunnen afstemmen op onze geliefde en hem of haar actief ondersteunen.

In een liefdesrelatie komt alles samen: veilige hechting, seksualiteit en steun. Partners creëren een positieve vicieuze cirkel van intimiteit, ontvankelijkheid, zorg en passie.

In zijn eerste therapeutische sessie kondigde Charlie plechtig aan dat hij een advocaat in de arm had genomen om de scheiding te regelen. Nu, een paar maanden later, zegt hij, terwijl Sharon, zijn vrouw, instemmend en vreugdevol knikt: 'We zijn veel dichter tot elkaar gekomen. Ik geloof niet dat we ooit zo hecht zijn geweest. Ik word gewoon niet meer zo zenuwachtig en jaloers. Ik vertrouw haar. Als ik haar nodig heb om me gerust te stellen, kan ik dat tegen haar zeggen en zij kan ook een beroep op mij doen. In bed zijn we intiemer. De seks gaat veel gemakkelijker. Ik denk dat we allebei voelen dat we elkaar willen en dat we kunnen vragen om wat we willen. Als we zo dicht bij elkaar zijn, vind ik het heerlijk om voor haar te zorgen. Ik help haar graag als ze last van haar rug heeft. Ik heb een klein kruikje voor haar gekocht. En zij helpt mij om te stoppen met roken. Het lijkt wel een totaal nieuwe relatie.'

Maar als je wilt dat de liefde werkt, zul je ook moeten accepteren dat het altijd, ook als het goed gaat, werk-in-uitvoering is. Net als je het voor elkaar denkt te hebben, zul je zien dat een van jullie beiden verandert! De schrijfster Ursula Le Guin wijst ons erop dat de liefde 'niet een stilliggende steen is, maar net als een brood gemáákt moet worden, steeds weer opnieuw, tot een nieuw brood'. De bedoeling van EFT is stellen daar een handleiding voor te geven.

Dertig jaar onderzoek heeft ons geleerd dat we allerlei verschillende soorten stellen hebben geholpen om hun liefde te 'maken': pasgetrouwden en langgehuwden, homo's en hetero's, paren die redelijk gelukkig waren en paren die in grote problemen zaten, conventionele en alternatieve stellen, hoogopgeleiden en mensen die met hun handen werkten, en zwijgzame en uitbundige paren. We hebben gemerkt dat EFT niet alleen helpt bij het helen van relaties, maar ook helende relaties creëert. Mensen met een depressie of angststoornis hebben buitengewoon veel baat bij de steun en verbondenheid die ze ervaren als de relatie liefdevoller wordt.

Als ik alles wat ik van die stellen heb opgestoken zou moeten samenvatten, komt het hierop neer:

- Het is voor ons een absolute noodzaak dat anderen dicht bij ons komen als we daarom vragen en dat ze ons een veilige haven bieden.
- Er bestaat wel degelijk zoiets als emotionele uithongering. Het gevoel emotioneel in de steek gelaten, afgewezen en aan ons lot overgelaten te zijn veroorzaakt fysieke en emotionele pijn en paniek.
- Er zijn maar heel weinig manieren om met onze pijn om te gaan als niet aan onze primaire behoefte aan verbondenheid wordt tegemoetgekomen.
- Liefde beloont ons met emotioneel evenwicht, rust en stralende vreugde. Sentimentele verliefdheid is een poedelprijs.
- In liefde en seks bestaan er geen volmaakte prestaties. Het is heilloos om je door prestaties te laten obsederen. Het gaat om emotionele aanwezigheid.
- Relaties volgen niet eenvoudigweg het patroon van oorzaak en gevolg. Er zijn geen rechte lijnen, alleen maar cirkels die partners samen creëren. We slepen elkaar mee in patronen van verbinding en verlies van verbinding.
- Emoties vertellen ons precies wat we nodig hebben, mits we ernaar kunnen luisteren en ons erdoor laten leiden.
- We drukken allemaal weleens op het noodalarm. We verliezen ons evenwicht en vervallen tot angstig claimgedrag of tot gevoelloosheid en vermijdingsgedrag. Het geheim is dat we niet in die houding moeten volharden, want dan is het voor onze geliefde te moeilijk om dichter bij ons te komen.
- Sleutelmomenten waarin een emotionele band tot stand komt, als de een de hand uitsteekt naar de ander en de ander daarvoor ont-

vankelijk is, vragen om moed, maar het zijn magische en transformerende momenten.

- Het vergeven van kwetsuren is essentieel, maar kan slechts plaats-
vinden wanneer partners hun eigen pijn kunnen duiden en weten
dat hun geliefde daarvoor openstaat en de pijn meevoelt.
- Blijvende hartstocht is heel goed mogelijk in een liefdesrelatie.
Het grillige vuur van verliefdheid is slechts de ouverture; een liefdevolle band met wederzijdse afstemming is de symfonie.
- Verwaarlozing is dodelijk voor de liefde. Liefde vereist aandacht.
Als je je eigen hechtingsbehoeften kent en je ontvankelijk openstelt voor die van je geliefde, kun je samen een band creëren 'tot
de dood ons scheidt'.
- Alle clichés over de liefde – als mensen zich geliefd voelen zijn
ze vrijer, vitaler en sterker – zijn gewoon waar, meer dan we ooit
hadden kunnen denken.

En ook al weet ik dat allemaal, ik moet die lessen steeds opnieuw
leren als ik de verbinding met een dierbare verlies. Dan sta ik in die
ene nanoseconde weer voor de keuze: verwijten maken, de controle
over de ander proberen te krijgen, wegwuiven, wraak nemen, me afsluiten en de ander buitensluiten, of diep ademhalen en afstemmen
op mijn eigen emoties en die van mijn geliefde, risico's nemen, de
hand uitsteken, vertrouwen, vasthouden.

Door mijn werk met christelijke stellen heb ik ook geleerd dat het
christelijke geloof en een liefdevolle band met anderen samenkomen
tot een heilige cirkel waarin het geloof vorm geeft aan de liefde voor
een ander. En de liefde voor een dierbare versterkt het geloof. Van
deze stellen heb ik deze specifieke dingen geleerd:

- Als we een veilige band met God hebben, maken we ons minder
druk over de vraag wie de controle heeft. Flexibiliteit heeft dan
de overhand. Beide partners kunnen de leiding nemen, maar ook
volgen, doordat God aan het roer staat.

- Partners die God als 'de trooster' zien en bij Hem een veilige plek vinden, zijn beter in staat om op een open en kwetsbare manier met hun partner om te gaan.
- Als we onze kwetsbaarheid aan onze partner laten zien, is het gemakkelijker om ons met een open hart tot God te wenden.
- Het besef dat we in de ogen van God waardevol zijn, neemt onze schaamte weg, zodat we meer van onszelf aan onze dierbaren kunnen laten zien.
- Rituelen, zoals samen bidden en andere dagelijkse vormen van toewijding aan God, brengen partners dichter bij elkaar doordat de spirituele en emotionele intimiteit tussen beiden wordt versterkt.
- Het gevoel dat we een verbinding met een liefhebbende God hebben, brengt ons tot rust. Bovendien helpt het ons bij het afstemmen op de wereld van onze partner zodat we met meer compassie en gevoel op zijn of haar behoeften kunnen reageren.
- Momenten die de band met een geliefde versterken, lijken ons geloof in de goedheid van de schepping en de Schepper te versterken.

## Een wijdere kring

Als geliefden een sterke en veilige band hebben, verrijkt dat niet alleen hun onderlinge verbondenheid. Liefdevolle ontvankelijkheid plant zich in een golfpatroon voort, zoals wanneer je een steen in een vijver gooit en er golfjes ontstaan. Een liefdevolle relatie versterkt onze zorgzaamheid voor en medeleven met anderen, in ons gezin, onze kerk, en in onze leefgemeenschap. Liefdevolle relaties staan model voor dienstbaarheid aan anderen, die altijd bij het christelijke geloof heeft gehoord en waarvan Christus zelf het voorbeeld gaf.

Toen zij pas met haar hechtingsonderzoek bezig was, merkte Mary Ainsworth dat kinderen die zich veilig voelen bij hun moeder al vanaf hun derde jaar meer empathie tegenover anderen aan de dag leggen. Als we ons geen zorgen hoeven te maken over onze veiligheid bij onze dierbaren, kunnen we uiteraard meer energie aan anderen besteden. We kijken dan positiever naar anderen en zijn meer bereid om emotioneel bij hen betrokken te raken. Als we ons bemind en veilig voelen, zijn wij vriendelijkere en tolerantere mensen.

De psychologen Phil Shaver en Mario Mikulincer hebben met hun onderzoek aangetoond dat vijandigheid tegenover mensen die anders zijn dan jij direct afneemt – al is het misschien tijdelijk – als je even rustig terugdenkt aan een situatie waarin iemand om je gaf. Voor christenen is dit echter geen nieuws. Anthony Storey, een katholieke priester en een van mijn mentoren over wie ik in de inleiding sprak, herinnerde me er altijd aan dat het mediteren op religieuze beelden of uitdrukkingen niet slechts een religieus ritueel was, maar ook een manier om ons met het beste aspect van onszelf te verbinden, het aspect dat van nature in anderen gelooft en met het beste in hen resoneert.

## Liefde tussen geliefden, liefde in het gezin

We weten al tientallen jaren dat een gelukkig gezin begint met een gelukkige relatie tussen partners. Als we gestrest zijn en voortdurend met onze partner ruziemaken, werkt dat door in de relatie met onze kinderen. Het is duidelijk dat een conflict tussen ouders slecht is voor de kinderen. Als wij gefrustreerd en bang zijn, heeft de manier waarop we onze kinderen gehoorzaamheid bijbrengen daaronder te lijden. We worden meestal strenger en minder consequent. Het gaat echter niet alleen om gehoorzaamheid. Als we in een ongelukkige relatie zitten, zijn we vaak emotioneel uit balans en vinden we het moeilijker om ons open te stellen voor onze kinderen en om echt op hen af te stemmen. Omdat we er emotioneel niet voor hen zijn, komen ze zorg en leiding tekort.

Alice zegt: 'Ik word een prikkelbaar en ongevoelig mens. Ik word zo moe van de situatie waarin Frank en ik zitten, dat ik gewoon geen energie meer voor de kinderen heb. Toen de jongste begon te huilen omdat hij bang was om naar school te gaan, ging ik tegen hem schreeuwen. Daar schaam ik me diep voor. Ik ben een feeks gewor-

290

den en Frank houdt iedereen op afstand. We moeten hieruit zien te komen, voor ons allemaal.'

Heftige conflicten in een huwelijk zorgen vaak voor emotionele moeilijkheden en gedragsproblemen bij kinderen, waaronder depressie. Maar ruzie is niet de enige factor die een effect op kinderen heeft. Als partners emotioneel afstand van elkaar nemen, leidt dat vaak ook tot afstandelijkheid tegenover de kinderen. Psychologe Melissa Sturge-Apple van de Universiteit van Rochester zegt dat dat met name geldt voor vaders en hun kinderen. Haar onderzoek wijst uit dat mannen die zich terugtrekken van hun vrouw vaak ook niet meer beschikbaar zijn voor hun kinderen.

Anderzijds, als we ons veilig gehecht voelen met onze partner, vinden we het meestal makkelijker om goede ouders te zijn en om onze kinderen een veilig toevluchtsoord en een veilige basis te bieden. Dan leren onze kinderen hoe ze op een positieve manier met hun emoties kunnen omgaan en zich met anderen kunnen verbinden. Legio onderzoeken wijzen uit dat veilig gehechte kinderen gelukkiger, sociaal vaardiger en bij stress veerkrachtiger zijn. Een van de beste dingen die je voor je kind kunt doen, zo hoor je weleens, is een liefdevolle relatie met je partner opbouwen. Dat is dus geen sentimentele gedachte, maar een wetenschappelijk aangetoond feit.

Therapeuten vertellen ons al jaren dat als we echt goede ouders willen zijn, we ofwel een veilige en liefdevolle jeugd moeten hebben gehad, ofwel therapie om met een minder liefdevolle jeugd te leren omgaan. In mijn ervaring kan werken aan een beter huwelijk ons ook tot betere ouders maken, zelfs als we een jeugd hebben gehad met allerlei emotionele problemen en zonder ooit een therapeut te hebben gezien. Deborah Cohn, psychologe aan de Universiteit van Virginia, is het daarmee eens. Ze heeft vastgesteld dat moeders die op het gebied van nabijheid bang en onzeker zijn, toch in staat zijn om positief en liefdevol met hun kinderen om te gaan als ze met een ontvankelijke man getrouwd zijn met wie ze een veilige band hebben. Als we onze liefde voor elkaar op een goede manier tot uitdrukking brengen, helpen we elkaar om goede ouders te zijn.

Als je in je relatie veilig met je partner verbonden bent, kun je die kwaliteit niet alleen meegeven aan je kind, maar ook aan de toekomstige partner van je kind. Psycholoog Rand Conger van de Iowa State University en zijn collega's hebben 193 gezinnen met kinderen in de puberteit vier jaar lang gevolgd. Ze stelden vast dat ze uit de mate van warmte en steun die de ouders voor elkaar aan de dag legden en de kwaliteit van hun opvoeding konden voorspellen hoe de kinderen vijf jaar later met hun liefdespartner zouden omgaan. De kinderen van warmere ouders die elkaar meer steunden, waren warmer voor hun partners, boden hun meer steun en waren gelukkiger in hun relatie. Als we onze liefde voor onze partner op een goede manier tot uitdrukking brengen, geven we onze kinderen en hun partners een blauwdruk voor een liefdevolle relatie mee.

Betere relaties tussen liefdespartners zijn niet alleen een kwestie van persoonlijke voorkeur, ze zijn een sociaal goed. Betere liefdesrelaties hebben betere gezinnen tot gevolg. En betere, liefdevollere gezinnen leiden tot betere, ontvankelijkere leefgemeenschappen.

## De samenleving

Liefdevolle gezinnen vormen de basis van een menselijke samenleving. De dichter Roberto Sosa verwoordt het als volgt: 'Gezegend zijn de geliefden, want zij bezitten de zandkorrel die het middelpunt van de zeeën ondersteunt.' De betrokkenheid bij en ontvankelijkheid voor elkaar worden steeds breder en omvatten niet alleen onze naaste geliefden of de gezinnen die zij gaan stichten. Ze dragen ook bij aan de totstandkoming van steeds meer liefdevolle gemeenschappen en uiteindelijk een liefdevollere wereld. De grote opdracht die we in Matteüs 28:16-20 tegenkomen, waar Jezus tegen zijn volgelingen zegt dat ze het Woord de wereld in moeten brengen, gaat niet alleen over het verspreiden van een aantal geloofsovertuigingen, maar ook over het verspreiden van de essentie van het christendom, namelijk dat God de wereld zo sterk liefhad dat Hij zijn Zoon aan de mensheid heeft geschonken om ons te leren dat we van elkaar moeten houden (Johannes 3:16).

Het is belangrijk dat we onze hunkering naar liefde en de manier waarop liefde werkt begrijpen. Alleen dan kunnen we een wereld creëren waarin die hunkering beantwoord wordt en waarin het beste in ons naar boven komt en tot uitdrukking wordt gebracht. Ieder mens verlangt naar verbinding met anderen. Het ligt in onze aard om een intieme band met enkele dierbaren aan te gaan, maar als we de lessen van het met elkaar verbonden zijn eenmaal hebben geleerd, gaan we ook een intieme band met anderen aan, zoals onze vrienden, collega's, gelijkgestemden en onze geloofsgemeenschap. Als we op ons best zijn, bieden we steun en zorg aan anderen omdat we erkennen dat ze net als wij kwetsbare mensen zijn. We genieten zelfs van de broederschap die ons uit ons kleine wereldje haalt en ervoor zorgt dat we van het grotere geheel deel uitmaken.

Ik ben na de Tweede Wereldoorlog opgegroeid in een klein, niet bepaald welvarend Brits stadje, waar een tastbaar besef heerste van het feit dat we allemaal moesten samenwerken om te overleven. Iedereen kwam naar de pub: de geestelijke, de commandeur, de krantenverkoper, de rechter, de dokter, de kantoorbediende, de huisvrouw en de hoer. Oudere stadsgenoten zaten de hele avond in een hoekje te kaarten en over politiek te praten. Zwervers die van stad naar stad trokken, kregen onderdak, een biertje en een groot bord gebakken eieren met spek van mijn moeder voordat ze weer verder gingen. Soldaten die overweldigd door hun oorlogsherinneringen instortten, werden meegenomen naar een achterkamer, omarmd en getroost. Rouwenden kregen een omhelzing, een whisky en soms een opbeurend liedje op de ontstemde piano, met dank aan mijn grootmoeder. Natuurlijk kwamen er ook ruzies en meningsverschillen voor, en vooroordelen en wreedheid. Maar uiteindelijk was er het gevoel dat we het samen moesten doen. We wisten dat we elkaar nodig hadden. En er waren altijd wel een paar mensen die medeleven aan anderen konden tonen.

Het is interessant om te beseffen dat ik nog steeds naar dit soort gemeenschapszin verlang. Volgens mij wilde Christus zijn kerk zo laten zijn, dus een plek waar iedereen wordt verwelkomd en geaccepteerd, waar het niet erg is dat je dingen nodig hebt en anderen je nodig hebben, en waar uniciteit in plaats van uniformiteit wordt gewaardeerd. Gemeenschappen en huisgroepen van kerkleden zijn een manier om dit soort relaties met elkaar te creëren.

Dichters en profeten houden ons al eeuwenlang voor dat we er beter aan toe zouden zijn als we meer van elkaar hielden en dat we dat dan ook moeten doen. Meestal heeft die boodschap de vorm van een verzameling morele regels en abstracte ideeën. Het probleem is dat dit niet zo veel invloed schijnt te hebben, tenzij we ook emotioneel worden geraakt, dat wil zeggen: tenzij we een persoonlijke verbinding met een liefdevolle God en een ander mens hebben. Dan kunnen we op de pijn en het verdriet van die persoon afstemmen alsof ze van onszelf zijn.

Net als veel andere mensen geef ik wat geld aan hulpfondsen voor slachtoffers van aardbevingen en andere rampen, maar het is moeilijk om ontvankelijk te zijn voor grote, overweldigende problemen of voor anonieme massa's. Voor mij is het makkelijker en veel bevredigender om elke maand wat meer geld te geven aan de gezinnen van twee kleine meisjes in India die deelnemen aan het Foster Parents Plan van de internationale hulporganisatie Plan Canada. Ik heb foto's van ze. Ik weet hoe ze heten en ken de naam van hun dorpjes. Ik weet dat de ene familie nu een geit heeft en dat de andere voor het eerst schoon water heeft. Het is een van mijn dromen om ze te bezoeken. Ik voel een band met de moeders die met een gelaten blik naast de kinderen staan op de foto's die om de paar maanden opgestuurd worden. De moderne technologie maakt die verbindingen mogelijk en zorgt ervoor dat iemand zoals ik, aan de andere kant van de wereld, een connectie met hen tot stand kan brengen en om hen kan geven. Veel mensen kennen zo'n connectie door middel van bepaalde groepen, zoals Compassion International, World Vision en andere non-profit missieorganisaties.

Tien jaar geleden is in een klein, schilderachtig dorpje met oude houten huizen, aan een prachtige rivier in de heuvels buiten Ottawa, een organisatie ontstaan, de Wakefield Grannies. Het begon allemaal toen Rose Letwaba, een Zuid-Afrikaanse verpleegster, op een zondagochtend in de kerk bij de rivier een praatje hield. Ze vertelde over de grootmoeders in een sloppenwijk van Johannesburg, die hun kleinkinderen opvoeden, allemaal aidswezen. Ze leven in een dusdanig schrijnende armoede dat de tandenborstels van de kinderen achter slot en grendel worden bewaard, zo kostbaar zijn ze. Een tiental grootmoeders in Wakefield sloeg de handen ineen, namen ieder contact op met één Zuid-Afrikaanse grootmoeder en begonnen dat gezin financieel te steunen. Er zijn nu 150 grootmoeders-voor-grootmoedersgroepen in Canada en de Verenigde Staten.

Een grote, niet aan een kerkgenootschap gebonden gemeente in Nashville in de staat Tennessee heeft een kleine, arme gemeenschap uit de Appalachen geadopteerd. Al meer dan tien jaar bezoeken groepen van vijfenzeventig tot honderd kerkgangers deze gemeenschap twee of drie keer per jaar, afhankelijk van hun relatie met de mensen daar. Ze bieden de hulp die kenmerkend is voor religieuze instanties, zoals schoolspullen, medische en tandheelkundige hulp en cadeautjes en voedsel met kerst. Maar wat hen van anderen onderscheidt, is het feit dat ze de mensen echt willen leren kennen en hun levensreis samen met hen maken. In de lente gaan er dansjurken, haarstylisten en manicuren naartoe, zodat alle tienermeisjes kunnen deelnemen aan een bijzonder evenement dat ze normaal gesproken niet meemaken. Toen de kerkleden hoorden dat er een vrouw was die zich al in een vergevorderd stadium van kanker bevond en wilde trouwen, kochten ze een prachtige jurk, schoenen en juwelen voor haar trouwdag. Hier is geen sprake van verborgen agenda's, maar van een groep mensen die simpelweg de liefde van Christus aan anderen doorgeven.

Deze verhalen geven me de hoop dat we over liefde kunnen leren, en dat we de liefde met onze partner en kinderen kunnen koesteren, om vervolgens met de empathie en de moed die ons dat geeft een manier te vinden om liefde uit te dragen naar de wereld om ons heen en daar voor verandering te zorgen. Schrijfster Judith Campbell adviseert: 'Als je hart spreekt, maak dan zorgvuldig aantekeningen.' Deze verhalen begonnen met mensen die zich openstelden en uit de grond van hun hart op de benarde situatie van anderen reageerden. Ze getuigen van de kracht van emotionele ontvankelijkheid en persoonlijke verbondenheid waarmee we een betere wereld kunnen creëren.

In mijn beleving is het zo dat we, als we als soort op deze kwetsbare blauw-met-groene planeet niet alleen willen overleven maar ook goed willen gedijen, de illusie van afgescheidenheid moeten loslaten. We zullen ons op onze behoefte aan een veilige verbinding met anderen moeten richten. We moeten leren hoe we vorm moeten geven aan de constructieve afhankelijkheid die ons niet alleen een emotioneel thuis biedt, maar ook de belofte van een veilige wereld waarin we met elkaar kunnen samenwerken. De wijsheden in onze eigen ziel, in de Bijbel en in de wetenschap worden nu gebundeld om ons de weg te wijzen. We zijn geschapen om ons met elkaar te verbinden. Christenen hebben dit altijd al geweten. De Bijbel is in essentie grotendeels een liefdesverhaal. Dat verhaal gaat over het herstel van een liefdevolle verbinding met God. Eindelijk vinden we een weg om een veilige en blijvende liefdesband met een levenspartner te creëren. Christenen hebben ook altijd geweten dat we *homo vinculum* zijn – hij die zich verbindt – en dat dit ons alleen maar sterker maakt. In Johannes 15:9-17 is dit het kostbaarste en relevantste gebod: 'Mijn gebod is dat jullie elkaar liefhebben zoals ik jullie heb liefgehad.'

# Dankbetuigingen

In de eerste plaats wil ik alle stellen met wie ik de afgelopen 35 jaar heb mogen samenwerken bedanken. Jullie hebben me gefascineerd, geboeid en wijzer gemaakt. In het drama van afstand en nabijheid, waardoor relatietherapie nu eenmaal wordt gekenmerkt, heb ik met jullie verkend wat het betekent om lief te hebben, om zielsverdrietig te zijn en om een weg te vinden naar een diepe en verkwikkende verbondenheid.

Ten tweede wil ik graag mijn lieve collega's bij het Ottawa Couple and Family Institute en het International Center for Excellence in Emotionally Focused Therapy bedanken, en dan met name dr. Alison Lee en Gail Palmer. Zonder hen zouden het Instituut en het Centrum niet bestaan; met hen heb ik een professionele familie kunnen vormen.

Ik bedank al mijn geweldige doctoraalstudenten aan de psychologiefaculteit van de Universiteit van Ottawa, die zich vol overgave hebben gestort op het onderzoek naar de effecten en de veranderingsprocessen van relatietherapie. Dat hebben ze met een hartstocht en een toewijding gedaan die minstens zo groot waren als die van mij. Ze hebben samen met mij duizenden video-opnamen van therapeutische sessies bestudeerd.

Dank aan mijn collega's van de psychologiefaculteit van de Universiteit van Ottawa, die met me hebben samengewerkt en me hebben gesteund, vooral dr. Valerie Whiffen. Ook aan de collega's die samen met mij EFT onderwijzen, in het bijzonder de bijna vijftig leden van de trainersgroepen van het International Center for Excellence in Emotionally Focused Therapy (ICEEFT).

Een speciaal woord van dank voor mijn collega's in de sociale psychologie, in het bijzonder voor dr. Phil Shaver, dr. Mario Mikulincer en anderen die als eersten de hechtingstheorie hebben toegepast op relaties tussen volwassenen en die een dwaze therapeute in hun midden hebben geduld. Gedurende de afgelopen twintig jaar hebben ze een ware explosie van onderzoeksverslagen geproduceerd die boordevol rijke inzichten zitten, kennis waarvan ik gebruik heb gemaakt in mijn sessies met stellen en waarmee ik het leven van mensen heb kunnen veranderen. Ook dank aan mijn dierbare collega John Gottman voor alle discussies en de fantastische waardering en aanmoediging die hij me in de loop der jaren heeft gegeven.

Graag dank ik Tracy Behar, mijn uitgeefster bij Little, Brown and Company voor haar niet-aflatende enthousiasme en haar buitensporige vertrouwen in mij en dit project; mijn agente, Miriam Altshuler, voor haar geweldige professionaliteit en haar kundige begeleiding; de freelance uitgeefster Anastasia Toufexis, die concepten van het boek heeft doorgeploegd en de lezer de moeite heeft bespaard om hetzelfde te moeten doen; en mijn fantastische, consciëntieuze assistente Jackie Evans. Ik wil ook graag mijn fantastische partner en collega met betrekking tot deze christelijke editie van *Houd me vast* bedanken, Kenny Sanderfer, voor het feit dat hij me heeft geïnspireerd om weer naar mijn christelijke wortels terug te gaan. Hij heeft me op zeer correcte wijze laten zien hoe de geloofsgemeenschap in het algemeen is veranderd sinds de tijd waarin de nonnen van St. Joseph mij de catechismus hebben onderwezen. Hij heeft er ook voor gezorgd dat ik me weer heb verbonden met de geest van de lofliederen die me zo raakten toen ik in de kleine Normandische kathedraal in het Engelse Rochester in het koor zong. Zonder zijn steun en wijze bijdragen zou dit boek nooit het licht hebben gezien.

Ik moet beslist mijn drie kinderen, Tim, Emma en Sarah, bedanken voor het verdragen van mijn obsessie met dit boek en mijn wens om er een versie van te schrijven die voor de christelijke gemeenschap geschikt is. Ik heb ook veel waardering voor al mijn vrienden in Ottawa, in de Verenigde Staten van Amerika en andere delen van de wereld, die in mij blijven geloven en mijn missie blijven steunen, namelijk om liefdevolle relaties voor iedereen mogelijk te maken. Ik heb het geluk gehad dat ik precies heb kunnen ontdekken waarvoor ik, als onderzoekster, docente, schrijfster en therapeute was voorbestemd, maar ik heb natuurlijk het meeste in mijn eigen gezin over liefde en relaties geleerd. En zoals altijd ben ik het meest dankbaar voor mijn fantastische partner John Palmer Douglas, mijn veilige haven, mijn veilige basis en mijn inspiratie.

Sue Johnson

Mijn bijzondere dank gaat uit naar de fantastische teams en mensen die mijn bijdrage aan dit boek mogelijk hebben gemaakt: Trevecca Nazarene University, dr. Don Harvey, Robin Gould, D.R.E., LMFT, Christie Eastman, Pete Wilson, predikant en vriend, alle stellen die aan het onderzoek met kleine groepen hebben meegewerkt, de EFT-gemeenschap in Kentucky/Tennessee, en de EFT-trainers van het ICEEFT.

Mijn bijzondere dank gaat ook uit naar Robin Pippin, die me heeft aangemoedigd, van advies heeft voorzien en nuttige redactionele bijdragen heeft geleverd, en naar de geloofsgemeenschap waarvan ik deel uitmaak en die me met haar aanmoedigingen en gebeden heeft gesteund.

Kenny Sanderfer

# Begrippenlijst

**Amygdala** Een amandelvormig gebied in de middenhersenen, dat wordt geassocieerd met snelle emotionele responsen, met name bij de verwerking van angst. Hij lijkt een cruciale functie te vervullen bij vecht-of-vluchtreacties. Als je opzij springt om een plotseling op je af komende auto te ontwijken, heeft je amygdala je leven gered.

**Contacttroost** Harry Harlow gebruikte deze term om de reactie aan te duiden van babyaapjes op fysiek contact met een 'moeder' die van zachte doeken was gemaakt. Volgens hem is contacttroost essentieel voor kinderen om op momenten van stress en angst tot rust te kunnen komen. In zijn onderzoek zochten de aapjes eerder contacttroost dan voedsel. Hij concludeerde daaruit dat contacttroost bij primaten een primaire behoefte is.

**Cortisol** Een belangrijk stresshormoon dat door de bijnieren wordt geproduceerd en dat het lichaam, vooral de amygdala, in staat van paraatheid brengt om het hoofd te bieden aan noodsituaties. Vijandige en kritische reacties van anderen leiden tot een sterke verhoging van het cortisolgehalte. Als cortisol voortdurend of in te grote hoeveelheden wordt aangemaakt, kan het hormoon schade aan het lichaam toebrengen, vooral aan het hart en het immuunsysteem. Er zijn ook aanwijzingen dat cortisol neuronen in de hippocampus kan beschadigen, waarbij het geheugen en het leervermogen worden aangetast, wat tot overmatige generalisatie van angstprikkels kan leiden. We weten bijvoorbeeld dat donkere straten 's avonds laat gevaarlijk kunnen zijn, maar als we langdurig onder spanning staan, kunnen we gaan denken dat alle straten ook vroeg in de avond gevaarlijk zijn.

**Duivelse dialogen** De drie interactiepatronen die tot vicieuze cirkels leiden en een veilige verbinding steeds moeilijker maken. Deze patronen zijn: 'zoek de boef', oftewel elkaar de schuld geven en bekritiseren; de 'protestpolka', waarbij de ene persoon protesteert tegen het gebrek aan emotionele verbinding en de ander zich verdedigt en terugtrekt (de polka wordt ook wel 'eisen-terugtrekken' genoemd); en 'verstijf en vlucht', waarbij beide partners zich uit zelfbescherming terugtrekken.

**Effectieve afhankelijkheid** Een positieve toestand van veilige hechting, die ons in staat stelt om ons af te stemmen op onze behoefte aan anderen en om succesvol om steun en troost te vragen. Deze toestand bevordert onze verbondenheid met anderen en helpt ons bij het omgaan met stress, en ook bij het verkennen van de wereld en het omgaan met wat er in de wereld om ons heen gebeurt.

**Emotie** Komt van het Latijnse *emovere*, bewegen. Emotie is een fysiologisch proces dat ons op belangrijke signalen in onze omgeving wijst en ons op handelen voorbereidt. Een emotie kan het beste worden opgevat als een proces. Dit proces bestaat uit een zeer snelle waarneming van iets wat belangrijk voor ons is, gevolgd door een lichamelijke reactie, een poging om het signaal te duiden, en een handeling. Doordat emoties meestal merkbaar zijn aan de stem en gelaatsuitdrukking, zenden ze op hun beurt weer snelle signalen naar andere mensen. In dit boek wordt met 'emoties' en 'gevoelens' hetzelfde bedoeld.

**Gesprek** In dit boek is dit een bewuste poging van partners om zodanig met elkaar te praten dat ze meer inzicht in hun relatie krijgen. De zeven transformerende gesprekken of stappen maken duidelijk hóé partners met elkaar communiceren, en dus niet alleen *waarover* zij praten.

**Handvatten** Beelden, woorden of uitdrukkingen die je diepste gevoelens en kwetsbaarheden weergeven. Als we onze handvatten eenmaal hebben gevonden, kunnen we ze gebruiken om de deur te openen en onze innerlijke wereld te verkennen.

**Hechtingsfiguur** Een persoon van wie we houden of aan wie we emotioneel gehecht zijn en die we zien als een potentiële veilige haven en iemand die ons kan troosten. Meestal gaat het om een ouder, broer of zus, romantische partner of goede vriend of vriendin. God kan ook een hechtingsfiguur zijn.

**Hechtingskwetsuur** Het gevoel dat je op een kritiek moment van kwetsbaarheid verraden en/of in de steek gelaten bent. Als er geen aandacht aan wordt besteed en de kwetsuur niet geneest, kan deze het vertrouwen en de band tussen partners ondermijnen en spanning en onveiligheid in de relatie aanwakkeren.

**Hechtingsprotest** Een reactie op wat je als scheiding van een hechtingsfiguur ervaart. Dit is vaak de eerste reactie op het verbreken van de emotionele en fysieke band met deze figuur. Het protest is bedoeld om de hechtingsfiguur duidelijk te maken dat je lijdt en om een reactie van hem of haar te krijgen. Het wordt gekenmerkt door boosheid en angst.

**Hechtingssignaal** Een signaal – vanuit je eigen gevoel, van een dierbare of voortkomend uit een bepaalde situatie – dat ons hechtingssysteem, onze op hechting gerichte emoties of ons gevoel dat we anderen nodig hebben activeert. Een plotselinge twijfel of onze partner wel om ons geeft, een afwijzende opmerking van onze partner of een bedreigende situatie zorgt ervoor dat we nagaan in hoeverre hij of zij toegankelijk en ontvankelijk voor ons is.

**Oerpaniek** Een gevoel dat vaak wordt opgeroepen door scheiding van een persoon met wie we een sterke hechting hebben. Die paniek beweegt ons ertoe om de aandacht van deze dierbare te vragen, naar hem of haar uit te reiken en de verbinding met hem of haar te herstellen. Jaak Panksepp, een deskundige op het gebied van emoties, heeft deze term bedacht, en ziet oerpaniek als een apart angstsysteem in de hersenen, dat met name bij zoogdieren tot ontwikkeling is gekomen. Hij noemt het een 'oeroude neurale code' die ons brein ertoe aanzet om bij een scheiding stresshormonen zoals cortisol aan te maken en om het kalmerende hormoon oxytocine te produceren als we weer een hechte band met een dierbare hebben.

**Onbekende situatie** Het bekende en invloedrijke experiment dat door Mary Ainsworth en John Bowlby is bedacht om hechting tussen moeders en peuters te onderzoeken. Hierbij wordt het kind in een onbekende omgeving van zijn moeder gescheiden, waarbij de kans groot is dat het kind zich onzeker en angstig voelt. Vervolgens wordt gekeken naar de emotionele reactie van het kind als zijn moeder weer terugkomt.

**Ongedifferentieerd** Een concept dat binnen de gezinstherapie wordt gebruikt om aan te geven dat iemand geen onderscheid kan maken tussen gevoelens en rationele gedachten, en in relaties reactief is in plaats van dat hij of zij zelf sturing aan zijn of haar keuzes geeft. Dit impliceert dat deze persoon voor zijn of haar gevoel van eigenwaarde te sterk van anderen afhankelijk is. Als een therapeut ervan overtuigd is dat een gebrek aan differentiatie het probleem in een moeilijke relatie is, helpt hij of zij de partners om duidelijke grenzen aan elkaar aan te geven en waar mogelijk voor zichzelf te beslissen.

**Onrijp** Een term die wordt gebruikt voor iemand die het disfunctionele gedrag van een dierbare in de hand werkt, ook al gebeurt dit vaak onbewust. De partner van een alcoholist, die graag wil dat haar man stopt met drinken maar hem daar niet mee confronteert, is hier een voorbeeld van. Dit betekent dus dat deze persoon te afhankelijk van de relatie is om de confrontatie met de alcoholist te durven aangaan.

**Oxytocine** De neurotransmitter die het meest wordt geassocieerd met de band tussen een moeder en haar kinderen en tussen seksuele partners. Oxytocine wordt aangemaakt in de hypothalamus en komt alleen bij zoogdieren voor. Oxytocine speelt een belangrijke rol bij het zogen (bevordert de melkafscheiding), het baren (stimuleert de contractie van de baarmoeder) en het orgasme. Oxytocine schijnt ook intiem contact en vergelijkbaar gedrag te bevorderen tegenover mensen met wie we een hechte band hebben, en meer in het algemeen bevordert deze neurotransmitter een positieve houding in het sociale verkeer. Hoe hoger ons oxytocineniveau, hoe meer we anderen willen benaderen en bij hen betrokken raken. Oxytocine schijnt agressief en defensief gedrag af te remmen, evenals de aanmaak van stresshormonen zoals cortisol. Oxytocine wordt afgescheiden bij huidcontact en emotionele warmte.

**Resonantie** Een term uit de natuurkunde, die duidt op een gelijke trilling tussen twee elementen, die ertoe leidt dat ze van het ene op het andere moment signalen synchroniseren en hun snelheid en trilling op elkaar afstemmen. Dit leidt tot een verlengde respons. In relaties resoneren we met elkaar als we fysiologisch op elkaar zijn afgestemd. Dan zitten we op dezelfde golflengte, zodat we de ervaring van de ander letterlijk met hem of haar delen. Deze resonantie veroorzaakt een golf van emotie in een mensenmassa, bijvoorbeeld tijdens een bruiloft als de huwelijksgeloften zijn afgelegd en het gelukkige paar de zaal verlaat, of tijdens de begrafenis van soldaten als de hoornblazer het laatste afscheid ten gehore brengt.

**Spiegelneuronen** Zenuwcellen die worden geactiveerd in resonantie met zenuwcellen van de persoon naar wiens handelingen we kijken. Deze zenuwcellen bevinden zich in hetzelfde hersengebied als het hersengebied dat bij de andere persoon actief is. Dit schijnt de fysiologische basis te zijn voor ons imitatievermogen, het vermogen om 'deel te nemen aan' de handelingen van iemand anders. Deze neuronen maken het gemakkelijker voor ons om ons in andermans gevoelens te verplaatsen. Zo begrijpen we beter wat anderen denken en resoneren we met hun geestelijke staat. Wetenschappers denken dat mensen empathischer zijn naarmate iemands spiegelneuronensysteem actiever is.

**Symbiose** Binnen de psychologische theorie is dit een toestand waarin een persoon mentaal en emotioneel met een andere persoon is 'samengesmolten'. Oorspronkelijk dacht men bijvoorbeeld dat een baby zichzelf ervoer als onderdeel van het lichaam van de moeder. Opgroeien werd voornamelijk gezien als een proces waarbij het kind zich steeds meer van de moeder losmaakt en steeds autonomer wordt. Het onvermogen om zich van de moeder los te maken zou tot psychische problemen kunnen leiden. Schizofrenie werd ooit gezien als het gevolg van een symbiotische samensmelting, meestal met de moeder. Dit idee komt voort uit de zienswijze dat 'afhankelijkheid en nabijheid gevaarlijk voor de geestelijke gezondheid zijn'. Recentere theorieën trekken de validiteit van dit concept in twijfel.

**Synchronie** Een staat van wederzijdse emotionele afstemming en ontvankelijkheid.

**T.O.B.** Een acroniem voor een gesprek waarin op een positieve manier wordt ingegaan op de vraag 'ben je er voor mij?' Volgens de hechtingstheorie en het hechtingsonderzoek worden veilige gesprekken tussen liefdespartners gekenmerkt door emotionele toegankelijkheid (ben je bereikbaar voor mij, heb je aandacht voor mij?), ontvankelijkheid (kan ik erop vertrouwen dat je voor me openstaat en mijn gevoelens belangrijk vindt?) en betrokkenheid (waardeer je mij, zet je mij op de eerste plaats en blijf je dicht bij mij?).

**Twee V's** Een term die wordt gebruikt om te verwijzen naar twee universele gevoeligheden of pijnplekken binnen relaties, namelijk het gevoel van emotionele verwaarlozing en het gevoel dat je door dierbaren wordt verlaten. Beide leiden tot een gevoel van eenzaamheid en kwetsbaarheid.

**Vasopressine** Een in de hersenen geproduceerd hormoon, nauw verwant aan oxytocine en met een vergelijkbare werking. Uit onderzoek bij mannelijke prairiemuizen blijkt dat er bij seksuele opwinding extra vasopressine en bij de ejaculatie extra oxytocine wordt geproduceerd. Vasopressine schijnt de voorkeur voor een bepaalde partner en de neiging om die partner op agressieve wijze tegen andere geïnteresseerden te beschermen te bevorderen. Vasopressine lijkt prairiemuizen er ook toe aan te zetten om intenser voor hun jongen te zorgen.

# Bibliografie

## Algemeen

Blum, Deborah. *Love at Goon Park: Harry Harlow and the Science of Affection*. Berkley Books, 2002.

Coontz, Stephanie. *Marriage, a History: From Obedience to Intimacy or How Love Conquered Marriage*. Viking Press, 2005.

Ekman, Paul. *Emotions Revealed*. Henry Holt, 2003.

Goleman, Daniel. *Social Intelligence: The New Science of Human Relationships*. Bantam Press, 2006.

Gottman, John. *The Seven Principles for Making Marriage Work*. Crown Publishers, 1999.

Johnson, Susan M. *The Practice of Emotionally Focused Couple Therapy: Creating connection*. Brunner/Routledge, 2004.

Jong, Erica. *O, The Oprah Magazine*, februari 2004.

Karen, Robert. *Becoming Attached*. Oxford University Press, 1998.

Lewis, Thomas, Fari Amini en Richard Lannon. *A General Theory of Love*. Vintage Books, 2000.

Mikulincer, Mario en Phillip R. Shaver. *Attachment in Adulthood: Structure, Dynamics and Change*. Guilford Press, 2007.

Siegel, Daniel en Mary Hartzell. *Parenting from the Inside Out*. Putnam, 2003.

### Liefde – een revolutionaire nieuwe blik

Barich, Rachel en Denise Bielby. "Rethinking marriage: Change and stability in expectations 1967-1994." *Journal of Family Issues*, 1996, vol. 17, pp. 139-169.

Bowlby, John. *Attachment and Loss*, Volume 1: *Attachment*. Basic Books, 1969.

Ibid. *Attachment and Loss*, Volume 2: *Separation*. Basic Books, 1973.

Ibid. *Attachment and Loss*, Volume 3: *Loss*. Basic Books, 1981.

Buss, David, Todd Shackelford, Lee Kirkpatrick en Randy Larsen. "A half century of mate preferences: The cultural evolution of values." *Journal of Marriage and Family*, 2001, vol. 63, pp. 491-503.

Campbell, A., P.E. Converse en W.L. Rodgers. *The Quality of American Life*. Russell Sage Publications, 1976.

Coan, J., H. Schaefer en R. Davidson. "Lending a hand." *Psychological Science,* 2006, vol. 17, pp. 1-8.

Coyne, James, Michael J. Rohrbaugh, Varda Shoham, John Sonnega, John M. Nicklas en James Cranford. "Prognostic importance of marital quality for survival of congestive heart failure." *American Journal of Cardiology,* 2001, vol. 88, pp. 526-529.

Dimsdale, Joel E. *Survivors, Victims and Perpetrators: Essays on the Nazi Holocaust.* Hemisphere, 1980.

Eisenberger, Naomi I., Matthew D. Lieberman en Kipling Williams. "Why rejection hurts: A common neural alarm system for physical and social pain." *Trends in Cognitive Science,* 2004, vol. 8, pp. 294-300.

Feeney, Brooke C. "The dependency paradox in close relationships: Accepting dependence promotes independence." *Journal of Personality and Social Psychology,* 2007, vol. 92, pp. 268-285.

Finegold, Brie. "Confiding in No One." *Scientific American Mind,* 2006, vol. 17, p. 11.

Hardy, Alister. *The Spiritual Nature of Man: A Study of Contemporary Religious Experience.* Clarendon, 1979.

Hawkley, Louise, Christopher M. Masi, Jarett Berry en John Cacioppo. "Loneliness is a unique predictor of age-related differences in systolic blood pressure." *Psychology and Aging,* 2006, vol. 21, pp. 152-164.

House, James, Karl R. Landis en Debra Umberson. "Social relationships and health." *Science,* 1988, vol. 241, pp. 540-545.

Kiecolt-Glaser, Janice K., Timothy J. Loving, J.R. Stowell, William B. Malarkey, Stanley Lemeshow, Stephanie Dickinson en Ronald Glaser. "Hostile marital interactions, pro-inflammatory cytokine production and wound healing." *Archives of General Psychiatry,* 2005, vol. 62, pp. 1377-1384.

Kiecolt-Glaser, Janice K., William B. Malarkey, Marie-Anne Chee, Tamara Newton, John T. Cacioppo, Hsiao-Yin Mao en Ronald Glaser. "Negative behavior during marital conflict is associated with immunological down-regulation." *Psychosomatic Medicine,* 1993, vol. 55, pp. 395-409.

Kiecolt-Glaser, K. Janice, Tamara Newton, John T. Cacioppo, Robert C. MacCallum en Ronald Glaser. "Marital Conflict and Endocrine Function: Are Men Really More Physiologically Affected Than Women?" *Journal of Consulting and Clinical Psychology,* 1996, vol. 64, pp. 324-332.

Kirkpatrick, Lee A. "An attachment theory approach to the psychology of religion." *International Journal for the Psychology of Religion,* 1992, vol. 2(1), pp. 3-28.

Ibid. "A longitudinal study of changes in religious belief and behavior as a function of individual differences in adult attachment style." *Journal for the Scientific Study of Religion*, 1997, vol. 36(2), pp. 207-217.

Ibid. "Attachment and religious representations and behavior." *Handbook of Attachment: Theory, research, and clinical applications*, Jude Cassidy and Phillip R. Shaver (red.). Guilford Press, 1999, pp. 803-822.

Levy, David. "Primary affect hunger." *American Journal of Psychiatry*, 1937, vol. 94, pp. 643-652. Medalie, Jack H. en Goldbourt, Uri. "Angina pectoris among 10,000 men." *American Journal of Medicine*, 1976, vol. 60, pp. 910-921.

Mikulincer, Mario. "Attachment style and the mental representation of the self." *Journal of Personality and Social Psychology*, 1995, vol. 69, pp. 1203-1215.

Ibid. "Adult attachment style and information processing: Individual differences in curiosity and cognitive closure." *Journal of Personality and Social Psychology*, 1997, vol. 72, pp. 1217-1230.

Ibid. "Adult attachment style and individual differences in functional versus dysfunctional experiences of anger." *Journal of Personality and Social Psychology*, 1998, vol. 74, pp. 513-524.

Mikulincer, Mario, Victor Florian en Aron Weller. "Attachment styles, coping strategies, and post-traumatic psychological distress: The impact of the Gulf War in Israel." *Journal of Personality and Social Psychology*, 1993, vol. 64, pp. 817-826.

Mikulincer, Mario, Vera Gurwitz en Phil Shaver. "Attachment security and the use of God as a safe haven: New experimental findings." Paper presented at the 115th Annual Convention of the American Psychological Association, San Francisco, 2007.

Morell, Marie A. en Robin. F. Apple. "Affect expression, marital satisfaction and stress reactivity among premenopausal women during a conflictual marital discussion." *Psychology of Women Quarterly*, 1990, vol. 14, pp. 387-402.

O'Leary, K. D., J.L. Christian en N.R. Mendell. "A closer look at the link between marital discord and depressive symptomatology." *Journal of Social and Clinical Psychology*, 1994, vol. 13, pp. 33-41.

Orth-Gomér, Kristina, Sarah Wamala, Myriam Horsten, Karin Schenck-Gustafsson, Neil Schneiderman en Murray Mittleman. "Marital stress worsens prognosis in women with coronary heart disease." *Journal of the American Medical Association*, 2000, vol. 284, pp. 3008-3014.

Putnam, Robert D. *Bowling Alone: The Collapse and Revival of American Community*. Simon and Schuster, 2000.

Roberts, Brent W. en Richard W. Robins. "Broad dispositions, broad aspirations: The intersection of personality and major life goals." *Personality and Social Psychology Bulletin*, 2000, vol. 26, pp. 1284-1296.

Simpson, Jeffry, William Rholes en Julia Nelligan. "Support seeking and support giving within couples in an anxiety provoking situation: The role of attachment styles." *Journal of Personality and Social Psychology*, 1992, vol. 62, pp. 434-446.

Twenge, Jean. "The age of anxiety? Birth cohort change in anxiety and neuroticism." *Journal of Personality and Social Psychology*, 2000, vol. 79, pp. 1007-1021.

Uchino, Bert, John Cacioppo en Janice Kiecolt-Glaser. "The relationship between social support and physiological processes." *Psychological Bulletin*, 1996, vol. 119, pp. 488-531.

Yalom, Marilyn. *A History of the Wife*. HarperCollins, 2001.

## WAT IS ER MET ONZE LIEFDE GEBEURD?
## VERLIES VAN VERBONDENHEID

Gottman, John. *What Predicts Divorce?* Lawrence Erlbaum Associates, 1994.

Huston, Ted, John Caughlin, Renate Houts, Shanna Smith en Laura George. "The connubial crucible: Newlywed years as predictors of marital delight, distress and divorce." *Journal of Personality and Social Psychology*, 2001, vol. 80, pp. 237-252.

LeDoux, Joseph. *The Emotional Brain: The Mysterious Underpinnings of Emotional Life*. Simon and Schuster, 1996.

Lewis, C.S. *The Four Loves*. Mariner Books, 1971.

Panksepp, Jaak. *Affective Neuroscience: The Foundations of Human and Animal Emotions*. Oxford University Press, 1998.

## TWEEDE GESPREK: DE PIJNPLEKKEN VINDEN

Davila, Joanne, Dorli Burge en Constance Hammen. "Why does attachment style change?" *Journal of Personality and Social Psychology*, 1997, vol. 73, pp. 826-838.

LeDoux, Joseph. *The Emotional Brain: The Mysterious Underpinnings of Emotional Life*. Simon and Schuster, 1996.

Manning, Brennan. *Abba's Child: The Cry of the Heart for Intimate Belonging*. NavPress, 2002.

## Vierde gesprek: Houd me vast – betrokkenheid en verbondenheid ontwikkelen

Carter, Sue. "Neuroendocrine perspectives on social attachment and love." *Psychoneuroendocrinology,* 1998, vol. 23, pp. 779-818.

di Pellegrino, Giuseppe, Luciano Fadiga, Leonardo Fogassi, Vittorio Gallese en Giacomo Rizzolatti. "Understanding motor events: A neurophysiological study." *Experimental Brain Research,* 1992, vol. 91, pp. 176-180.

Gallese, Vittorio. "The shared manifold hypothesis: From mirror neurons to empathy." *Journal of Consciousness Studies,* 2001, vol. 8, pp. 33-50.

Insel, Thomas. "A neurobiological basis of social attachment." *American Journal of Psychiatry,* 1997, vol. 154, pp. 726-735.

Johnson, Sue en Leslie Greenberg. "Relating process to outcome in marital therapy." *Journal of Marital and Family Therapy,* 1988, vol. 14, pp. 175-183.

Keller, Timothy. *Prayer: Experiencing Awe and Intimacy with God.* Dutton, 2014.

Kosfeld, Michael, Markus Heinrichs, Paul Zak, Urs Fischbacher en Ernst Fehr. "Oxytocin increases trust in humans." *Nature,* 2005, vol. 435, pp. 673-676.

Stern, Daniel. *The Present Moment in Psychotherapy and Everyday Life.* Norton, 2004.

Uvnäs Moberg, Kerstin. "Oxytocin may mediate the benefits of positive social interaction and emotions." *Psychoneuroendocrinology,* 1998, vol. 23, pp. 819-835.

Varela, Francisco, Jean-Philippe Lachaux, Eugenio Rodriguez en Jacques Martinerie. "The Brainweb: Phase synchronization and large-scale integration." *Nature Reviews. Neuroscience,* 2001, vol. 2, pp. 229-239.

## Vijfde gesprek: Kwetsuren vergeven

Herman, Judith. *Trauma and Recovery.* Basic Books, 1992.

Simpson, Jeffry en William Rholes. "Stress and secure base relationships in adulthood." *Attachment Processes in Adulthood,* Kim Bartholomew and Dan Perlman (red.). Jessica Kingsley Publishers, 1994, pp. 181-204.

## ZESDE GESPREK: DE BAND VERSTERKEN VIA SEKS EN AANRAKING

Davis, Deborah, Phillip Shaver en Michael Vernon. "Attachment style and subjective motivations for sex." *Personality and Social Psychology Bulletin,* 2004, vol. 30, pp. 1076-1090.

Field, Tiffany. *Touch.* MIT Press, 2003.

Gillath, Omri en Dory Schachner. "How do sexuality and attachment inter-relate?" In *Dynamics of Romantic Love: Attachment, Caregiving and Sex,* Mario Mikulincer and Gail Goodman (red.). Guilford Press, 2006, pp. 337-355.

Harlow, Harry. *Learning to Love.* Jason Aronson, 1978.

Hazan, Cindy, D. Zeifman en K. Middleton. "Adult romantic attachment, affection and sex." Paper presented at the International Conference on Personal Relationships, Groningen, Netherlands, 1994.

Johnson, Susan M. *Love Sense: The Revolutionary New Science of Romantic Relationships.* Little, Brown and Company, 2013.

McCarthy, Barry en Emily McCarthy. *Rekindling Desire.* Brunner/Routledge, 2003.

Michael, Robert, John Gagnon, Edward Laumann en Gina Kolata. *Sex in America: A Definitive Survey.* Little, Brown and Company, 1995.

Montagu, Ashley. *Touching.* Harper and Row, 1978.

Simpson, Jeffry en S. Gangestad. "Individual differences in sociosexuality: Evidence for convergent and discriminant validity." *Journal of Personality and Social Psychology,* 1991, vol. 60, pp. 870-883.

Stern, Daniel. *The Present Moment in Psychotherapy and Everyday Life.* Norton, 2004.

## ZEVENDE GESPREK: JE LIEFDE LEVEND HOUDEN

Johnson, Susan en Leslie Greenberg. "The differential effects of experiential and problem solving interventions in resolving marital conflict." *Journal of Consulting and Clinical Psychology,* 1985, vol. 53, pp. 175-184.

Main, Mary. "Metacognitive knowledge, metacognitive monitoring and sin-gular (coherent) vs. multiple (incoherent) models of attachment." *Attachment Across the Life Cycle,* Colin Murray Parkes, Joan Stevenson-Hinde and Peter Marris (red.). Routledge, 1991, pp. 127-159.

Schor, Juliet. *The Overworked American.* Basic Books, 1992.

## ONZE BAND MET GOD

Armstrong, Karen. *The Case for God*. Knopf, 2009.

Ibid. *Fields of Blood: Religion and the History of Violence*. Knopf, 2014.

Byrd, Kevin en AnnDrea Boe. "The correspondence between attachment dimensions and prayer in college students." *International Journal for the Psychology of Religion*, 2001, vol. 11, pp. 9-24.

Eddington, Sir Arthur S. Extract from speech Eddington gave to the Royal Astronomical Society, Cambridge, 1919.

Granqvist, Pehr en Berit Hagekull. "Longitudinal predictions of religious change in adolescents." *Journal of Social and Personal Relationships*, 2003, vol. 20, pp. 793-817.

Granqvist, Pehr en Lee Kirkpatrick. "Attachment and religious representations and behavior." *Handbook of Attachment*, Jude Cassidy and Phillip R. Shaver (red.). Guilford Press, 2008, pp. 906-933.

Granqvist, Pehr, Mario Mikulincer, Vered Gewirtz en Phillip R. Shaver. "Experimental findings on God as an attachment figure: Normative processes and moderating effects of internal working models." *Journal of Personality and Social Psychology*, 2012, vol. 103, pp. 804-818.

John of the Cross, Saint. *Dark Night of the Soul*. Dover Publications, 2003.

Johnson, Susan, Melissa Burgess Moser, Lane Beckes, Andra Smith, Tracy Dalgleish, Rebecca Halchuk, Karen Hasselmo, Paul Greenman, Zul Merali en James Coan. "Soothing the Threatened Brain: Leveraging contact comfort with Emotionally Focused Therapy." *PLOS One*, 2013, 8(11): e79314 doi:10.1371/journal.pone.0079314.

Lucado, Max. http://www.goodreads.com/author/quotes/2737.

Lyte, Henry F. "Abide with Me," 1847. https://en.wikipedia.org/wiki /Abide_with_Me.

McLean, L., T. Walton, G. Rodin, M. Esplen en J.M. Jones. "A couple-based intervention for patients and caregivers facing end-stage cancer: Outcomes of a randomized controlled trial." *Psycho-Oncology*, 2013, vol. 22(1), pp. 28-38.

Mikulincer, Mario en Phillip Shaver. *Attachment in Adulthood: Structure, Dynamics and Change*. Guilford Press, 2007.

Nouwen, Henri en Jeff Imbach (red.). *Words of Hope and Healing: 99 Sayings by Henri Nouwen*. New City Press of the Focolare, 2005.

Ten Elshof, Judith en James Furrow. "The role of secure attachment in predicting spiritual maturity of students at a conservative seminary." *Journal of Psychology and Theology*, 2000, vol. 28, pp. 99-108.

Teresa, Mother. *Come Be My Light: The Private Writings of the Saint of Calcutta.* Doubleday, 2007.

Ullman, Chana. *The Transformed Self: The Psychology of Religious Conversion.* Plenum Press, 1989.

Warren, Rick en Kay Warren. http://www.christiantoday.com/article/htb. leadership.conference.2014.rick.and.kay.warren.we.must.hold.onto.hope/ 37221.htm.

## De ultieme verbondenheid – Liefde als onontdekt gebied

Cohn, D.A., D.H. Silver, C.P. Cowan, P.A. Cowan en J. Pearson. "Working models of childhood attachment and couple relationships." *Journal of Family Issues,* 1992, vol. 13(4), pp. 432-449.

Conger, R.D., M. Cui, C.M. Bryant en G.H. Elder jr. "Competence in early adult relationships: A developmental perspective on family influences." *Journal of Personality and Social Psychology,* 2000, vol. 79(2), pp. 224-237.

Mason, B. en S. Mendoza. "Generic aspects of primate attachments: Parents, offspring and mates." *Psychoneuroendocrinology,* 1998, vol. 23, pp. 765-778.

Mikulincer, M., P. Shaver, O. Gillath en R. Nitzberg. "Attachment, caregiving and altruism: Boosting attachment security increases compassion and helping." *Journal of Personality and Social Psychology,* 2005, vol. 89, pp. 817-839.

Simpson, J., A. Collins, S. Tran en K. Haydon. "Attachment and the experience and expression of emotions in romantic relationships: A developmental perspective." *Journal of Personality and Social Psychology,* 2007, vol. 92, pp. 355-367.

Sturge-Apple, M., P. Davies en M. Cummings. "Impact of hostility and withdrawal in interparental conflict on parental emotional unavailability and children's adjustment difficulties." *Child Development,* 2006, vol. 77, pp. 1623-1641.

# Register

# Over de schrijvers

Dr. Sue Johnson is de grondlegster van de Emotionally Focused Couple and Family Therapy (EFT), een moderne therapievorm die door dertig jaar onderzoek wordt onderbouwd. Ze is ook directrice van het Ottawa (Canada) Couple and Family Institute en het International Center for Excellence in Emotionally Focused Therapy, emeritus professor in de klinische psychologie aan de Universiteit van Ottawa en bijzonder hoogleraar aan de Alliant University in het Californische San Diego. Sue is lid van het bestuur van de American Psychological Association. Ze is al meerdere malen voor haar werk onderscheiden, onder andere met de Outstanding Contribution to the Field of Couple and Family Therapy Award van de American Association for Marriage and Family Therapy, en de Research in Family Therapy Award van de American Family Therapy Academy. Ze onderwijst EFT over de hele wereld aan professionals binnen de geestelijke gezondheidszorg. Sue woont met haar gezin in het Canadese Ottawa. Voor meer informatie over EFT en dr. Sue Johnson kun je op www.drsuejohnson.com en www.iceeft.com terecht.

Kenneth Sanderfer is relatie- en gezinstherapeut en heeft in Nashville in de staat Tennessee een privépraktijk. Hij heeft een training gevolgd op het gebied van Emotionally Focused Couple Therapy (EFT) en is gecertificeerd EFT-therapeut, -supervisor en -trainer. Daarnaast is hij supervisor bij de AAMFT (American Association for Marriage and Family Therapy). Kenneth groeide op in Texas, waar hij zijn bachelor landbouwwetenschappen behaalde, en hij heeft enkele jaren als landbouwmissionaris in West-Afrika gewoond en gewerkt. Na zijn terugkeer naar de Verenigde Staten behaalde hij zijn masterdiploma relatie- en gezinstherapie aan de Trevecca Nazarene University, waar hij nu adjunct-hoogleraar is. Kenneth heeft voor verschillende christelijke tijdschriften artikelen geschreven. In zijn vrije tijd houdt hij van vliegvissen, landbouw bedrijven, paarden trainen en tijd met zijn vrouw Suzette en hun vijf kleinkinderen doorbrengen.